神と黄金

GOD AND GOLD

イギリス，アメリカは
なぜ近現代世界を支配できたのか

Walter Russell Mead
ウォルター・ラッセル・ミード

寺下 滝郎 訳

上

青灯社

神と黄金（上）

——イギリス、アメリカはなぜ近現代世界を支配できたのか

装丁　中居真理

目次

［下巻／目次］

〔凡例〕

・本書は Walter Russell Mead, *God and Gold: Britain, America, and the Making of the Modern World*（New York: Alfred A. Knopf, 2007）の全訳である。

・章題については、その章の内容が凡そ把握できるようにするため、一部章の章題は原文とは異なる訳となっている。同じ趣旨から各章にはそれぞれ副題をつけた。

・原文に明らかな誤記と判断される記述がある場合（綴りや数字などの誤りが散見された）、出所の文献やその他の関連する資料などで確認し、訳者の責任でこれを訂正して翻訳した。

・原文に括弧（　）や罫線――、――による挿入がある場合、基本的にそのまま表記して翻訳した。ただし原文の構造が複雑に入り組んで一文が長く、そのまま日本語の文章にすると分かりづらい箇所などは、原文に括弧や罫線が使われていない場合でも、より読みやすい文章とするため、適宜それらの記号を使って翻訳した。

・訳文中の亀甲括弧〔　〕ならびに注のなかの角括弧［　］は、訳者の補足や訳注である。ただし文法上当然補ってよいと思われる語句には亀甲括弧は付けなかった。訳注はできるだけ文章の流れを阻害しないよう配慮し、訳注が長い場合には章末など区切りのよい箇所に記載した。

・本の表題は二重鉤括弧『　』、詩（篇）の題名は二重山括弧《　》で表示した。また原文に二重引用符〝　〟で示されている部分は原則として鉤括弧「　」で訳した。ただし原文に二重引用符がない場合でも、強調の意味で「　」を付けて訳した箇所もある。

・原文の斜体 *Italic* 表記は翻訳では傍点を付して示した。また翻訳書を読んでいると、原文で使用されている言葉が何であるかを確認したくなる場合が多い。そのため本訳書では、主要な語にカタカナでルビをふってそれを示した。また一部については括弧で原語を補足した。

・同じ原語には同じ訳語でというのが翻訳の原則ではある。が、前後の語句とのつながりから、訳語の統一を貫くとかえって日本語の文章としてぎこちなくなる場合などがある。そのため本訳書では、原則を尊重しつつも、文章の流れに沿って適宜訳し分けた。

・聖書からの引用は、必ずしも同じ聖書訳に依拠していない。多くの聖書訳を比較し、著者がそこで主張したい点が最もよく表された訳し方がされているものを選んで引用した。同様の趣旨から、既存の訳では十分でないと思われる場合には私訳した。

・英詩などの引用は、先行訳がある場合にはそれを引用した。ただし著者の引用意図がより明確に伝わるよう部分的に訳し換えたものもある。また稀ではあるが、先行訳に誤訳があるものは修正した。いずれの場合も、引用のあとに〔○○訳を一部改訳〕と表示した。

・英国の国名については、基本的に Britain を「イギリス」、England を「イングランド」とした。特に後者は他の「非独立国」（スコットランド、ウェイルス、北アイルランド）と区別する意味でも「イングランド」とする必要がある。Britain については、そのまま「ブリテン」と訳したところもある。Britannia's Isle は「ブリタニア島」とした。

・英国国教会の訳語について。the Anglican Church は本来「聖公会」が正しいが、本書では「アングリカン教会」とした。the Church of England は「イングランド国教会」、the Episcopal Church は「監督派教会」とした。監督派教会は「アメリカ聖公会」（または「スコットランド聖公会」）を指す。

・最後に日本語表記について。人名はできるだけ原音に近づけて表記した。一般の日本人が読者である以上、ふつうに流通している表記を使うべしという考え方は根強いし、それは尤もなことだとは思う。ただ昨今、人名表記の仕方はかなり揺れており、（カタカナ表記の限界ならびにカタカナが発音記号ではない点は弁えつつも）慣用表記が原音からあまりにも乖離している場合にそれを修正することはもっと許容されてもよいのではないか。無論、訳者に恣意的な面や他の表記との矛盾あるいは不徹底が多々あることは認める。原音に近づけるというなら、たとえばAlexanderは「アリグザンダー」、Jacksonは「ジャクスン」とすべきであったろうし、そのほか例を挙げればきりがない。フランスの哲学者Michel Foucaultの姓も、原音に近い「フコ」とはせず、慣用どおり「フーコー」とした。またアラブ人やインディアンなどの人名に含まれる長音「ー」は省略した。他方、地名については「ヴェトナム」など一部の例外を除き、「ロサンゼルス」、「メリーランド」、「メッカ」（本来は「マッカ」の方が原音に近い）など概ね慣用に倣った。Vaticanは「バチカン」、「ヴァチカン」、「ヴァティカン」のうち英語音に近い「ヴァティカン」とした（ただし米語では「ヴァルカン」に近い音）。人名・地名以外では、たとえばWhigは「ホイッグ」ではなく、「ウイッグ」とした。これらの表記にはご批判が多いことも承知している。したがって本訳書から引用される場合、特に断りなく慣用表記に改めてもらっても構わない。

スコット・ソーン・オブライアンを偲び
ラリー、ベッカ、ティムおよびマイクルに捧ぐ

神は神秘な動きをなさる
奇《くす》しき御業をなし給い
海に足跡を刻みつけ
嵐に乗って進まれる

ウィリアム・クーパー（一七七九年）

序論　アングロ－アメリカ勢力と世界をめぐる「六つの問い」

ヴァージニアがまだ植民地であった頃、ある地元の名士で裕福な入植者の息子がアングリカン教会の牧師にこう尋ねたことがあった。イングランド国教会の外の世界でも人は救われるのですか、と。牧師はこの問いに正直に答えるべきかどうか一瞬戸惑った。国教徒しか天国へは行けないのだとまで言い切ることはできず、さりとて家柄の良いこの教区民の若者を非国教徒のくだらない連中やこの地をうろつく福音主義者たちの仲間にさせたくはなかったからである。

牧師は少し間を置いてからこう答えた。「ええ、坊ちゃん。救われるのかと問われれば、その可能性はあります。ですが、紳士たるもの、そのようなことを考えたりはしないものです」と。

多くのアメリカ人がこの牧師と少しばかり似た気持ちになるときがある。それは、大国アメリカ《アメリカン・パワー》についての議論に直面させられるときである。われわれアメリカ人は、大国アメリカが厳然と存在していること、そしてその存在が重要なことを承知している。しかし、いざそれについて議論するとなると、われわれは気まずい思いをさせられる。紳士たるもの――否、ここでは、紳士淑女たるもの――この問題を持ち出したりはしないものなのである。

こう前置きしたあとに言うのも憚られることだが、本書は世界の歴史にとって大国アメリカが存在する意味について考察している。おそらくほとんどのアメリカ人は、自分たちの国が比類なき世界的使命を帯びており、アメリカの内政・外交政策の成否が世界中に測り知れない影響を及ぼすという思いをきっと抱いているにちがいない。だがそれでも、そうした思いの意味するところについて真顔で話すことは、許しがたいほど驕慢に思えるのである。

アメリカ人は自分たちの国が世界の大国《ワールド・パワー》に成長したことを時に過大に、時に過小に考える傾向にある。彼らは軍事力、経済生産力、各種の先端科学技術企業の分野でアメリカが先頭に立っていることを示す指標からなる「国力統計《スタティスティックス・オヴ・パワー》」とでも呼べるものに並々ならぬ関心を寄せている。彼らは民主主義の理念が地球規模の広がりを見せていることに喜びを感じ、民主主義的文化のさまざまな要素が世界各国でどれだけ採用されているかを調べた統計データを集め、それにもとづいて各国を格付けしている。彼らはアメリカが世界のトップに立っていることを示す指標（アメリカが育てたノーベル賞受賞者の人数など）に一喜し、アメリカの先行きに不安を抱かせる統計データ（国家の純債務残高の増加、国際学力試験における八年生（＝中学二年生）の数学成績の低下など）に一憂している。アメリカ人はアメリカ軍の勇敢さを称え、アメリカ文化の世界的人気を讃える。

しかしアメリカ人は、現代世界における大国アメリカの大きさについてはよく考えるが、その意味についてはあまり考えない。国際社会が未曾有の困難な課題に直面するなか、アメリカは比類なき指導力を発揮している。数世紀にわたるアングロ－サクソン政治の継承者として、アメリカは選択の自由と私有財産を基本とする政治・社会哲学、キリスト教プロテスタントの価値観に根ざす宗教間の寛容、個人（女を含む）の不可侵かつ平等な権利を国家が遵守し保護すべきであるとする思想を（いかに一貫性がなくとも）支持している。アメリカは国際社会の現状を暴力によって変更しようとする者たちから守る保守勢力であると同時に、旧来の権力構造に替えて市場経済や民主主義の理念を実現しようとする革新勢力でもある。アメリカが支持する政治的変革には、中国のような重要な国々における急進的改革も含まれるが、そうした政治的変革よりもはるかに熱心にアメリカが世界中に広めたいと望んでいるのが経済的変革である。アメリカは世界を一層活力に満ちた場にしようとしている。それは、加速度的な技術改良が――ますます柔軟で躍動的《ダイナミック》な民間市場の力を通じて――われわれの想像も及ばぬ最終目的《エンド》に向けて一段と加速する「進歩《プログレス》」を一層速やかに世界にもたらすような場である。

これは世界史上最強の国が抱く途轍もない野望である――しかしアメリカ人であると否とを問わず、アメリカ社会がもたらそうとしている変革がいかなる種類のものであるのか、またその大いなる変革の取り組みが人類の未来にいかなる影響を及ぼすのかについてきわめて明確に分かっている人はいない。

総じて言えば、われわれは大国アメリカの根源、基盤、影響、永続性について深く考えたことがなく、われわれの特別な世界的地位にともなう主要な責務、リスク、限界、特権、コストにたいする感覚が社会全体として乏しい。

われわれは、大国アメリカとそれがわれわれ自身や他国の人びとにとっていかなる意味を持つのかについて考えないようにすることはできる。しかしわれわれの国を消し去ることはできず、アメリカで下された決定が国境を跳び越えて他国の人びとの暮らす世界や彼らが行う選択に影響を与えることを防ぐことはできない。それのみならず、われわれの国にたいする他国の人びとの見方や反応がわれわれの暮らす世界を方向づけ、国内のアメリカ人の「いかなる損失をも免れるという意味での」安全《セイフティ》と〔あらゆる危険から守られるという意味での〕安全《セキュリティ》に影響を与えることを防ぐこともできない。

その強さと見通しの誤り

まず最初に、大国アメリカについて二つの観点から考察をはじめたい。一つは、アメリカによる国際秩序と大国アメリカは、十七世紀後半にまでさかのぼる英語圏勢力の伝統をさまざまな形で受け継いでいるという点である。イギリスにおいて議会とプロテスタントの支配を確立した一六八八年の名誉革命以降、アングロ－アメリカ人はあらゆる主要な国際紛争において勝者の側に立ってきた。アウクスブルク同盟戦争、スペイン継承戦争、オーストリア継承戦争、七年戦争、アメリカ独立革命、フランス革命とそれに続くナポレオン戦争、第一次世界大戦、第二次世界大戦、そして〔東西〕冷戦――これら現代世界を形成してきたすべての戦争で、イギリスとアメリカはその一方または両方ともが勝者となっている（なお英米が直接衝突したアメリカ独立革命では、イギリスが敗北し、アメリカが勝利した）。アングロ－アメリカは、大国間の主要な戦争において三百年以上にわたって勝ち続けてきた。そしてこれが、ほぼ一つのパターンとなりつつあると見てよかろう。

しかしアングロ－アメリカ勢力にかんするもう一つ特筆すべき観点は、アングロ－アメリカ勢力が強くなるにつれ、その強まる力と軍事的勝利が世界にとっていかなる意味を持つのかについて完全に見誤るということがますます多くなってきている点である。

つまりイギリスが世界帝国をめざすナポレオンの企てを阻止し、豊かな繁栄と自由な貿易からなる持続的な秩序をその望みどおり構築した十九世紀後半以降、英米圏の文筆家や言論人たちは、安定した進歩的《リベラル》な世界がすぐそこまで来ていると繰り返し予見してきた。

そうした世界イメージを早くも十八世紀の段階につかんでいた文筆家の一人がジョージ・バークリー主教である。バークリーは一七五二年に発表した《芸術と学問のアメリカへの移植に関する展望について》と題する詩のなかで、北米を拠点とするわれわれ英語圏勢力の覇権《ヘゲモニー》が誕生し、長期間続くことを予言した。

帝国の進路を西にとれ
最初の四幕は疾《と》く過ぎ去りし
今宵の劇は第五幕を以て終了せり
時の最も気高き所産は最終幕にあり。

若き詩人アルフレッド・テニスンは一八四二年に発表した詩《ロックスレー・ホール》のなかで、技術と交易《コマース》が民主主義的自由《ディモクラティック・リバティ》と融合して発展すれば、世界に平和が訪れると予見した。

というのも、僕は人間の眼が及ぶかぎりはるか未来を洞察し、
来るべき世界の幻を、起こりうるすべての驚異を見たからだ。
大空は交易で賑わい、空飛ぶ魔法の帆を持つ商船隊が往き交い、
茜色の夕空を舵取りに導かれて、高価な品々を荷下ろしするのを見た。

（中略）

そしてついに戦《いくさ》の太鼓の轟きは止み、軍旗はたたまれ、

人類の議会、世界の連邦政府が誕生するのを見た。

そこでは、苛立ち騒ぐ王国も庶民の良識をこそ畏敬するようになるだろう。

そして優しい大地は、万人に平等な法に包まれて微睡《まどろ》むようになるだろう。

〔渡邊福實訳を一部改訳。ポール・ケネディ『人類の議会〜国際連合をめぐる大国の攻防（上）』古賀林幸訳（日本経済新聞出版社、二〇〇七年）所収〕

アーサー・M・シュレジンガー・ジュニアは、一九九三年にウォールストリート・ジャーナル紙に寄稿した文章のなかで、クリントン政権のボスニア介入政策にたいする支持を読者に訴えた際、テニスンのこの詩を引用している。アメリカ人が武力行使に出る覚悟さえできれば、テニスンのいう「高貴なる夢」が実現しうると主張したシュレジンガーは、ウィンストン・チャーチルがこの詩の一節を「最も素晴らしい現代の予言」と評したことやハリー・トルーマンがこの詩の切り抜きを財布に入れて持ち歩いていたことを読者に思い起こさせた。[1]

二〇〇六年にイェール大学のポール・ケネディは彼の新たな著書の題名と精神の多くをテニスンの詩から拝借した。その著『人類の議会《パーラメント・オヴ・マン》』は国際連合の歴史を〔国際連盟の時代から〕辿りながら、いかにすれば国連をテニスンの希望に近づけていけるかについて論じている。[2]

一八五一年までには、テニスンの待望した未来が訪れたかに見えはじめた。ナポレオン戦争の終結から三十六年が過ぎ、列強間に大規模な全面戦争が起こることはもはやあるまいと思われはじめていた。カンタブリ大主教はロンドン大博覧会の開幕日に水晶宮に集った高位聖職者と群集を前に祈りを捧げ、「主よ、汝の国は国にむかひて剣をあげず、もはや戦《いくさ》から学ぶものなし。汝の平和はわれらの壁の内にあり、豊饒はわれらの宮殿の内にあり」と唱えた。平和な王国《ピースィアブル・キングダム》が到来したのである。イギリスの力、進歩、繁栄、そして自由は平和の普遍的支配の到来を告げているのだと考えられた。

十九世紀中葉のイギリスでは、リチャード・コブデンとジョン・ブライトが、「空飛ぶ魔法の帆を持つ商船隊」が至福千年期〔＝千年の平和な時期〕の到来を告げる様子をテニスンの予見よりも詳しく説明している。コブデンとブライトがその一つの手段として挙げたのが自由貿易《フリー・トレード》であり、もう一つの手段が各国の（今日にいうところの）「市民社会《スィヴル・ソサエティ》」相互のあいだの関係拡大である。すなわち自由貿易は共通の利益と増大する繁栄を土台としながら国家間の平和を促進する。また民族（国民）間の交際《コンタクト》は、国際的人権・宗教団体を通じて相互誤解が戦争に発展するのを防ぐとともに友情の絆を築く。「市場理論は必然的に協調と平和の種を蒔く」と書いたジャン・バプティスト・セイの説を奉じるコブデンは、市場原理と自由貿易の拡大がヨーロッパ自由諸国の平和的秩序を創造すると信じた。

テニスンは齢を重ねたからであろうか、それとも苦い経験から教訓を得たからであろうか。晩年発表した《六十年後のロックスレー・ホール》はかつての楽観的なトーンが明らかに弱まった。ノーマン・エンジェルが一九一〇年に発表した『大いなる幻影』のなかで書いたように、今やわれわれ〔の一部〕は「兵士にふさわしい場を詩や伝説や冒険譚のなかに与えてやる用意が十分にできている」のだが、にもかかわらず「彼（または彼の魅力的な部分）を〔ヴァイキングと一緒に〕詩集棚にそっと置いてやる時代はまだやって来ていないのではないか」と思いはじめている。「〔ベーコンは「〔すべて好戦的〕国民は労働《トラヴァーユ》より危険を好む」と言っているが、哀しい哉《かな》！――不本意ながらも――労働がわれわれの運命として義務づけられている〕世界にあって」伝統的な兵士の活動が「その現在の形で存在する余地がほとんどなくなる」段階にはまだ至っていないのではないか、と。〔とはいえ〕エンジェルはテニスンと同様、「魔法の帆」による交易と世界平和の構築とのあいだにつながりがあるのを見た。経済統合と相互依存が進んだ世界では、いざ戦争になれば、それにかかわるすべての人びとの破滅を招く、とエンジェルは主張する。人間は合理的な生き物なので、戦争はますます珍しくなるであろうし、すでに廃れてしまったのかもしれない、と。エンジェルは、戦争とは「すでにわれわれが通り過ぎた発展段階の一つであり」、軍事力は「社会的にも経済的にも無駄である」と書いている。『大いなる幻影』は何百万部も売れ、これまでに出版された国際関係にかんする本のなかでは最もよく売れた本かもしれない。一九一四年八月以降販売部数は落ちたものの、一九三三年と一九三八年に新たな版が出版された。エンジェルは著名なイギリスの政治指導者たちから支持された。彼の思想を普及させるため、ガートン財団が設立され、その基金で一連の勉強会、講座、夏期学校が開かれ、多くの学者や思想家が明るい未来を待望するエンジェルの考え方に学んだ。アングロ－サクソン以外の世界では特に注目されず、フランスとドイツでエンジェルの考え方を支持する者はほとんどいなかった。一方、アメリカでは、エンジェルは非常な人気を博した。第一次世界大戦勃発後に渡米したエンジェルは、ウッドロー・ウィルソンの考え方に影響を与えたといわれ、国際連盟の設立を強力に支持し、ヒトラーがドイツで権力を掌握したのと同じ年にノーベル平和賞を受賞した。

こうした楽観主義は、第一次世界大戦という大惨事を経て弱まるどころか、むしろ強まった。アンドリュー・カーネギーやヘンリー・フォードといったアメリカ実業界の大物たちは以前よりも楽観的になった。カーネギーは大戦が勃発する前年の一九一五年十一月、「世界は良い方向に向かっており、平和の回復を祝福し、世界裁判所が設立される日も近い[3]」と明言した。一カ月後、ヘンリー・フォードは「平和の船《ピース・シップ》」をチャーターし、「ミリタリズムを打倒し、少年たちを戦場から救い出すため」、幾人かの平和活動家らとともにヨーロッパに渡った。「戦争を永遠にやめさせることがわれわれの目的である」[4]という。

第一次世界大戦が悲惨な結末を迎えても、アメリカはその陽気さを少しも失わなかった。信じがたいことに、一九一八年十二月二十三日付けのニューヨークタイムズ紙は、「正気と良心を持ち合わせた人間ならば、国際連盟なるものの創設に反対するであろう」と書いている。ところが実際には、過ぐる大戦の衝撃から、恒久平和が確立される可能性は弱まるどころか、かえって強まった。

五年前までは、正義を追求する者は少なく、将来を洞察し熟慮する者、未来を夢想し予見する仲間を敬慕する者の集まりは数えるほどしかなかった。ところが今では、この大戦争《グレート・ウォー》で陰鬱な気分、挫折感、悲しみを味わった何百万人、いや文字どおり何億人もの人びとが二度とこの苦しい経験を繰り返すまいと痛感し、決意した。

これはまた、ウッドロー・ウィルソンの認識でもあった。民主主義が脅かされることのない世界を実現するための戦争に連合国が勝利したことで、永遠に平和で民主的な世界が創造された。ウィルソンにとってこれは単なる絵空事の理想主義ではなかった。現実的《プラクティカル》な理想主義であり、必要な理想主義であった。

かつて人間が理論的かつ理想主義的と考えていたものが実は現実的かつ必要なものであったのです。われわれは新たな時代の幕開けに立ち会っています。新時代における政治指導者の手腕は人類をその努力と成果の新たな高みに引き上げるものとわたくしは確信しております。

以降アメリカの歴代政権は、国家の価値観と利益とが一つとなり、理想主義の道が唯一の現実的な道となったという主張を繰り返す。トルーマン政権は国家安全保障会議文書第六十八号（ＮＳＣ-68）でアメリカの冷戦戦略の根幹をなす部分について明確に説明している。ＮＳＣ-68は極秘とされていたこともあり、アメリカの理想を訴えた文書として特に注目に値する。そこにはこうある。「今や核戦争の脅威に直面し、狭まりつつある世界において、単にクレムリンの企《たくら》みを阻止するだけでは十分な目的とはいえない。というのも国際秩序の欠如がますます容認しがたいものとなりつつあるからである。この事実のゆえに、われわれはわれわれ自身の利益のために世界的指導力を発揮する責任を果たさなければならないのである。そのためには、自由《フリーダム》と民主主義の原則に適う手段によって秩序と正義をもたらすべく努め、それにともなう危険《リスク》を引き受けることが求められる」と。この考え方は、ブッシュ・ジュニア大統領の第二期就任演説において再び示された。「アメリカの重大利益《ヴァイタル・インタレスツ》と深い信仰は今や一つなのです。……その理想を推進することは、われわれの国家創造の使命であり、われわれの父祖たちの栄えある功績であり、今やわが国の安全保障上の急務であり、われわれの時代の召命《コーリング》なのです。」

歴史的要請は新たな平和の時代の航海を後押しする追い風であった。ウィルソンは第一次世界大戦を抑圧体制と自由体制とのあいだの闘争として描いた後、パリの聴衆にこう語りかけた。

過ぐる大戦における自由の勝利は、今やその種の精神が世界を支配していることを意味しております。道徳力《モラル・フォース》という大いなる風が世界中を駆けめぐっており、この風に抗う者は誰しも恥辱を受けることとなりましょう。

第一次世界大戦後にウィルソンがどれだけのことを為しえたかといえば、ノーマン・エンジェルとガートン財団が大戦前に為しえたこととさほど変わりはなかった。テニスンのいう「人類の議会」は、天国から降臨することを頑なに拒んだのである。第一次世界大戦のあとにやって来たのは、平和の普遍的支配ではなく、戦争、殺戮、民族浄化の連続であった。ボリシェヴィキが反対派を抑圧し、ソヴィエト連邦を宣言する一方、旧ロシア帝国の至る所で血みどろの残酷な内戦が起こり、何百万人もの人びとが飢餓と困窮に喘いだ。中東欧地域では、ドイツ帝国の一部やオーストリア＝ハンガリー帝国、オスマン帝国において繰り返し戦闘が行われ、大量の難民が発生した。オスマン帝国の崩壊から新国家の建設に向けて苦闘するトルコ人と、現トルコ領の一部（ギリシャ人が多数を占める）地域を併合しようと目論むギリシャ人とのあいだの悲惨な戦争は、数十万人もの難民を生み、残酷な戦闘を招いた。解体したドイツ帝国軍の復員兵などからなる義勇軍《フライコール》は、混沌とした旧ドイツ帝国東部領において共産主義者、社会主義者、非ドイツ系諸民族に攻撃を加えた。ドイツ、ハンガリーその他における共産主義者の蜂起は、権力奪取をめざす共産主義者とそれを弾圧する軍部とのあいだで流血の惨事を招いた。イタリアではムッソリーニのファシスト党が政権を握った。東欧諸国では希望に満ちた民主化の実験が試みられたが、国によって形に違いはあるものの、結局のところ多くの国は独裁体制に移行した。アメリカでは国際連盟への加盟が上院で否決された。フランスは対独復讐に燃える愚劣な政治にのめり込んでいった。ドイツに誕生したばかりの民主政治は経済の崩壊とともによろめいた。

しかしそのわずか数年後には楽観主義が息を吹き返し、またもや「歴史の終わり」が近づいているように思われた。一九二〇年代が進むにつれ、テニスンの予見が再び頭を擡げてきた。国際連盟は期待外れであったかもしれないが、世界はより明るい方へ向かおうとしていた。一九二〇年代の日本は比較的自由《リベラル》な時代であった。ソヴィエト連邦では戦時共産主義から新経済政策《ネップ》への移行によって政治的にも経済的にも過酷さが和らいだ。ソヴィエト連邦に「テルミドールの反動」が起こっていたのか？　ドーズ案とヤング案〔＝第一次世界大戦後の敗戦ドイツの賠償・再建計画〕によってヨーロッパの金融市場が安定を回復した後、戦争で疲弊した多くのヨーロッパ諸国に繁栄が戻った。ワイマール体制のドイツでは親民主主義政党への支持が高まり、ヒトラーはますます過去の人となったように思われた。外部の観察者から見ると、ラテンアメリカでは選挙権が拡大し、中産階級が成長しているように見えた。[5]

こうした世界情勢のなか、著名なアメリカ人のグループが革命的な提案を行った。それは、戦争を違法とする宣言に世界各国の同意を求めるものであった。教育指導者ジョン・デューイ、指導的プロテスタント牧師ジョン・ハインズ・ホームズ、クリスチャン・センチュリー誌編集者チャールズ・クレイトン・モリスンらは、アメリカ戦争違法化《アウトローリー》委員会の取り組みを支持した。この動きは、戦争を違法と宣言したことで有名なケロッグ・ブリアン協定《パクト》〔＝パリ不戦条約〕に結実した。インドを含む原締約国十一カ国のうち八カ国が英語圏の国であった。〔同協定は一九二八年八月二十七日、フランスのパリにおいて、アイルランド自由国、アメリカ、イギリス、イタリア、インド、オーストラリア、カナダ、ドイツ、チェコスロバキア、ニュージーランド、南アフリカの計十一カ国によって署名された。その後、ポーランド、ベルギー、フランス、日本の四カ国が追加署名し、一九二九年七月二十四日に発効した。〕条約に消極的なことで知られるアメリカの上院も賛成八十五、反対一でこの条約を批准した。

最終的に六十三カ国が正式に署名したこの条約は現在も有効である。形式的にいえば、戦争は八十年以上にわたって違法とみなされてきたことになる。これはもちろん、この条約にかかわるすべての人びとにとってこの上ない救いではある。

しかしこれほどの壮大な成果も、《ロックスレー・ホール》の予見を実現する先駆けとはならなかった。ドイツではヒトラーが権力を掌握した。日本の自由主義《リベラリズム》の実験は中国への侵略であっけなく終わった。イタリアのムッソリーニは国際連盟を無視し、エチオピアに侵攻した。新経済政策《ネップ》のソヴィエト・テルミドールは一転、スターリン治世下で大量餓死と粛清の嵐が吹き荒れた。苦い経験から教訓を得たノーマン・エンジェルは、今度は欺かれなかった。エンジェルはエチオピアを侵略したイタリアに断固たる措置を講じるよう国際連盟に訴えた。だがそれは無駄に終わる。エチオピアから脱出したハイレ・セラシエ皇帝をロンドンに出迎えた名士の一団のなかにエンジェルはいた。しかし弱腰のイギリス政府はこれを無視した。当時イギリスはチェンバレン政権であったが、戦雲垂れ込めるなか、エンジェルはウィンストン・チャーチルの側に与した。戦争はもはや廃れたものでも、無駄なものでもなかった。戦争はかつてなく凄惨なものとなったが、それと同時にますます必要なものとなった。

歴史の終わりは第二次世界大戦で瞬く間に見えなくなってしまったが、連合国側の勝利が近づくと、例の楽観主義がまたもや頭を擡げはじめた。今度こそきっと、人類は歴史を学んだはずだ。今度こそきっと、戦争が破滅的で、犠牲が甚大で、途轍もなく破壊的なことを学んだはずだ。今度こそきっと、テニスンのいう「人類の議会」が開設され、彼のいう「世界の連邦政府《フェデレーション・オヴ・ザ・ワールド》」がついに創設されるにちがいない。

今回、人類の議会の設計者たちはサンフランシスコに集まり、そこで国際連合憲章を起草した。アメリカのエスタブリッシュメントである共和・民主両党議員は、久しく待望された輝かしい新時代に世界を導く機関の設立が約束されたことに快哉を叫んだ。トルーマン大統領はサンフランシスコ会議の開会式で演壇に立ち、「世界が経験しているのは、正義という不朽の道徳力にたいする古き信頼の回復であります」と宣言した。カリフォルニア州のアール・ウォーレン知事は列席する各国代表団を前に、「皆様が一堂に会された当州の住民は、皆様お集まりのきっかけとなった偉大な目的にたいして揺るぎない信頼を寄せております。皆様が当地へいらしたことは、世界平和への偉大で必要な第一歩であるとわれわれは考えております。当地で結ばれた理解の絆が今後幾世代にわたって全人類に恵沢をもたらしますよう日々お祈り申し上げます」と歓迎の辞を述べた。国連憲章の完成を受け、平信徒運動《レイマンズ・ムーヴメント》は全米に祈念を呼びかけた。キリスト教活動家のウォリス・C・スティアーズは、この憲章を「神の救いを求める人間の魂の歴史における最大の集団的祈りの迸り《ほとばし》」と評した。この祈りの運動には、アメリカ在郷軍人会、産業別労働組合会議、全米製造業者協会、相互放送会社《ミューチュアル・ブロードキャスティング・カンパニー》が参加した。

上院外交委員会委員長のトム・コナリー議員（テキサス州選出）は、国連憲章を「かつて起草されたこの種の文書のなかで最も偉大なもの」と評した。下院外交委員会に所属する共和党長老のソル・ブルーム議員は、「世界の政治指導者の手腕がもたらした歴史上最も有望かつ重要な文書」であり、〔国連憲章の起草を〕「歴史上最も希望に満ちた社会的出来事」と呼んだ。ブルーム議員はまた、「この止めようのない運命の流れ」が「自由、正義、平和、社会的安寧の黄金時代《ゴールデン・エイジ》へと」世界を導いていると述べた。のちにアメリカ副大統領となるアルベン・バークリーは、国連憲章をマグナ・カルタ、アメリカ独立宣言、合衆国憲法、ゲティスバーグ演説、リンカーンの第二期就任演説に比すべきものと評した。

だが平和と繁栄の黄金時代は訪れなかった。むしろ世界が核戦争による人類滅亡という恐怖の下で冷戦に突入するや、希望は失望へと転じた。しかし冷戦の終結とともに、なつかしいあの声がまたもや聴こえてきた。

非凡なる思慮深さを持つフランシス・フクヤマは、「歴史は終わったのか？」という問いを投げかけながらも、何か底意地の悪い企みがまだひそかに用意されているかもしれない可能性について明言することを慎重に避けた。しかし他の人びとは、最後の「悪の帝国《イーヴル・エンパイア》」が崩壊したことで、黄金時代がついにはじまるのではないかという考えに軽率に飛びついた。民主・共和両党の議員たちは、アメリカ政府が冷戦時代に膨らませた巨額の国防費を削減できるので、国民は減税という形で「平和の配当《ピース・ディヴィデンド》」が得られると語った。

それだけではない。社会主義が失敗した以上、繁栄をもたらすのは自由市場であり、その自由市場を最もうまく機能させるのが民主主義であるという理解が世界全体に広がるであろうとも言われた。ジョージ・ブッシュ・シニアとビル・クリントンの政権期間中、アメリカ政府当局者は、自由市場、自由貿易、自由社会の素晴らしさを世界中に喧伝して回った。もはや秘密でも何でもない。平和の敵なる共産陣営は敗れ去ったのだ。われわれが今なすべきことは、ちょっとした単純な教訓を適用するだけでよく、それで万事うまくいく、と。

歴史は底意地の悪いユーモアを見せる。世界貿易センタービルへのテロ攻撃の日からちょうど十一年前の一九九〇年九月十一日、ジョージ・ハーバート・ウォーカー・ブッシュ大統領は上下両院合同議会で演説し、クウェートがサダム・フセインの軛から解放された直後、新たな世界〔＝新世界秩序〕がはじまると宣言した。新たな時代には……

東と西、北と南、世界の諸国が繁栄し共生することができるのです。容易には見つからないこの平和への細道を代々《よよ》先人たちが探し求めてきました。しかし人類がそのための努力を営々と積み重ねてきた間に、千を超える戦争がありました。今日、われわれの知る世界とはまったく異なる新たな世界が生まれるようもがいています。法の支配がジャングルの掟に取って代わる世界、すべての国が自由と正義にたいする共同の責任を認める世界です……

中東における最後の狂信的テロリストが最後の爆弾を放棄するとすれば、そのときこそ、戦争は過去のものであるとの声、人類の議会によって今まさに世界の連邦政府が招集され、発足しようとしているとの声が、再び聴こえてくるにちがいない。

しかしその仕合わせのときが来るまでは、決して訪れそうもない平和な王国《ピースィアブル・キングダムズ》の百五十年間に目を向ける価値がある。〔ピルグリム・ファーザーズが一六二〇年にプリマスに上陸し、その後ジョン・ウィンスロップの下でニューイングランドの植民地化が積極的に行われるようになる一七二九年以降、独立戦争までのおよそ百五十年間は比較的平和な時期が続いた。ふつうこの期間を指して「平和な王国（Peaceable Kingdoms）」と呼ぶ。〕われわれは勝利し、歴史の終わりがやって来ると思い、そして見誤る。今回もまた、例のパターンに少し似てきた。

そこで本書では、われわれが生きている世界にかんする次の六つの問いについて考えていこうと思う。

第一に、アングロ－アメリカ人が世界政治に突きつけている独特の政治的・文化的課題《アジェンダ》とは何か？

第二に、アングロ－アメリカ人が新たな世界秩序を形成するための軍事的・経済的・政治的争い《コンテスト》に勝利したのはなぜか？

第三に、アングロ－アメリカ人は敵を打倒し、グローバルな秩序を構築するための経済的・軍事的資源《リソース》をいかにして動員することができたのか？

第四に、アングロ－アメリカ人が歴史の終わりが近づきつつあると――自分たちの力によって平和な世界が実現されようとしていると――かくもたびたび信じたのはなぜか？

第五に、アングロ－アメリカ人が事あるごとにその見通しを誤ってきたのはなぜか？

第六に、アングロ－アメリカ勢力は世界にとっていかなる意味を持つのか？　アングロ－アメリカ勢力はいつまで存在し続けるのであろうか？　過去三百年以上にわたるアングロ－アメリカ勢力の歴史は、より壮大な世界の歴史の流れのなかでいかなる意味を持つのか？

海象《せいうち》と大工

まず第一の問いに答えるため、現代世界の歴史を特徴づける「文明の衝突」について考察する。それは、イギリスとアメリカの英語圏勢力と十七世紀以降世界の形成をめぐって彼らと争ってきたさまざまな敵対諸国とのあいだの衝突である。今日アメリカの学校では、イギリスの歴史と文化にかんする授業がほとんど行われなくなっている。そのため英米両国がどれほど似た者同士であるかということについて気づかないアメリカ人が多い。むしろ外国人の方がそのことをはっきりと分かっており、われわれを「アングロ－サクソン勢力」と一括りにして呼ぶことが多い。それは民族性《エスニスィティ》にもとづく概念ではない。今日「アングロ－サクソン」という言葉は、イギリスとアメリカに影響を与え続けている文化的伝統《レガスィ》を指すのに用いられている。イギリスとアメリカは過去三百年以上にわたってフランス、ドイツ、日本、ロシアなどの国々を相手に、善と悪との戦い、自由と隷従との戦いを繰り広げてきた。それらの戦いにおいてアングロ－サクソン勢力に敵対した側は、アングロ－サクソン人を冷酷で、残忍で、貪欲で、偽善的であるとみなしてきた。アングロ－サクソン勢力は自由資本主義《リベラル・キャピタリズム》の旗の下に戦い、敵対勢力はこれに対抗した。本書第一部は、三百年以上にわたる文明の衝突について検討し、アメリカとイギリスに共通するアングロ－サクソン文化について探究し、ルイ十四世の時代からウサマ・ビン・ラディンの時代に至るまで英語圏勢力に対抗してきたさまざまな勢力のあいだに生まれた「反アングロフォン（英語国民）」のイデオロギーについて吟味する。

すべての敵の恐怖と羨望の的

許しがたく鼻持ちならない物言いに聞こえるかもしれないが、英語圏勢力は過去三百年以上にわたって戦争に勝ち続けてきた。別の言い方をすると、イギリスとアメリカはいずれかが、あるいはいずれもが、十七世紀後半以降参加したすべての主要な戦争において勝者の側に立ってきた。その勝利の歴史が今日われわれの生きている世界を形成してきた。本書第二部は、イギリスを、次いでアメリカを、世界の大国に押し上げた軍事的・外交的・経済的戦略に焦点を当てる。またアングロ－アメリカ文明がわれわれの生きている世界をいかにして築き上げてきたのかについても概観する。アングロ－サクソン勢力は単に戦争に勝利しただけではない。彼らは過去のあらゆる偉大な文明がそうであったように、世界の人びとの生き方、考え方、組織づくりの仕方に変化をもたらした。本書第二部は、ワスプの世界の主要な特徴のいくつかについて描出する。

アングロ－サクソンの態度

第三部では、六つの問いのうち第三の問い――アングロ－アメリカ人は敵を打倒し、グローバルな秩序を構築するための経済的・軍事的資源《リソース》をいかにして動員することができたのか？――について考察する。

英語圏勢力が成功した決定的要因として特に強調したいのは、イギリス人もアメリカ人もともに資本主義の巨大な力を発展させ利用するのによく適した類まれな文化のなかから生まれた国民として国際舞台に登場してきた点である。このことは、比較的自由な市場にもとづく資本主義に常につきまとう緊張、不確実性および不平等を厭わずに受け入れる意志とそれに耐え抜く能力とにおいて、イギリス人やアメリカ人の方がその他のヨーロッパや世界中の人びとよりも秀でていたということを意味するだけではない。無論そのことに間違いはないが、単にそれだけではなく、アングロ－アメリカ人は資本主義が急速に発展するのに好都合な制度的・社会的環境づくりを一貫して最もうまくやってきたということをも意味している。アングロ－アメリカ社会は資本主義的企業と技術の発展に非常に適していたため、これら英語圏の二大国は常に世界の技術発展の先頭に立ってきた。英米両国は、平時においてはより豊かな繁栄をもたらし、戦時においては政府をして共同体の富のより有効な利用を可能ならしめる懐の深い、かつ流動性の高い金融市場を擁している。その躍動的《ダイナミック》で先進的な経済のなかで育った大企業は、いざグローバル市場に乗り出すや、技術の先進性、資金力、洗練された経営といった面でたいてい劣る他国のライヴァル企業との競争において測り知れない強みを持つ。

資本主義にたいするこうした態度の根源はどこにあるのか？　本書は、イギリスの宗教改革が多元的社会――並外れて忍耐強く、並外れて進取の気象に富み、かつまた並外れて敬虔な社会――を創造してきた過程に注目する。宗教の伝統的価値観は資本主義のめざす功利主義的な目標と鋭く対立するという見方が世界の大勢である。しかるに英語圏は――宗教改革期のほぼすべての主役《リーディング・アクターズ》たちの態度とは異なり――資本主義と社会的変化を良きこととして受け入れられる宗教的平静の新境地に達した。世界の多くの地域では、人びとは今日でさえ、変化を拒めば自分たちの宗教的・文化的ルーツに最も忠実であり続けられると信じている。十七世紀以降、英語圏（少なくともその大半の人びと）は、変化《チェンジ》――経済的変化、社会的変化、文化的変化、政治的変化――を受け入れ、さらには促進し、加速させることが自らの宗教的定め《デスティニー》を果たすことであると信じてきた。

神は何を為し給ひしや

こうした考え方にもとづき、第四部では、英語圏において今も支配的なパラダイムを形づくってきたイデオロギーを確立するためにアングロ－アメリカ世界がその宗教的信仰と歴史的経験とをいかにして総合したのかに注目する。ここにいうイデオロギーとは、サー・アイザック・ニュートンの物理学、アダム・スミスの経済学、トーマス・ジェファソンとジェイムズ・マディソンの憲法理論、チャールズ・ダーウィンの生物学理論などの背後にある、世界の仕組みにかんする根本的なヴィジョンのことである。ここに挙げた思想家の多くは、特別な意味でも普通の意味でも敬虔なわけではないが、秩序というものが自然の力の自由な動きから「あたかも見えざる手《インヴィジブル・ハンド》の働きによって」自生的に生まれるという彼らの信念は、英語圏における最も強力な精神的確信の一部を別の言葉で表したものである。制限なき自由な動きによって秩序ある高度な社会がつくられるように世界も建設されている（あるいは神に導かれている）という考え方は、アングロ－サクソン世界のほぼすべての分野、ほぼすべての階層で見られる。この考え方は人びとを個人主義者であると同時に楽観主義者にする。そしてその極みが、いわゆる「ウイッグ史観《ナラティヴ》」――自由社会の緩やかで漸進的な進歩がアングロ－アメリカの歴史においてのみならず、より広く世界においても支配的な力となっているとみなす歴史理論――である。

本書第四部は、黄金のミームがアングロ－アメリカの歴史と政治に与えている影響について探究するとともに、進歩にたいする期待感と輝かしい歴史の終わりが常に何かしら間近に迫っているという切迫感とがいかにしてウイッグ史観から生み出されているのかについて説明する。〔なお右にいう「ミーム（meme）」とは、リチャード・ドーキンスが『利己的な遺伝子』で提唱した概念であり、文化伝達（模倣）の単位となる自己複製子のこと。〕

歴史の教訓

最後の第五部では、残る二つの問い――アングロ－アメリカ人の楽観主義が事あるごとに見通しを誤ってきたのはなぜか？　過去三百年以上にわたるアングロ－アメリカ勢力の成功の歴史は、より壮大な世界の歴史の流れのなかでいかなる意味を持つのか？――について考察する。

第五部はまず、アメリカのシステムにたいするアメリカ人自身の捉え方と世界におけるそのシステムの現実の動き方とのあいだに存するずれに焦点を当てる。換言すれば、アメリカ人は自由資本主義的民主主義《リベラル・キャピタリスト・ディモクラスィ》（ＬＣＤ）を社会の平和と安定を促すための手段と捉えており、実際そのとおりではあるが、それに加えてＬＣＤは――アメリカ人にたいしてのみならず、世界のすべての人びとにたいしても――巨大な、そして今なお加速し続ける社会的・経済的・技術的変化をもたらしている。

　ますます発達する人間の技術と一段と勢いを増す歴史的・社会的変化は、ウイッグ史観が予測する平和で繁栄した安定よりもはるかに刺激的な未来を指し示している。一つ例を挙げれば、アングロ‐アメリカその他の先進社会が生み出す活力《ダイナミズム》と変化は、変化を快く思わず、おそらくそれに対応できないその他の社会に直ちに伝わる。また別の例として、大国アメリカの発展――それがアメリカ人自身にとってのみならず、世界のすべての人びとにとっても良いことであるのは自明であるとアメリカ人は考えがちだが――は、そのせいで自らの利益や野心の実現が妨げられる人びとにとっては必ずしも良いこととは思えない。

　第五部は、アングロ‐アメリカの歴史にたいする「長期的視野」が今日のアメリカの政策立案者に与える教訓について考察する。予見可能な将来にアメリカがグローバルな政治秩序においてその比類なき《ユニーク》地位を失う可能性は低いが、さりとて一部の専門家がいうように大国アメリカの「一極支配」が今後も続いていく可能性も低い。第五部はまた、中東の過激なテロリストたちが突きつける課題に着目し、その課題を過去二百年間における同様の動きと比較する。

　アングロ‐アメリカの歴史が今日のわれわれに与える教訓のいくつかを検討した後、本書はこう締め括る――世界は本当に「歴史の終わり《エンド・オヴ・ヒストリー》」に向かって進んでいるのかもしれないが、われわれが接近しつつある終わり《エンド》とは、ウイッグ史観が常々語ってきたような平和で平穏な楽園《パラダイス》よりもずっと劇的なものとなるように思える、と。アングロ‐アメリカ文明は騒乱と混沌から人間を連れ出そうとしているのではない。むしろアメリカは、進むべきは超越への道であるという信念に衝き動かされ、世界の人びとをわれわれの既知の世界とも（おそらくは）想像しうる世界とも非常に異なった世界へと急き立てて連れていこうとしている。

おわりに

本書『神と黄金』は、拙著『神の加護――アメリカの外交政策とそれがいかに世界を変えたか』〔邦訳未刊〕と同様、歴史にかんする本ではあるが、歴史書ではない。歴史を省察し、さまざまな出来事の流れのなかに有意味なパターンを発見しようとはしているが、取り上げた歴史上の出来事について権威ある完全な形で説明しようとしているわけではない。多くのテーマを取り扱ってはいるが、そのいずれについても断定的な考えを述べたつもりはない。わたくしを含め、その内容が多岐にわたる学問分野を網羅したテーマについて執筆しようとする者は、自らが恩恵を受けた方々の不興を買うという苦い思いを避けて通ることはできない。多岐にわたるテーマを他に先駆けて研究し、深く掘り下げてこられた専門家や研究者の著作がなければ、本書を完成させることは不可能であったろう。しかしそうした専門家や研究者の多くは、本書のような一般書においては彼らの著作に含まれる緻密で高度な知識が十分公平に取り扱われていないと感じられるであろう。まったくそのとおりである。その点については誠に申し訳なく思う。奥の深い複雑な歴史的テーマを素通りする本書のやり方には、わたくし自身気が咎めている。しかしその都度それぞれのテーマについてもっと深く掘り下げた著作のあることを示しておいた。ただ本書のような書物の場合、考察する必要のあるすべての分野にわたって膨大な数の研究論文があることから、それらを一冊の書物だけで十分公平に取り扱うことができないのもまた事実である。

　さらに本書執筆のための下調べをするなかで、いささかがっかりさせられたことがある。アングロ－アメリカの支配について多面的に考察した夥しい数の優れた著作があるにもかかわらず、昨今の著作のなかにこのテーマを全体として本格的に論じたものが見当たらなかったことである。大英帝国にかんする書物はある。アメリカの外交政策にかんする書物もある。だが国際問題をめぐる英米両国民共通の歴史というテーマについては然るべき関心が払われていない。ある意味、これをテーマとした最高の書物は、一九五六年に出版されたウィンストン・チャーチルの『英語国民の歴史』以降出ていない。同書はその優れた点を挙げればきりがないが、惜しむらくは、二十一世紀の読者のニーズを満たすにはあまりにも古く、あくまでもその中心はイギリスであり、著者が直面した政治的課題の影響を受けすぎている。次に登場する英語国民の偉大な歴史は、おそらくインド人や南アフリカ人によって書かれることとなるであろう。そしてそれは是非とも書かれる必要がある。

第一部

海象と大工

第一章　神はわれらの側にあり
——クロムウェルからブッシュ・ジュニアに至る内部の敵との戦い

一六五六年九月十七日、オリヴァー・クロムウェル護国卿はイングランド議会で演説し、自らの外交政策を明らかにした。演説の冒頭、彼は政治における最も基本的な問いから切り出した。「われらの敵は誰か？　敵がわれらを憎むのはなぜか？」

彼がこれを主張したとき、国外には悪の枢軸《アクスィス・オヴ・イーヴル》が存在していたが、クロムウェルは、イングランドの敵は「国の内外を問わず、この世界の邪悪な者たちすべてである……[1]」と言った。

彼は十七世紀風の言い回しでこう述べた。敵がわれらを憎むのは、彼らが神を、そして善なるものすべてを憎むからである。敵がわれらを憎むのは、「神の栄光と神の民の利益に仕える者とあらば、自らの内なる激しい敵意の矛先をその者に向けんとするがゆえである。何となれば——これは決して虚栄心から言うのではないが——それらが明白に、そう、明々白々として守護、信奉されているのが、世界の他のいかなる国でもなく、この国であると彼らは見ているからである[2]」と。

イングランド内戦時に議会派として知られていた円頂党《ラウンドヘッズ》の面々に向かってクロムウェルは説き続け

た。悪の枢軸には頭領がおり、その者こそ自らを悪に仕える立場に置いた大国である、と。
「紛れもなく」とクロムウェルは言う。「諸君らの大敵はスペイン人である……彼奴らの内に巣くう敵意は、諸君らの内に御座《おわ》す神のものなるすべてに向けられておる。」その敵意は、エデンの園において〔悪魔が身をやつした〕蛇《サーパント》の引き起こした神への最初の反逆を淵源とするカトリック教から生まれたのである、と。クロムウェルは「我、汝の苗裔《すえ》と婦《おんな》の苗裔とのあいだに敵意を置かん」[3]〔創世紀第三章十五節〕と述べ、蛇にたいする神の呪い、闇の子と光の子のあいだに神が据える敵意とに言及した。

世界政治へのクロムウェルの訴えは三百年余り後、三千マイル離れた地にこだました。一九八三年三月八日、フロリダ州オーランドで開かれた全米福音協会の年次総会で、時のアメリカ大統領ロナルド・レーガンが行った演説である。レーガンは、「ソ連は現代世界の悪の中心《フォーカス・オヴ・イーヴル》である」[4]と言った。アメリカは神に逆らう敵と相対して信仰の試練に立たされていた。レーガンは共産主義から転向した告発者ウィテカー・チェンバーズの言葉を引き、マルクス＝レーニン主義はエデンの園の蛇がアダムとエバに神の命に背くことを唆したときに称揚した信仰に次ぐ「二番目に古い信仰」[5]であると述べた。レーガンもまたクロムウェルと同様、歴史を霊的な力《スピリチュアル・フォース》のあいだの闘争と見た。「わたくしが常々主張してきたように」とレーガンは牧師たちに語った。「世界で今も続く争いは、爆弾やロケット、軍隊や武力によって決まるものでは決してない」[6]と。

自由世界《フリー・ワールド》と悪の帝国《イーヴル・オヴ・エンパイア》とのあいだに敵意が存在を顕して以来、光の子と闇の子のあいだの戦いもまた――クロムウェルがスペインとの断固たる戦いを主張したように――永遠の存在となった。人は偽りの父《ファザー・オヴ・ライズ》とは盟約を結ぶことができないのである。

クロムウェルは、カトリックの教えではすべての罪を赦す力が教皇にあるとされていると説明し、議会にたいして警鐘を鳴らした。カトリックの君主たちがイングランドと和約を結んだとしても、彼らは願えばいつでも自らの誓いを破った罪の赦しを教皇から得られるのである、と。クロムウェルはそれを端的にこう説明した。「有り体に申せば、ローマの決定に従うローマ・カトリックの国またはローマ教皇自身と和約を結ぶとき、諸君らはそれに縛られても、彼らはそれに縛られない……かかる和平はローマ教皇が諾《うべな》うかぎりでしか維持されないのである」[7]と。

まさにこれと同じことをレーガンは共産主義者に感じた。共産主義者がその思想的立場ゆえに信義を守れないのは明白である、と。「ソ連の指導者が〔共産主義という〕彼らの大義を推し進めるものしか道徳規範とは認めないと公然と宣言している」以上、アメリカは共産主義者を公正に遇することなどできないとレーガンは言う[8]。共産主義者の唯物論的《マテリアリスティック》な哲学は、正しい行動や真実に絶対的価値を置かず、しかも目的が手段を正当化するがゆえに、彼らをあらゆる罪から赦免する。

クロムウェルとレーガンの主張のあいだにはより深い類似点がある。両指導者とも国家統合《ユニファイ・ザ・ネーション》に向けて幅広い合意《コンセンサス》にもとづく外交政策を同胞《カントリーメン》に訴えている。共和党の指導者であるレーガンは、民主党のハリー・トルーマンの伝統〔＝反共政策〕に依拠して政策を訴えたことで、彼の主張を耳にした一部の民主党員たちを立腹させた。クロムウェルの時代の議員たちにとって、対立し合う者同士が提携する超党派《バイパーティザンシップ》という発想は、現代のアメリカ人以上にはるかに受け入れがたいものであった。冷戦期の「超党派外交」は、一世代前のアメリカではお決まりの政治的美辞麗句であった。クロムウェルの時代のイングランドでは、合法的な政党《ポリティカル・パーティ》の概念はまだ生みの苦しみのなかにあり、不同意《ディセント》と不忠義《ディスロイヤルティ》は未だ同一視されていた。クロムウェルは、王〔＝チャールズ一世〕の処刑で幕を閉じたイングランド内戦において議会軍を勝利に導いたばかりであったが、にもかかわらず、すべて真のイングランド人は王党派《ロイヤリスト》も共和派《リパブリカン》も、カトリックの脅威を悪とみる点では同じであると主張しようとした。クロムウェルは、エリザベス女王が反スペイン政策を支持していたことを挙げ、エリザベス女王の「誉れ高き名声」を讃え——ちょうどレーガンがトルーマンの伝統に依拠したように——女王の伝統に依拠すべきことを主張した。おそらく議場に列席する円頂党員のなかには、彼のこの主張に動揺した者もいたにちがいない。

歴史上の悪の帝国は常に人権を踏みにじってきた。冷戦時代のアメリカの大統領はソ連政府が行った反体制派や信仰者への虐待を事あるごとに非難した。ここでもまた、その時々のアメリカの大統領はただクロムウェルの足跡を辿っているにすぎない。クロムウェルは一六五六年の演説で、長期議会《ロング・パーラメント》の使者がスペイン人によって惨殺された件や、イングランド使節が「西インド諸島で諸君らの哀れな民の血が不当に流されたことへの、またその他の地でなされた悪行への謝罪を求めたとき、さらに彼ら〔＝イングランド使節〕がかの地で貿易を営む諸君らの民の良心の自由《リバティ・オヴ・コンシエンス》を求めたとき——そのいずれについても納得のいく回答は得られず、拒否された」[9]件を挙げ、スペイン人が歴史的にいかに残虐であるかを訴えた。

クロムウェルは、われらが求めているものは自由、ただそれのみであると議会において力説した。スペイン国王フェリペ四世との交渉が決裂した直後、事の経緯を説明したクロムウェルは、イングランドが行った要求がいかに妥当で、いかに穏当なものであったかを示そうとした。「われらが求めたのは、彼ら（スペインの属領で貿易に従事しているイングランド商人）が聖書を携帯し、宗教の自由を享受し、いかなる制約も受けない自由である。しかし良心の自由は、ついに認められなかった……[10]。」

ドン・フェリペよ、〔自由を阻む〕その壁を取り壊したまえ！

悪の帝国が数世紀を隔ててもなお多くの共通点を持っているとすれば、善《グッド》のための同盟もまた同じである。冷戦期のアメリカとその同盟国は、クロムウェルの時代のイングランドとそのプロテスタントの同盟国と同様、自国の利己的な利益のためではなく――そんなことはもってのほかである――そうした利益を超えたもののために戦っていた。その戦いは善、権利、人権のために世界の至るところで戦われた。

「すべて真正の利益は」とクロムウェルは言った。「実《げ》に、ドイツ、デンマーク、ヘルヴェティア、カントンにおけるプロテスタント教徒のすべての利益、そしてキリスト教世界《クリスンダム》におけるすべての利益は、諸君らの利益も同然である。諸君らが成功し、適切に行動し、神の利益の何たるかを確信し、それを遂行しさえすれば、諸君らは神ご自身のものなる数多《あまた》の民のために自らが行動していることを知るであろう[11]。」

レーガンは福音主義者たちを前に、「アメリカは自由の松明に火を灯し続けているが、それはアメリカ人自身のためだけではなく、世界中の幾百万人もの人びとのためである[12]」と語った。

クロムウェルとレーガンは他にも共通する問題に直面した。それは、イングランドとスペインとのあいだの長く断続的な戦いよりも、米ソ冷戦の方に継続的に見られた問題である。いずれの場合も、時に正面から睨み合い、時に対決を先送りし、緊張緩和《デタント》を挟みつつ、同盟の破棄、運勢《フォーチュン》の変化を幾度も経ながら、なかなか決着のつかない敵対関係が何十年間も延々と続いた。一五八八年のアルマダの海戦で敗れたスペインは、イングランド本土に侵攻することができなかった。一方のイングランド軍もスペイン本国で長期戦を続ける能力は持ち合わせていなかった。むしろ今日にいう「第三世界」――世界各地に散らばる両大国の植民地や属国――において、あるいはまた通商ルートや世界の海をめぐって決定的勝敗のつかないまま断続的に紛争が続いた。イングランドの強硬派（主としてピューリタンや商人）は海外市場の開放を求めつつ、ローマ教皇との対決も辞さない攻撃的な反スペイン政策を望んだのにたいし、穏健派（主としてコストのかかる海外への事業に関心のない地方の大地主）は緊張緩和を支持した。

さらに別の問題もある。それは国内問題である。「紛れもなく、彼奴ら（スペイン人）の関心は諸君らの内部《バウアルズ（はらわた）》にある」とクロムウェルは議員らに語った。「然り、わたくしがこの世に生を享けてこの方、イングランドのペイピスト〔＝ローマ・カトリック教徒〕は、スペイン化された（Spaniolised）者とみなされてきた」[13]と。クロムウェルが第五列〔＝国内にあって敵方に呼応する者やグループ〕を示唆して語ったであろうこのメタファーとは違った形ではあるが――共産主義者の「関心はわれわれの内部にある」――と言ったロナルド・レーガンは、まさにクロムウェルが言わんとしたことを理解していた。

イングランドはほぼ一世紀近く国内少数派のカトリック教徒をどう扱うかという問題と格闘した。一五七〇年にローマ教皇ピウス五世がエリザベス一世を破門し、いかなるキリスト教徒もその命に従ってはならない正統性なき女王であると宣言した後、〔イングランドでは〕カトリック教徒にたいする既存の宗教刑罰法《ペナル・ローズ》がかなり厳しくなった。エリザベスを悩ませたのは、女王に忠実な（少なくとも平穏に暮らせるものなら女王の支配に服することもやぶさかではないと考える）カトリック教徒と、女王を暗殺してイングランドを内戦に引きずり込もうとする陰謀に積極的にかかわるカトリック教徒とをいかに見分けるかという問題であった。一五八〇年代に入ると、スペインによる侵略の脅威が高まり、カトリック教徒への締めつけは強まった。カトリックの聖職者がイングランドに足を踏み入れることやイングランド国民がいかなる形であれカトリックの聖職者を家に泊めたり助けたりすることは違法となり、これに違反した者は死刑に処せられた。またプロテスタントの礼拝に参加することを拒んだ者には重い罰金が科せられた。一五八八年に無敵艦隊がスペインの港を出航したとき、カトリック教徒への締めつけは再び強まった。地方の官憲は、治安を脅かす恐れのあるカトリック教徒を投獄するよう命じられた。しかしスペインによる侵略の脅威が遠のくと、宗教刑罰法の執行は緩和された。[14]

エリザベス治世下ではその後も、スペインとの戦争の危険が高まるとカトリック教徒の法的地位は悪化し、逆にその危険が遠のくとカトリック教徒の法的地位は改善した。そうしたなか、一六〇五年に前代未聞のテロ未遂事件が発覚し、エリザベスの次の王〔ジェイムズ一世〕の治世になると、イングランドのカトリック教徒は新たな暗い時期を迎えることとなる。

一六〇五年十一月五日、カトリック教徒の過激派が王と貴族・庶民両院議員とが一堂に会するときを狙って、ロンドンの議事堂地下に仕掛けた大量の火薬を爆発させる陰謀計画を企てたのである。〔しかしこの計画は直前に発覚し、失敗に帰した。〕この計画に直接関与したのは一握りのカトリック教徒にすぎず、おそらくイングランドのカトリック教徒の大半は、「火薬陰謀事件《ガンパワー・プロット》」と呼ばれたこの陰謀計画には反対したであろう。それにもかかわらず、従来よりも危険視されるようになった少数派〔＝カトリック教徒〕への対策として旧い法律が復活し、新しい法律が急いで制定された。ジェイムズ一世にたいする忠誠の誓い——誠実なカトリック教徒にとって、それを言葉にすることはできなくはないが、憚られるような誓い――を立てることを拒んだ者は、すべての所領を没収され、終身刑に処せられる可能性があった。

しかしその後、一六四二年にイングランド内戦が勃発するまでは、カトリック教徒の置かれた状況は徐々に改善に向かった。冷戦時代であれば「雪解け」と呼ばれたであろう。治安への脅威がなくなると、反カトリック法の執行は緩和された。一六三二年には、あるイングランド人のカトリック教徒が聖母マリアを讃えるソネット集を発表することができた。また少なくとも一人のフランス人イエズス会士が著したいくつかの作品が英語に翻訳され、オクスフォードで出版された[15]。

イングランドでは内戦が近づくにつれ、宗教対立がますます激しくなった。内戦時、カトリック教徒は王党派《ロイヤリスト》を強く支持した。王となったチャールズ一世は、フランスからカトリック教徒のヘンリエッタ・マリア〔＝アンリエット・マリー・ドゥ・ブルボン〕を王妃に迎えた。一六三〇年代に少数派たるカトリック教徒への寛容が進んだのは、議会の力ではなく、王室の威光によるものであった。しかし内戦に勝利したピューリタンはすぐさま報復の挙に出た。カトリック教徒は王党派であり、かつ異端であるがゆえに処罰された。結果的におよそ一千六〇〇人以上のカトリック教徒が家や土地を没収された[16]。

一六五三年に権力を掌握〔＝護国卿に就任〕したクロムウェルは、反カトリック法の執行を緩めた。数年間も内戦が続いたイングランドでは平和と安定が必要とされた。クロムウェルは妥協と忍耐による王国の安定化を望んだ。ところがスペインとの戦争によって事態は一変した。国の治安に過敏な議会保守派のプロテスタントが、少数派〔のカトリック教徒〕にたいする厳しい措置を要求したのである。

クロムウェルの「悪の帝国」演説から一カ月後、新しい法案が議会に上程された。ローマ・カトリック教徒であると疑われた者は裁判所への出頭が命じられ、棄教の誓約が求められたのである。この誓約は火薬陰謀事件のあとに導入されたものよりも厳しく、おそらく誠実なカトリック教徒であれば、誰も誓約することなどできないものであった。

> わたくしこと○○［名前］は、教会一般にたいすると同様、殊にわたくし自身にたいするローマ教皇の権威を憎悪し、嫌悪し、拒絶することを誓います。わたくしは善行が報われるという教義《テネット》を非難し呪詛いたします。わたくしは聖母マリアも、その他の天国の聖人も崇拝されるべきではなく、偶像崇拝がなくなれば彼らに請願や礼拝が捧げられるはずがないと固く信じ、これを認めます。わたくしは聖体拝領《ローズ・サパー》の秘蹟が、あるいはまたそれが誰によってなされる聖変化《コンセクレーション》であろうとも、聖変化後のパンとぶどう酒が、礼拝され崇拝されるべきではないと断言いたします。わたくしは煉獄《パーガトーリー》が存在せず、それがローマ・カトリック《ポーピッシュ（軽蔑的）》の捏造であり、ローマ教皇が贖宥状《しょくゆうじょう》を与えることができるとする教義も同様［に捏造］であると信じます。わたくしはまた、ローマ・カトリック教徒が吹聴するように、ローマ教皇であれ、その他の司祭であれ、罪を赦すことができるとは些かも信じるものではありません。[17]

この誓約を拒否した者はただちに全財産の三分の二を奪われ、ふたたび誓約を拒んだ者は残りの財産の三分の二を没収されるなどの処罰を受けた。それまでカトリック教徒は、妻に財産を譲渡することで処罰を逃れることができていた。しかしその手はもはや使えなくなり、抜け道は完全に塞がれた。

この法律は当時でさえたいへん議論になった。ケント郡出身の議員で弁護士のランバート・ゴッドフリーは、この法律を嫌悪すべきものとみなした。「その法律と異端審問《インクイジション》との違いが私には分からない。あるとすれば、一方は拷問によって財産を搾り取り、もう一方は拷問によって人間を絞り上げるという違いがあるだけだ」[18]とランバートは雄弁に論じたが、結局法案は可決された――反対票はわずか四十三票にすぎなかった。この法律はアイルランド人カトリック教徒を彼らの土地から引き離すのに非常に効果を上げた。

クロムウェルはまた、冷戦時代に〔アメリカによって〕繰り返されることとなるもう一つの問題に直面した。ローマ・カトリックとの大戦争を繰り広げるなかで、時として彼は奇妙な同盟、すなわちカトリック教国との同盟を結ぶことを余儀なくされたのである。トルーマンはいかなる巡り合わせか、ユーゴスラヴィア共産党の指導者チトー元帥を援助することとなった。ニクソンとレーガンの場合も、共産主義国ソ連への対抗上、共産主義国中国との関係を改善しなければならなかった。クロムウェルは、カトリック教国スペインへの対抗上、カトリック教国フランスがいかに同盟を組むにふさわしい相手であるのかを説明する必要に迫られた。

またしても同様の問題について同様の回答がなされた。トルーマンと彼以降のアメリカ大統領が、共産主義国ユーゴスラヴィアはモスクワから独立しているという点を理由に挙げたように、クロムウェルはフランスがローマ教皇権《ペイパスィ》から事実上独立しており、それゆえフランスは独自の判断で条約を結ぶことができるのだと言い張った。クロムウェルはまた、フランスのマザラン枢機卿との密書のやり取りから、フランス国内の反体制派プロテスタント教徒への待遇は改善に向かうであろうと主張した。冷戦時代、〔対共産圏〕外交の政策的矛盾に気まずさを感じていたアメリカの大統領は、その気まずさを取り繕うように、中国の人権問題は改善に向かうとの見通しを絶えず示した。クロムウェルの場合、彼の立場を一層難しくしたのは、フランスにいるプロテスタント教徒への待遇を改善できるかどうかは、クロムウェルがイングランドにいるカトリック教徒の生活を申し分ない程度にまで改善できるかどうかにかかっているとマザランが言ってきたことである。

オリヴァー・クロムウェル政権下のイングランドの政策を理解しようとする者は、冷戦時代のアメリカの政策を理解しようとする歴史家が直面するのと同じ問題を多く背負い込むこととなる。クロムウェルは一六四九年から五二年までのあいだにアイルランドで約二万人のプロテスタント教徒が殺害されたことについて、アイルランドのカトリック教徒とそれに味方するスペインを攻撃した。しかしクロムウェルのアイルランド派遣軍も、その衝撃が永遠に消え去ることがないほど残忍な蛮行を犯した[19]。冷戦当時のアメリカが、時として敵対する共産主義体制と同じくらい凶悪な独裁政権を支援したときにも同じような論争が起こった。クロムウェルはスペインのカトリック体制に「心の底」から反対していたのか? それともクロムウェルの外交政策のイデオロギー的要素は、イングランドの国益拡大を積極的に追求することへの国民の支持を集めるための巧妙な手口であったのか? スペインとの対抗上プロテスタントのオランダ人を助けることに決めたクロムウェルは、カトリックのフランス王と同盟を結んでそれを実行した――しかもそれは、支援の見返りとしてドーバー海峡を臨む港町ダンケルクを割譲させたうえでのことであった。果たしてクロムウェルは神のための戦争を遂行する宗教的狂信者《リリジャス・ゼロット》であったのか、それともイングランドの国益拡大をはかる抜け目のない政治家《ステーツマン》であったのか?

クロムウェルはたぶんこう答えたであろう。わが政策の二つの要素——神の宗教のための戦いとイングランドの国益のための戦い——は一つとなり、そのこと自体が神の摂理の徴《しるし》である、と。善きことを実践し、ローマ・カトリック教徒と戦うことによって、イングランドに繁栄と富がもたらされるであろう、と。神にとって善きことは、イングランド共和国《コモンウェルス》にとっても善きことであり、その逆もまた真なり、と。おそらくこの無邪気な結合は、当時の多くのイングランド国民から手放しで支持されたにちがいない。

クロムウェルの個人的考えがどうであろうと、彼の政策が彼の宗教的信念にあまり関心のない人びとから支持されたことは疑いない。アイルランドに進駐するイングランド共和国軍の兵士の多くは、神学論争よりもアイルランドの農地が再分配されることの方に興味があった可能性が高い。明らかに彼らの指揮官や支持者の一部は、当時のイデオロギー状況を意識的かつ利己的に利用し、ふつうなら犯罪とみなされるような手段によって豊かになった。彼らのなかには、プロテスタントの大義が実現される期待よりも、スペインの貿易船を略奪する機会の方をより歓迎する〔私掠船の〕船長や船乗りたちもいれば、物質的利益を賤しむ教えを抱く厳格な兵士たちも大勢いた。そして彼らカルヴァン主義者《カルヴィニスト》の強硬派は、〔現代アメリカの極右政治団体〕ジョン・バーチ協会の会員《バーチャーズ》たちがいかなる形であれ共産主義者との「和解《アコモデーション》」を責め立てたように、カトリック教との聖なる戦いにおいて一時的利益と引き換えに妥協も厭わないクロムウェルのやり方にたいして首を横に振って反対した。

クロムウェルのイングランド共和国において「現実主義《リアリズム》」と「理想主義《アイディアリズム》」の糸は一本に撚り合わされた。その時代のなかで縺《もつ》れた闇の糸と光の糸とを解きほぐすことができるのは神のみである。イングランドの政策を衝き動かしている要因は何か――その友はイングランド人の高い道徳的信念にあると捉えがちであり、その敵はイングランドの国益にあると見る傾向が強かった。悪の帝国スペインとの長き戦いのなかでクロムウェルが言ってきたこととイングランドが行ってきたことを見るとき、いずれの解釈も成り立ちうる。

スペインは英語圏に立ちはだかった最後の悪の帝国ではなかった。幸いにもサタンはセルヴァンテスの地で打ち負かされたが、エスコリアル宮から追い立てられるやいなや、当時隆盛の機運にあったヴェルサイユ宮殿に新居を構えた。退位に追い込まれた――カトリック教徒の――ジェイムズ二世に代わってイングランドに招請されたオレンジ公ウィレムが〔ウィリアム三世として〕王位に就いた一六八九年以降、イングランドはそれまでの対スペイン戦争と同様、フランスとの長く危険な戦争にのめり込むこととなる。イングランドの文筆家ジョゼフ・アディソンは、反フランスのエッセイを一七〇七年に出版した。そのエッセイはクロムウェルの主張をより世俗的な時代に合わせて書き換えたものといえる。

「フランス人はまちがいなく、イギリス国民にとって最も和解しがたく、最も危険な敵である」とアディソンは書く。「彼らの統治形態、彼らの宗教、彼らの大国イギリスへの嫉妬、そして彼らの貿易の営みと普遍的王国《ユニヴァーサル・モナーキー》の追求は、彼らをしてわれわれへの敵愾心と反感を永遠に抱かしめ、かつまたありとあらゆる機会をとらえて、われわれの国体《コンスティチューション》を転覆し、われわれの宗教を破壊し、われわれの貿易を壊滅させ、ヨーロッパ諸国のなかでひときわ異彩を放つわれわれを引きずり下ろそうとさせるであろう」と。[20]

言い換えれば、フランスは世界征服を目論む悪の帝国であり、フランス人は決して信用できず、彼らは密偵を使ってイギリスそのものの転覆を図り、イギリスの繁栄と威信を傷つける遠大な計画を抱いていたということである。

しかし言うまでもなく、イングランドの大義は自国の狭小な利益にとどまらない偉大なものであった。自由《リバティ》を女神《ゴディス》と呼んだアディソンは、すべてのイングランド人が求めているものは自由、ただそれのみであると獅子吼したクロムウェルの叫びに共鳴した。

汝、女神よ、ブリタニア島は汝を敬愛す。
ブリタニア島は、己がすべての蓄えを幾度使い果たしたことか、
死と隣り合わせの戦場にあって、汝の存在を幾度探し求めたことか、
思うに、手に入れたものは、支払った代価に比べれば、途方もなく大きい!……[21]

それに加え、クロムウェルと同様、アディソンにとっても、イングランドの大義は国境を越えた大勢の人びとのための大義であった。

イギリスの責務は、欧州の命運を見守り、
競い合う各国の均衡を保つこと、
驕り高ぶる王たちを戦争で威嚇し、
苦しむ隣人の懇願に応えることだ。[22]

太陽王とその邪悪な同盟者や継承者を敵として戦った戦争は、対スペイン戦争と同様、何十年間も延々と続いた。その戦争は時に熱し、時に冷めつつ、〔イギリス軍と組む〕アメリカ植民地軍とフラ

ンス軍と組むインディアン諸部族とのあいだの戦闘〔一七五四〜六三年のフレンチ・アンド・インディアン戦争〕を含め、その多くは第三世界で戦われた。

またしても、自由を守るために自由を抑えることが必要となった。少なくともそう思われた。クロムウェルの時代が去り、隠れカトリック教徒チャールズ二世とその弟で公然たるカトリック教徒ジェイムズ二世の治世になると、イングランドにおけるカトリック教徒の立場は、時おり過酷な時期はありながらも、徐々に改善していった。反カトリック法は未だに生きていたが、この二人の王による恩赦・特免権の行使によって、カトリック教徒はエリザベス一世の下で最初の宗教刑罰法が制定されて以来最も自由に公職に就けるようになった。

その流れが変わったのは、〔名誉革命によって〕ジェイムズ二世がフランスに亡命してからである。ルイ十四世は王への敬意を払ってジェイムズを迎え、父祖から続く王位の奪還に向けてフランス軍が助力を惜しまないことを約束した。〔フランスへの亡命から数カ月後〕ジェイムズを載せた軍艦は、彼を支持するカトリック教徒の多いアイルランドへと向かった。

アイルランドにおけるジャコバイト戦争（「ジャコバイト」とはジェイムズ支持派をいう）はあっけなく不名誉な幕切れを迎えた。戦闘に敗れ、慌てて退却してきた敗残者ジェイムズは、あるアイルランド人の支援者に向かって、「奥方《マダム》、貴国の者たちは戦場からの逃げ足が速いものだね」とこぼした。すると婦人は、「旦那様《サー》、かけっこで一番になられたのは、どうやらあなた様のようでございますね」と答えた。しかしフランスからの脅威や新たなジャコバイトの叛乱の恐れは、このジェイムズの敗北でもって終わったわけではなかった。

イタリアの教皇領を支配するローマ教皇は、対フランス戦争においてウィリアム三世の軍事的同盟者であった。またボイン川の戦いでジェイムズ二世が敗れたとの報に接したヴァティカンはこれを祝福した。それにもかかわらず、カトリック教徒はほぼ例外なく前王〔ジェイムズ二世〕に忠実であるとみなされた。彼らは再び公職から追放され、新たな締めつけや罰金刑の対象となった。一七一五年にジャコバイトの叛乱軍がスコットランドの大部分を制圧すると、驚いたプロテスタント教徒はこれをカトリックの十字軍《クルセード》とみなした。旧い宗教刑罰法が埃を払われ、誓約書が書庫の奥から引っ張り出されてきた。そして長く準備されてきた緊急事態計画にしたがって、カトリック教徒またはカトリック教徒であると疑われた者は、プロテスタント教徒である現国王ジョージ一世に忠誠を誓い、ローマ教皇の主張を破棄することを誓約させられた。誓約を拒んだ者には厳しい処罰が待っていた。まずカトリック教徒としての活動が制限され、馬と武器が没収され、「謀叛心」ありと疑われた者は予防的に拘禁されることとなった。[23]

一七四〇年代にフランスとの戦争が再び勃発したとき、国内少数派のカトリック教徒が敵である国外のカトリック教徒と手を結ぶことへの恐怖から、新たな締めつけと迫害が起こった。反カトリックの群衆が街中を荒らしまわり、ローマ教皇や若僭王《ヤング・プリテンダー》と呼ばれたジェイムズ二世の孫〔チャールズ・エドワード・ステュアート〕を模した人形が焼かれたり、時にはカトリック教徒であると疑われた者が襲撃されたりした。治安判事はカトリック教徒やカトリック教徒であると疑われる者たちを訪ねてまわり、彼らに宣誓するように迫った。宣誓を拒んだ者はまたしても馬と武器が取り上げられ、その他の罰則でじわじわと締めつけられた。

その当時、イギリス帝国内においてカトリックのミサが公然と行われていた都市は、フィラデルフィアのクエーカー・シティだけであった。それ以外の地域では、カトリック教徒の第五列がフランス側と連携するのを防ぐために宗教刑罰法が執行された。

　フランス絶対王制という悪の帝国は〔七年戦争の末〕一七六三年についに敗れた。サタンは衣服を着替えたが、住処《すみか》は変えなかった。そして一七九一年までには、フランス革命の征服軍を指揮するサタンの姿が確認できた。カトリック信仰がもはや自らの目的を達する手段としては不十分であると見たサタンはさっさとそれを見限り、革命フランスの世俗哲学に抱きついた。この悪の帝国はかつて保守的なカトリック教国であったが、フランス革命のあいだに世俗的な近代国家へと変貌を遂げた。ナポレオン体制下で一時無神論《エイスィイズム》からカトリック信仰に戻った――が、すべてこうした紆余曲折はサタンにいかなる利益ももたらさなかった。イギリス人がそこで目にしたのは、かつてクロムウェルが口を極めて非難したのと同じ恐るべき光景であった。すなわち善なるものすべてに敵対する悪の帝国が姿を現したのである。

　偉大なるアイルランド出身の政治家エドマンド・バークとウィリアム・ピット〔＝小ピット〕がいみじくも述べたように、その悪の帝国は人権の侵害、普遍的王国《ユニヴァーサル・モナーキー》の企て、イギリス転覆の陰謀、交渉を脅かし和平を妨げる背信というおなじみの罪を犯したのである。

　一七九三年二月一日、ピット――〔若干二十三歳で財務大臣《チャンセラー・オヴ・エクスチェッカー》に就任し、その十八カ月後〕イギリス史上最年少の二十四歳で首相に就任〔当時の肩書きは首相《プライム・ミニスター》ではなく、第一大蔵卿《ファースト・ロード・オヴ・ザ・トレジャリー》〕――は議会において、フランス・ジャコバン派の危険性に警鐘を鳴らした。

　彼らはあらゆる機会をとらえ、その軍隊が姿を現したすべての国の最も神聖で最も立派な制度をことごとく破壊するのであります。そして自由の名の下に、ジャコバン協会の独裁を通じて、たとえ形式的ならずとも、実質的に、あらゆる国を自分たちに寄りすがる属領にしようと決意しております。……フランスはその足で、すべての法律、人間、聖職者を踏みにじってきました。かの国はついにその最も貪欲な野望と諸国民の法《ロー・オヴ・ネーションズ》〔＝国際法〕にたいする最大の侮辱を公然と認めたのであります。諸国民の法はすべての独立国が予《かね》てより最も真摯に遵守することを公言してきたものです。かの国の勢いを止めなければ、全ヨーロッパは遠からず、その正義の理念——諸国民の法——統治モデル、自由《リバティ》の原理を、フランスの大砲の口から教わることとなるでありましょう。[24]

一七九三年のルイ十六世の処刑に衝撃を、まさに衝撃を受けたイギリスは、数次にわたる対仏大同盟の結成に動き出した。そしてそこから長き戦争がはじまったのである。百年以上前までは、クロムウェルのイングランドこそが王殺しの国であり〔＝一六四九年のチャールズ一世処刑〕、イングランドにとって敵の側が王統を維持していたのであるが、幸いなことに、神と悪魔《デヴィル》とが臨機応変に立ち回り、その辻褄をうまく合わせてくれた。

あとには敵対の時代が続く。イギリスとその同盟国はフランスとその同盟国を相手に第三世界で戦った。またしても数十年にわたる敵対関係が緊張緩和《デタント》の時期を挟んで続いた。

無論、例のサタンのイデオロギーは国外の戦争でイギリスに挑戦するだけでは終わらなかった。ジャコバン派の関心はイングランドの内部にも向けられた。そこには、急進主義者、自由主義者、通信委員会、その他イギリス本国の心臓部で危険思想を広める者たちの巣窟があった。ピットの政府はその挑戦に立ち向かった。

一七九二年と九三年の二年間だけで、それ以前の八十七年間よりも多くの煽動罪《スィディション》の裁判が行われた。詩人で芸術家のウィリアム・ブレイクは、〔泥酔して寓居の庭に〕侵入してきた兵士と諍いになり、「くそったれ国王、くそったれ兵士ども、奴等はみな国王の奴隷だ」と王を罵ったことにより煽動罪で起訴された（〔事件翌年の一八〇四年に開廷された〕裁判で、ブレイクは無罪となる）。一七九二年十一月、フランス革命政府は自国の王や専制君主を倒すために戦っている外国人に「友愛援助」を与えることを約束した〔＝国民公会による「自由を欲する諸国民に友愛と援助を与える宣言」〕。これを受けて、イングランド北部とスコットランドの各地で暴動が起こった。一七九三年に〔フランス革命〕戦争が勃発して以降、国内の敵（現実の敵または敵であると認められる者）にたいするイギリス政府の対応は次第に厳しさを増していった。

一七九三年五月、イギリス政府は通信協会――自由主義者や急進主義者のネットワーク組織――の書類を押収し、〔一七九四年から一八〇一年まで〕人身保護法《ヘイビアス・コーパス・アクト》の執行を停止した。これだけでは足りないと分かると、全国的に言論・集会の自由を厳しく制限する叛逆活動法《トリーズィナブル・プラクティスィズ・アクト》と煽動集会法《スィディシャス・ミーティングズ・アクト》が導入された。これらの「言論封殺法《ギャギング・アクツ》」の下では、合法的な集会でさえ治安判事から解散を命じられる可能性があり、その命令に違反した場合の最高刑は死刑であった。ある弁護士など、「わたくしが望むのは自由だ。……国王なんて、まっぴら！」と口にしただけで十八カ月の禁固刑に処せられた。トマス・ペイン著『人間の権利《ザ・ライツ・オヴ・マン》』の発行者も十八カ月間投獄された。ペイン本人はやむなくフランスへ逃亡したが、被告不在のまま裁判が開かれ、文書煽動罪《スィディシャス・ライボル》で有罪判決を受けた。

一方、政府当局はウィリアム・ウィッカムのいう「予防警察制度《プリヴェンタティヴ・ポリス》」を整備した。外国人課《エイリアン・オフィス》は不審な外国人に目を光らせ、郵便局と税関は不穏文書を検査した。治安判事は管轄地域内で活動する怪しい団体や個人の行動を監視した。

反カトリックの宗教的熱狂が頂点に達して以来、イギリス政府が非国教徒《ディセント》にたいしてこれほど厳しい措置を講じたことはなく、そうした一連の措置は反対派議員から激しい批判を浴びた。一方、新たな措置を擁護する議員たちは、カトリックが脅威となって以来、イギリスが国内の敵からこれほど脅かされたことはなかったと主張した。採決の末、言論封殺法は圧倒的多数の賛成で可決された。

イギリスが新たな革命の危険性に対処すべく、カトリックを伝統とする君主国と組んで戦った戦争〔＝フランス革命戦争〕のときは、カトリック信仰がそれほど大きな脅威には見えなかった。一七六三年にフランスが〔七年戦争で〕敗北した直後あたりからイギリスにおけるカトリックの緩やかな解放がはじまった。宗教刑罰法は依然として有効であったが、執行されることはほとんどなくなった。一七七四年のケベック法は、「流血《ブラッディ》のメアリー」〔＝メアリー一世〕の崩御後初めてイギリス議会で可決された、カトリック教への寛容を定めた議院法《パーラメンタリー・ロー》である。

左翼の取り締まりは厳しさを増したが、カトリック教徒への締めつけは引き続き緩和された。一七九一年と九三年にはカトリックの宗教活動にたいするすべての民事罰を廃止するカトリック救済法が議会で可決された。また一八〇一年には〔グレートブリテン王国とアイルランド王国の合同を定めた連合法《アクト・オヴ・ユニオン》が成立し〕アイルランドのカトリック教徒にたいしてさらなる譲歩がなされた。フランス革命の急進派であるジャコバン《ジャコビン》派（「ジャコバイト」ではない）はピットのイギリス内部に巣くう敵であったが、そのピット本人がプロテスタント教徒の臣下と完全に同等な権利をカトリック教徒にも与えるよう頑固なジョージ三世を説得すべくあらゆる可能な手を尽くした。

ピットと同じくらいジャコバン派を忌み嫌ったのがナポレオンである。だがイギリスから見れば、ナポレオンの普遍的帝国《ユニヴァーサル・エンパイア》もジャコバン派の革命と同じくらい危険なものであった。そのため、この二つの脅威に共通する特徴を見抜いたピットは早くも一八〇〇年二月三日の時点で、ナポレオン体制は決して信用ならず、交渉できる相手ではないと主張していた。なぜならナポレオン体制は「何ものにも拘束されず、条約にも縛られず、諸国民に広く受け入れられている道義《プリンスィプルズ》の感覚もなく、いかなる義務も、人間も、聖職者も制止しえない、背信《パーファディ》（というもの）」[25]を露《あらわ》にしているからである、と。ナポレオンは彼に先立つスペインのハプスブルク王朝やフランスのブルボン王朝と同様、普遍的王国《ユニヴァーサル・モナーキー》の建設をめざし、全世界の自由《リバティ》と人間の解放《ヒューマン・フリーダム》に敵対し、イングランド人の価値観と文化を嫌悪した。それゆえにナポレオンとの戦いは、全人類の戦いであった。

　事実、ナポレオンを完膚なきまで叩きのめすためには、ほぼ全人類の力を結集して当たらなければならなかった。ついにナポレオンの姿を借りたサタンはセントヘレナへと放逐されたのである。勝者は一堂に会し、新たな世界秩序を打ち立てた。一八一五年のウィーン会議において、イギリスはヨーロッパのカトリック王制諸国と協力し、彼らの王位を守る政治秩序の構築に努めた。今度はハプスブルク王朝とブルボン王朝がヨーロッパ秩序の柱となり、イギリスも彼らが立ち直ることを望んだ。

　次の世紀〔＝十九世紀〕のほとんどの期間、サタンはイギリスに休息を与えた。それでも、わずかながら危機感を抱く瞬間もありはした。その時々のフランス政府が旧オーストリア領ネーデルラント〔一八一五年にオランダに一時編入後、一八三一年にヴィクトリア女王の叔父レオポルドを〔初代国王に〕迎えてベルギー王国として独立〕に貪欲なまなざしを向けたときや、ロシアが折々悪魔《イーヴル・ワン》と戯れながら、ある時はコンスタンティノープルに、またある時はイギリス領のインド北部辺境に触手を伸ばす気配をみせたときである。

だが時折警戒感が高まることはあっても、新たな悪の帝国が出現するのは十九世紀も終わり近くになってからであった。すなわち、かつてフェリペ二世、ルイ十四世、ナポレオン一世が果たした役割をドイツ皇帝ヴィルヘルム二世が演じることとなったときである。一九一四年八月、ついに賽は投げられた。ヴィルヘルムの軍隊が低地諸国《ロー・カントリーズ》を侵略し、ベルギーに侵攻したのである。イギリスはヨーロッパの戦争に引きずり込まれる。それは「よき女王ベス」（＝エリザベス一世）の治世以来のことであった。

当時のイギリス首相ハーバート・アスクィスは決して雄弁ではなかったが、対独宣戦布告にかんする彼の議会演説は例のテーマを甦らせた。

> 国家が戦う理由は、〔他国を〕侵略するためではなく、自国の利己的な利益さえ維持できればよいからというわけでもありません。国家が戦う理由は、世界の文明にとってその維持がきわめて重要な道義《プリンスィプルズ》を守るためなのです。かくも明確な意識と強力な信念をもって一つの大議論――そしてそれは、歴史がこれから知るところとなるであろう最大の議論の一つ――に踏み込む国民がかつてあったでありましょうか。[26]

一九一四年九月十九日、アスクィス内閣の財務大臣デイヴィッド・ロイド・ジョージは自説を思う存分に主張した。ロイド・ジョージは、ドイツ皇帝ヴィルヘルムが戦線を離脱するドイツ軍兵士にたいして行った演説の引用からはじめた。「ドイツ国民は神に選ばれし民であることを忘れてはならぬ」とヴィルヘルムは言った（とされる）。

朕のもとに、ドイツ皇帝たる朕のもとに、神の聖霊が舞い降りてきた。朕は神の武具、神の剣、神の副摂政《ヴァイス・リージェント》なり。服従せぬ者に災いあれ！　臆病者と不信心者に死を与えよ！

その意味するところをロイド・ジョージは見抜いていた。少なくとも皇帝の取り巻きの一部にとって、それは新たな邪教の呼びかけであった。ロイド・ジョージによると、そこにはヴィルヘルムと彼の寵臣たちの次のような考えがこめられているという。

条約。それが足に絡みつき、ドイツの前進を阻んでおる。いざ剣にてそれを断ち切らん。小国ども。彼奴らはドイツの前進を阻んでおる。彼らをドイツの踵で踏み潰し、沼の底に沈めん……イギリス。かの国は世界におけるドイツの優越を絶えず脅かす。かの国の手から三叉の矛をもぎ取らん！

その考えの行き着く先がロイド・ジョージには見えた。

それだけではありません。ドイツの新たな哲学は、キリスト教を破壊するものなのです――ドイツ人にとってキリスト教とは、他者のための犠牲という甘ったるい感傷主義、つまらない子ども騙しにすぎないものだからです……イギリスが救いの手を差し延べなければ、自由は消え去り、民主主義は消え失せ、そして諸君、人類は暗黒の日を迎えることとなりましょう。[27]

サタンは再び剣を手に取り、キリスト教文明、諸小国、イギリス海軍、イギリスの自由を破壊しようと歩を進めてきた。

ドイツ軍のベルギー侵攻で、かつてのあのパターンがいよいよ鮮明となった。イギリス政府は国内世論を糾合し、自分たちの大義に中立派の支持を集めたいとの強い思いから、ドイツ軍の残虐行為にかんする数々の衝撃的「事実《アリゲーションズ》」を公表した。たとえばイギリスの前ワシントン駐在大使ロード・ブライスとその友人セオドア・ローズヴェルトは、ベルギーのハーヒトで起こった出来事を記録した報告書を発表した。

何人かの児童が殺害され、そのなかの二、三歳の子は農家の扉に手と足を釘で打ちつけられて死んでいるのが発見された。とても信じがたいような犯罪である。だがそれは受け入れざるをえない厳然たる事実《エヴィデンス》なのである。[28]

メヘレンにおけるある目撃者の証言も紹介されている。その目撃者は次のように証言している——ドイツ軍の兵士たちが前進してきたとき、

一人の子どもが、男の子だったか女の子だったか分かりませんでしたが、家のなかから飛び出してきたのを見ました。二歳くらいの子だったでしょうか。その子は通りの真ん中まで進んで、兵士たちの進路に立ちふさがったんです……左側の男が脇によけ、銃剣を両手で構えて子どもの腹を突き刺すと、銃剣を刺したままその子を空中に持ち上げ、そのままさらって行きました。男と仲間の兵士たちは歌をうたい続けていました。兵士に銃剣で突き刺されたとき、その子は「ぎゃー」という悲鳴をあげましたが、そのあとは何の反応もありませんでした。[29]

戦後これらの「事実」は、そのすべてではないものの、ほとんどが信用できないものとされた。

第一次世界大戦が世界史の一つの重要な画期をなすのは、単にそれがあまりにも破壊的で凄惨な戦闘が行われたからというだけではない。一九一七年四月、アメリカがドイツ帝国に宣戦布告したとき、英語圏の二大国、すなわちクロムウェルと名誉革命の流れを汲む二つの国家は、アメリカ植民地が未だイギリス帝国に属していたときのフレンチ・アンド・インディアン戦争以来久しぶりに共同で戦うこととなった。

怒れる〔アメリカのイギリス帝国からの〕分離・独立の期間〔一七七五〜八三年〕には、二つの英語圏国家が時に相対峙する局面もありはした。だが所詮、血は争えないものである。イギリス人と同様、アメリカ人もまた自分たちの戦争を悪の帝国との戦いであると捉えた——たとえ時として悪の帝国の中心地がロンドンにあったとしても。アメリカ人は独立戦争が山場を迎えたときでさえ、イギリス文明を悪の文明だとは考えなかった。むしろそれが自分たち自身の文明であり、それゆえ疑問の余地なく善であるとすぐに認められた。ただし彼らは、アメリカ独立革命が英語圏それ自体のなかの善と悪との果てしなき内戦の最終段階であることをはっきりと主張した。入植者たちにとってイギリスの歴史とは、イギリスの伝統的価値観——法の支配、人民の権利、王の課税権・徴兵権の制限——と放蕩で不道徳な王室の邪悪で不正な力との長き戦いであった。この考え方にしたがえば、一二一五年にジョン王がラニミードにおいて臣民（少なくとも一部の臣下）の権利を認める勅許状「大憲章《マグナ・カルタ》」への署名を余儀なくされた歴史は、アメリカ独立革命の戦いそのものであり、あるいはまたクロムウェルと自由を求める円頂党《ラウンドヘッズ》が、堕落せる（そして親カトリックであると疑われた）騎士党《キャヴァリアーズ》の勢力を打ち破ったイングランド内戦の戦いでもあった。アメリカ独立戦争でジョージ三世とノース卿の側についたアメリカ人たち王党派《ロイヤリスツ》を指して革命派《レヴォルーショナリーズ》は「トーリー（ズ）」と呼んだが、それは元来ジャコバイトと組んでウィリアム三世と戦ったアイルランド人カトリック《アイリッシュ・カトリック》教徒の兵士たちを罵倒する呼び名であった。

アメリカの内戦、すなわち南北戦争では、北部人も南部人もイギリスの歴史を引き合いに出して各々の行動を正当化した。北部が自分たちのことを円頂党に準《なぞら》えたのにたいし、南部は自分たちが騎士党の特質である騎士道と貴族階級を代表していることを誇らしげに語った――イングランド内戦や名誉革命あるいはアメリカ独立革命の先例を引いて自分たちの叛乱《リベリヤン》を擁護するのは些か逆説的ではある。南部では、連邦政府は権力を濫用したイギリスの王たちに準えられた。つまり連邦政府がその優越的地位を濫用した場合、市民はこれに反抗する権利《ア・ライト・トゥ・リベール》があるということである。

リンカンがゲティズバーグでかの有名な演説を行った日〔＝一八六三年十一月十九日〕、元マサチューセッツ州知事エドワード・エヴェレットが基調演説において北部を支持した。その少し前、多くのイギリス人貴族と同じく南部連合国《コンフェデレイスィ》を支持するイギリス貴族院議員ジョン・ラッセル卿は、一六四〇年〔のピューリタン革命〕と一六八八年〔の名誉革命〕の先例を引いて南部の叛乱を擁護していた。エヴェレットはラッセル卿にたいして丁重に異を唱え、卿の引いた先例と南部の叛乱とは状況がまるで異なると主張した。南北戦争最大の激戦地で戦死した多くの連邦軍《ユニオン》〔＝北軍〕兵士を追悼する式典〔＝国立戦没者墓地の奉献式〕で、イギリスの歴史的事実に依拠した南部連合国の叛乱の正当性をめぐる〔それに疑問を呈する〕複雑で難解な議論は、エヴェレット本人や彼の言うことをありがたがって聴いている聴衆にとっては至極妥当な、すとんと腑に落ちる説明に思われた。南部は自分たちの叛乱をアメリカ独立革命に準えている。だが、とエヴェレットは言う。〔アメリカが独立した〕一七七六年にアメリカ人は〔イギリス本国〕議会に代表者を送っていなかったのにたいし、〔一八六一年の〕南北戦争勃発時にはアメリカ政府に十分な人数の南部代表者がいたではないか、と。

植民地人が常に同等以上の人数の代表者を〔イギリス本国〕議会に送っていたとしたら、そしてジェイムズ・オーティスとパトリック・ヘンリーとワシントンとフランクリンとアダムズとハンコックとジェファソン、それに彼らのような人物たちが二世代にわたって主権者の信任を得、〔イギリス〕帝国の政府を運営していたとしたら、後世の公平な人びとはジョージ三世にたいするアメリカ人の叛乱をどのように考えたでありましょうか？……

南部は――イングランド内戦時のチャールズ一世や名誉革命時のジェイムズ二世にたいするイングランド人の叛乱のように――憲法上の自由《コンスティチューショナル・リバティ》の原理を求めて北部と戦っているのだと主張した。しかしこの類推も間違っている。

一六四〇年にピューリタンが、一六八八年にはウイッグが、憲法上の自由を確立するために権力の横暴にたいして叛乱を起こしました。彼らがチャールズやジェイムズにたいして立ち上がった理由が、両王が平等な権利に賛成したからであるとか、叛乱者自身が「奴隷制を基盤とする」寡頭政治《オリガーキー》を「世界の歴史上初めて」確立するためであったとかというのであれば、彼らはまさに南軍兵士《レベル・オヴ・ザ・サウス》にとっての先例となったかもしれません。しかし彼ら〔南軍兵士〕の大義は、ピムやサマーズの雄弁によって支持されることも、ハムデンやラッセルの血によって保証されることもなかったでありましょう。※

※ジョン・ピム、ジョン・サマーズ、ジョン・ハムデン、ウィリアム・ラッセルは、イングランド内戦

の英雄たちである。彼らは国王チャールズ一世によるプロテスタント非国教徒《ディセンター》の迫害や議会の解散にたいして異を唱え、その主張を貫徹した。

エヴェレットは、「キリスト教国のあらゆる教会の連祷《れんとう》（litany）」は、「煽動、内通、陰謀、叛乱」からの救いを神に祈るときのイングランド国教会の嘆願（litany）と一致すると述べた後、バラ戦争とイングランド内戦の先例を引きながら、内紛で一度分裂した国家が完全に元どおりになりうることを示した。

二十世紀に入ってからの戦争で、アメリカ人とイギリス人は協調して戦うこととなる。二十世紀の戦争では英米両政府とも、クロムウェル、アディソン、ピットらの主張を繰り返した。ウィルソンとロイド・ジョージ、チャーチルとローズヴェルト、サッチャーとレーガンはそれぞれの時代の挑戦に立ち向かっていくために世論の糾合を図った。その際に使われたのが、悪の帝国叩きという昔ながらの手法であった。

ヴィルヘルム、ヒトラー、ヒロヒト、スターリン、ブレジネフ、いずれの指導者も自分たちの無法な先達たちと同様、善なるものすべてに執拗に反対した。彼らの邪悪な哲学は自らをあらゆる道徳的縛りから解き放った。彼らの軍隊は人権と国際法を蹂躙するという罪を犯した。彼らとの戦いは、すべてのまともな人びと《ディーセント》との戦いであった。彼らと戦うための連合は、たとえその連合の実現可能性が限りなく低い場合でも高い価値があった。彼らは他ならぬ世界支配を目論み、危険な第五列を使ってイギリスとアメリカを内部から突き崩そうと試みた。彼らの話す言葉がドイツ語、日本語、ロシア語のいずれであれ、またその象徴が鷲、鉤十字、旭日、鎌と槌のいずれであろうとも、悪魔《イーヴル・ワン》の戦術と目標は常に変わらなかった。

英米両国とも二十世紀になってから一連の新たな論拠を付け加えた。すなわち両国に共通の起源《オリジンズ》、共通の価値観、共通の定め《デスティニー》である。エヴェレットがゲティズバーグで聴衆に思い起こさせた歴史的記憶と関係を土台としながら、英米の指導者は両国間の深い絆について語った。当時ニューヨーク連邦準備銀行総裁であったベンジャミン・ストロングは、アングロ－アメリカの伝統、圧政との長き戦い、アメリカの第一次世界大戦参戦直後における自由公債《リバティ・ボンド》販売団の活躍などについて語った。

> 実質四百年間われわれ英語国民《イングリッシュ・スピーキング・ピープル》とわれわれが外国から受け入れてきた人びとは、その立憲的基盤のうえにわれわれの制度を築いてきました。過去四十年間……飽くなき権力欲に満ちたドイツは個人の専制統治というわれわれとはまるで異なる理論にもとづいて強大な軍事組織をつくり上げてきました。そしてついに戦端は開かれたのです……問題はどちらが勝利するのかということです――立憲政府か、それとも独裁者《カイザー》を頭にいただく個人的に組織された軍事政権か――それは人類がこれまでに直面したなかで最大の問題です。[30]

ひょっとしたらアメリカの政治家はイギリスの政治家に比べて、この種の議論をする熱意にやや欠けていたかもしれない。たとえばフランクリン・D・ローズヴェルトは政治家として有能でありすぎて、アイルランド系の票の重要さを片時も忘れたことがなかった。〔ヒトラーのドイツが台頭しつつあった時期、一九三八～四〇年に駐英アメリカ大使を務めていたのがジョン・F・ケネディの父ジョーゼフ・P・ケネディであった。アイリッシュ・カトリックのジョーゼフはアイルランド系の票を握る政財界の大立者であり、一九三二年のローズヴェルト最初の大統領選挙でその手腕を如何なく発揮し、見返りに駐英大使のポストを得た。反英親独の立場にたつジョーゼフは、チェンバレンの対独宥和政策を支持し、アメリカが孤立主義を堅持すべきことを主張し、イギリスへの武器援助に強く反対した。ましてアメリカがイギリス側に立ってドイツに宣戦するなど論外だと考えていた。〕

しかし、いざ悪の帝国叩きとなると、アメリカ人もイギリス人と同様に激しい批判を浴びせうることをすぐに示した。エリフ・ルート元国務長官は第一次世界大戦を「キリスト教文明の原理と異教徒の残忍で野蛮な力の原理とのあいだのこの激しい闘争」と呼んだ。J・P・モーガンにとっても事態は同様に明瞭であった。モーガン曰く、「全ドイツ国民は『世界支配《ワールド・ドミネーション》か、さもなくば滅亡《アナイアレーション》か』という叫びとともに戦争をはじめた。ゆえにはっきりしたのは、ドイツによる世界支配が全世界の自由を完全に破壊するものとなるということである」[31]と。

ウッドロー・ウィルソンも、議会に対独宣戦布告を要請する〔一九一七年四月二日の〕演説のなかで、これと同じ論旨——ドイツは全人類の敵である——を力説した。ドイツは「あらゆる法律の縛りや人道を無視」している。ドイツ軍は「病院船やベルギーの遺族・傷病者を救出する船舶」を攻撃し、「憐憫の情も道義のかけらもない」ことを示している。ドイツの戦いは「人類にたいする戦争」である。ドイツの犯罪は「人類の命を、まさに根こそぎ奪い去る」[32]と。

福音派のビリー・サンデーはもっと直截にこう述べている。「キリスト教精神《クリスティアニティ》と愛国心《ペイトリオティズム》は同義語であり、悪鬼《ヘル》と売国奴《トレイター》も同義語である」[33]と。ヘンリー・ウォード・ビーチャーが最初の牧師を務めたブルックリンの歴史あるプリマス組合教会の牧師であったサンデーは、ベルギーその他でドイツが犯した残虐行為について四百回近くも講演を行った。[34]

全人類の敵ドイツは、かつての敵ナポレオン、ジャコバン派、ブルボン王朝、ハプスブルク王朝と同様、英米両国の内部に関心を向けた。対独宣戦布告の翌日、イギリス議会は敵性外国人《エネミー・エイリアンズ》の待遇について定めた規則を公布する権限を政府に与えた。イギリス政府は〔一九一四年の〕外国人制限法《エイリアンズ・リストリクション・アクト》にもとづき、すべての敵性外国人に登録義務を課し、彼らが武器、爆薬、無線機、自動車を所有できないようにした。また伝書鳩の飼育も禁止した。敵性外国人が通う酒場やレストランが閉鎖される場合もあった。この法律にもとづいて最終的に三万人以上の外国人が拘留された。

ドイツ移民が（イギリス移民に次いで）国内最大の少数民族となっているアメリカでは、国内の敵との戦いは尋常でなかった。

一九一七年四月、〔アメリカにいながら〕未だドイツ帝国の「出身者、市民、居留民又は臣民」である十四歳以上のすべての男子は敵性外国人であるとの布告が出された。翌年議会はその範囲を十四歳以上の女子にも拡大した。ウッドロー・ウィルソンは議会がドイツに宣戦布告した日〔＝一九一七年四月六日〕、敵性外国人に小火器、航空機、無線機器の所有を禁じる規則を公布した。彼らはアメリカ政府の政策を印刷物で「攻撃する《アタック》」ことも禁止された。敵性外国人が居住できるのは大統領が許可した地域に限られ、大統領命令によって退去を命じられる可能性もあった。十一月に新たに出された規則で、敵性外国人はコロンビア特別区への立ち入りや鉄道、埠頭、倉庫などの施設に近づくことが禁止された。さらに敵性外国人は飛行機で旅行することもできなくなった。また司法長官には自らの判断で外国人の旅行を制限したり、地元当局への週一回の届出を外国人に義務づけたりすることのできる権限が与えられた。[35]

一九一七年の防諜法《エスピオナージ・アクト》はさらに厳しい内容であった。革命期やナポレオン戦争当時のイギリスにおいて郵便物のなかに破壊的な印刷物が含まれていないかを検査したのと同様、アメリカ郵政公社は戦争努力を故意に妨害するものの郵送を独自の判断で拒否することができた。[36] この布告にもとづき、雑誌『ネーション』は、社会主義的な主張の印刷物が十数点含まれていたとして郵便物の差し止め措置を受けた。〔一九一七年の〕対敵通商法《トレーディング・ウィズ・ディ・エネミー・アクト》は郵便局長の検閲権限をさらに強化した。アルバート・シドニー・バールソン郵政長官は、出版・刊行物にかんする禁止事項について新聞の編集者に次のように説明している。

当政府が戦争に参加したことは間違いであるとか、参戦の目的が間違いであるなど、政府が参戦した動機を非難するいかなることも言ってはならない。政府がウォール街や軍需産業の手先であるなどということを言ってはならない……それは誤った主張であり、嘘であるがゆえに、許されない。[37]

どうやらこれでもまだ十分ではなかったようである。一九一八年五月〔施行〕の煽動防止法《スィディション・アクト》は既存の法律を強化し、「合衆国軍隊の勝利を妨げること」や公債の販売を妨害すること、あるいはアメリカの大義を誹謗中傷したり、敵国の大義を支持したりする言動を犯罪とみなした。アメリカ国内の裏切り者やスパイを特定するＦＢＩの前身機関〔司法省捜査局（ＢＯＩ）〕への協力を志願する契約に署名した者の人数は二十五万人にのぼった。ドイツ系アメリカ人は、石打ち、打擲《ちょうちゃく》、鞭打ち、嫌がらせ、投獄、排斥、侮蔑を受けた。一部の州では公立学校のドイツ語教育が禁止され、全米においてドイツ語で書かれた書籍が焼却処分にされた。あるドイツ系アメリカ人の社会主義者は、その反戦姿勢と強いオーストリア訛りの英語を使い続けたことが〔アメリカへの〕忠誠心を欠くとして、連邦議会内で自らの席に着くことが禁止された。下院は彼に議席を与えない議案を賛成三百十一、反対一で可決した。

われわれの内なる敵は追放された。こうしてヴィルヘルムもナポレオン、ルイ十四世、フェリペ二世ら過去に野望を挫かれた征服者たちと同じ穴の貉《むじな》となった。しかしわれわれが立ち向かわなければならない悪はこれでおしまいではない。ヴィルヘルムの時代がまだ幕を閉じていない一九四〇年の終わりに、フランクリン・D・ローズヴェルトは国民向けラジオ演説「炉辺談話《ファイアサイド・チャット》」で、アメリカ国民にとっての新たな脅威ナチスについて語った。

ナチス・ドイツの支配者たちは、彼ら自身の国のすべての生活と思想を支配するだけにとどまらず、全ヨーロッパを隷属させたのち、ヨーロッパの資源を使って全世界を支配するつもりであることを明確にしております……すなわち枢軸国は彼らの統治思想とわれわれの統治思想とのあいだに究極の平和は成り立ちえないことを認めているだけでなく、それを堂々と公言しているのです……侵略国の側が世界を支配し、征服するという考えをすべて捨て去る明確な意志を示す日が来ないかぎり、アメリカが講和を勧めるいかなる権利も理由もありません。

この極悪な体制はアメリカ国内で活動するあのおなじみの第五列を引き連れて登場した。アメリカはこれに対処しなければならない。ローズヴェルトにはその準備ができていた。

もはや否定しえない事実に目を瞑ったままでいることはやめましょう。他の大勢の人びとを弾圧し、卑劣な手段で傷つけ、堕落せしめた悪の勢力がすでにわれわれの門の内側にいるのです。皆さんの政府は彼らについて数多くの情報をつかんでおり、日々彼らの捜索に当たっております。

第二次世界大戦中にアメリカが行った敵性外国人にたいする監視と制限は、多くの場合、第一次世界大戦のときよりも厳しかった。日系アメリカ人――彼らの多くは完全な市民権を持っていた――の強制収容は、アメリカの歴史上前代未聞の措置であった。

二〇〇一年九月十一日の世界貿易センタービルとペンタゴンへのテロ攻撃後、九日間にわたって上下両院の合同会議が開かれた。そこでジョージ・W・ブッシュ大統領が行った演説からは、あの使い古されたロジックが再び聞かれた。われわれが戦っているのは永遠の戦争《イターナル・ウォー》であるというものだ。「自由《フリーダム》と恐怖《フィア》、正義《ジャスティス》と残虐《クルーティ》[38]」とは常に戦ってきた。そしてわれわれは、神がその両者のあいだで中立ではないことを知っている、と。

ブッシュ大統領がそれ以来「悪魔」と呼んだウサマ・ビン・ラディンと彼の率いる組織アル・カーイダは、世界支配という古い目的を追求している。「その目的は世界を改造し――全世界の人びとにその過激な信仰を強要することにある」と。

われわれの戦いは、世界中の善き人びと《グッドゥ・ピープル》の戦い――アフガニスタンの人びとの権利のため、ムスリム〔＝イスラーム教徒〕の自由のため、すべての善良な人びとの安全のための戦いである。アル・カーイダが「われわれの内部に向ける関心」は抑え込まなければならなかった。ロシアやパキスタンのような道徳的にいかがわしい政府にも、共通の目的のために協力を求めたのである。

二〇〇一年、過去五百年にわたって自由の敵を次々に打ち破ってきたアングロ－アメリカの伝統の継承者として、ブッシュは新たな戦争の背後にそうした過去の歴史を意識していたのである。アル・カーイダは自らをナチスと全体主義の継承者とならしめたのであるとブッシュは言う。彼らは「いずれ、その行き着くところ、虚妄が葬られる歴史の墓標なき墓[39]」へと通じる道を辿ることとなるであろう、と。一部に有力な反論もあったが、議会は愛国者法《ペイトリオット・アクト》を急いで可決し、アメリカ国内に存在する可能性のある第五列に対処するための新たな権限を政府に与えた。イギリスもすぐにこれに続き、モスクを隠れ家としてテロを組織または支援する者を取り締まる新たな厳しい法律を制定した。

老舗の営業再開である。悪魔との戦争が再びはじまったのだ。

第二章　価値観を共有するアングロ−サクソン人

——ルイス・キャロル「海象と大工」とデフォー「生粋のイングランド人」

こういう逸話が残っている。ある日、大教皇グレゴリウス一世《ポープ・グレゴリー・ザ・グレート》がローマの市場《いちば》で眉目秀麗な奴隷たちが売られているところに出くわした。教皇が彼らにどこの国の者かと訊ねると、奴隷たちは「アングロ人です」と答えたという。今でいうイングランド人のことである。洒落っ気のある教皇は、「アングロではなく、エンジェル（天使）であろう」と返した。このあと教皇が奴隷たちを買ったかどうかの記録は残されていない[1]。

それから十四世紀余りが経ち、英語圏と大ヨーロッパ勢力とのあいだの約四百年にわたる戦いもすでに過去のものとなり、もはや教皇と同じ見方をするヨーロッパ人はほとんどいまい。もしも今日グレゴリウス教皇と同じ間違いを口にする者に出遭ったなら、こう答えるとよい。「エンジェルではなく、アングロ−サクソン人です」と。

本国「イギリス」との長く近密な関係にもかかわらず、アメリカ人は外国人が自分たちのことをしばしばイギリス人と同類にみなすことを知ってたびたび驚く。しかもそれをうれしいと感じることはめったにない。「アングロ－サクソン勢力」と呼ばれることは、アメリカ人にとって耳障りなのである。アメリカ人は自分たちの民族的・文化的多様性を意識しすぎるあまり、アメリカ国家全体を諸国家の織りなすモザイクのなかの格別珍しくもない一個の小石くらいにしか見ていないように思われるレッテルを喜んで受け入れられないのである。さらにアメリカ人のアングロ－サクソン的性格を讃美する所説も、概して称讃とも非難とも受け取れるものであった。歴史的にアメリカ人の会話において「アングロ－サクソン」という言葉は、自分たちに危害を加えかねない「劣等の」マイノリティや移民たちから古き「良き」アメリカ人種を区別するために使われていた。これは、アメリカ人が甦らせたくない記憶であるし、それは当然である。

にもかかわらず今日多くのヨーロッパ人は、それのみならずラテンアメリカやアフリカ、アジアの人びともまた、アメリカ人とその兄弟分であるイギリス人の両者を指して「アングロ－サクソン人」という言葉を使っている。これは驚くには当たらない。ヨーロッパの勢力均衡《バランス・オヴ・パワー》を長く維持してきたイギリス帝国の力を支え、ついにはそれに取って代わる巨大な英語圏の共和国《リパブリック》が大西洋の向こう側に台頭してくると、ヨーロッパ大陸の人びとは国際問題においてこの連合勢力について語るのにこの新語を使いはじめた。日本人や中国人など非ヨーロッパ諸国の観察者のあいだでもその傾向は強まっている。

アメリカの影響力が世界中に広がる一方で、イギリスの力が衰退の一途を辿っていった冷戦時代、「アングロ－サクソン」という言葉は次第に使われなくなり、一般的には「ヤンキー」がこれに取って代わった。しかしマーガレット・サッチャー以降の首相の下でイギリスがより自己主張を強め、自信を取り戻し、より明確な形でアメリカと連携するようになると、使い古された言葉が息を吹き返した。たとえば国連安保理などでアングロ－サクソン勢力について話すときの外交の常套語として再び使われるようになったのである。

それもたいていは、われわれのことについてあまり良からぬことを話さねばならないときである。彼らのわれわれへの見方が最も的確に英語で表現されているのは、妙な話だが、『鏡の国のアリス』のなかでトゥィードルダムとトゥィードルディーがアリスに歌って聞かせた詩「海象《せいうち》と大工」である。

いざその詩がはじまると、海象と大工――それぞれイギリスとアメリカを寓意的に描いていると思われる――は、アングロ－サクソン系プロテスタントによくある高邁な理想主義のたわいない話を滔々と語る。世界の浜辺の状態にはもはや我慢ならぬというのだ。

そしておいおい泣きじゃくる
かくも砂が多いゆえ
『こいつをすっかり取り払ったら
さぞかしすてきなことだろよ！』[2]
〔柳瀬尚紀訳、以下同様〕

人類の歴史とほぼ同じくらい古く、おそらく今後も長く続くであろう諸々の事柄――賄賂、保護主義、動物虐待、喫煙、職場でのセクハラ、飽和脂肪の過剰摂取、社会的弱者への心無い差別的発言、民族浄化など――にアングロ－サクソン勢力はたびたび困惑させられている。そしてそのアングロ－サクソン勢力の挙動に外国の世論はしばしば当惑させられている。そうした問題はたいていい世界のどこでも嘆かわしいことにはちがいない。しかしそれらをすべて抑え込もうとする積極的で厳格《ピューリタニカル》な試みは、まったく理解できなくもないが、病気を退治するどころか、かえって症状を悪化させかねない荒療治だとみなされている。それはアングロ－サクソン人のやり方ではないし、海象と大工のやり方でもない。民主主義は世界に遍く行き渡らせなければならない。悪徳《ヴァイス》はいかなる犠牲を払ってでも抑え込まなければならない。すべての浜辺から砂をきれいに掃いて除かなければならない。

ヨーロッパ大陸の人びとが「アングロ－サクソン精神の超現実的《サーリアル》な特質」と捉えたものは、改革者が自ら課した実行不能な任務のために統計と予測を満載した「現実的《プラクティカル》」提案を示すときに初めて強まる。ひょっとしたら海象はその提案を本日示すかもしれないし、十分な手段と時間さえあれば、非政府組織（ＮＧＯ）のネットワークによって世界の問題が解決されるかもしれない。

『娘七人モップが七つ
半年かけて掃《は》いたなら
どんなもんだろ』海象《せいうち》が問う
『きれいさっぱりなくなるか？』
『どんなもんかね』大工が答え
辛《つら》い涙をはらっとひとつぶ[3]

理想主義者たる資格はこれで証明された。次いで彼らはもう少し現実的《プラクティカル》な作業に進む。牡蠣たちを浜辺の散歩に誘うのだ――広く哲学的・社会的進歩をめざすある種の仲間《リーグ》と言えようか。いちばん賢い長老牡蠣を除くすべての牡蠣たちが駆け寄ってきた。

牡蠣たちとアングロ－サクソン人は、未だ砂のざらつく浜辺を一緒にぶらぶら歩き続け、ようやく落ち着いて話のできる場所を見つけた。

『そろそろ頃合』海象いった
『あれやこれやのつもる話
靴のことや――船のことや――封蠟《ふうろう》のこと――
キャベツのことや――王のこと――
なぜに海が煮え立つのかや――
豚に羽根があるのかないのか[4]』

これらの議題《アジェンダ》は今日国際会議で提起される議題と薄気味悪いほど似ている。今日の議題は、物品貿易から運輸、サービス〔の自由化〕（詩のなかの「封蠟」とは、法律文書に〔封をして改竄を防止するために〕使われる蠟のこと）に及んだあと、農産品問題にさらりと触れる。これに続き、政治改革の議論、地球温暖化対策の協議、遺伝子組み換え動物の作製が妥当か否かの討議でもって会議は終了する。

しかし気の置けない者同士の懇親会では秘密の議題が持ち上がる。海象と大工は豪華な食事を思案中。牡蠣たちの反応は、世界貿易機関（ＷＴＯ）の貿易協定で自国の市場が先進国の輸出品や企業に開放させられる一方、主要な農産品や繊維製品を輸出する自分たちの能力が大幅に削がれると知ったときの途上国の反応を思わせる。海象は言った。「〔さあて、よいかな、牡蠣《かき》君たちよ〕腹ごしらえといこうじゃないか」

『まさかぼくらを！』牡蠣たちわめく
ちょっぴり顔色あおざめて
『あんなに優しくしてくれて
あげくにそれじゃ悲惨な話！』[5]

海象はためらい、本当に食ってしまってよいものやらと迷う。一方、実利的《プラグマティック》な大工は少しも悩まず、ただ一言「バターの塗りが厚すぎる！」と呟く。海象はというと、多少芝居がかった理想主義的《アイディアリスティック》な思いやりの言葉を口にしただけであった。

『きみらにゃ泣ける』海象いった
『心底同情してしまう』
涙にむせび泣きじゃくり
特大の牡蠣を選りすぐり……[6]

結局、浜辺の砂は掃除されないまま、牡蠣が平らげられてしまうところでこの詩は終わる。些かショックを受けたアリスは、自分は海象がいちばん好きだと言う。少なくとも海象は牡蠣たちをちょっぴり哀れんでいるからだ、と。

しかし、とトウィードルディーはアリスに種明かしする。海象が泣きじゃくっていたのは、〔涙を拭きながらハンカチで顔を隠し〕特大の牡蠣をひったくっているところを大工に気づかれまいとしたためだ、と。〔原典では、牡蠣をいくつ食ったかを大工に勘定されないためだとされている。〕

「なら、大工さんがいちばん好き――海象さんほど食べなかったのなら」とアリス。
「だが、大工はつかみ取れるかぎり食ったんだ」とトウィードルダムは答えた。
「じゃあ、どっちもすごく不愉快な人――」とアリスは言った。

今やもうすっかり貧しく老いさらばえてしまった海象は、かつて生《は》やしていた頑丈な牙も抜け、最高に美味いご馳走を盛り分けるときの最も感動的なスピーチはたいてい大工が行うようになった。だがそれでも、「海象と大工」の叙述は未だに薄気味悪いほど正確である――少なくともその対象をありのまま見るかぎりでは。

イギリスが奴隷貿易廃止に果たした役割はイギリスの世論をいつまでも満足させたが〔＝一八〇七年二月二十三日に奴隷貿易廃止法案が庶民院で可決〕、これこそアメリカの人権外交を十九世紀に先取りしたものであった。ただしそこには、ブラジルの砂糖生産者が指摘するような事情があったことも否定できない。当時ブラジルでは輸入奴隷を使って、より効率的に砂糖を生産する大農園が生まれつつあり、イギリスの砂糖生産植民地はそうしたブラジルの大農園との競争の激化を恐れていた。イギリスに感動的な道徳的回心《モラル・カンヴァージョン》が起こったのは、まさにそのような時期であったということである。

今日ブラジルやフィリピンなどの第三世界の搾取工場《スウェット・ショップ》やマグロ巻き網漁によるイルカの混獲死に反対しているアメリカのこれまた感動的な運動についてよくよく考えてみるとき、そうしたアメリカの政策が実は――かつてブラジルの奴隷輸入を制限することでイギリス植民地の砂糖生産者が利益を得たのとほとんど同様に――アメリカの繊維労働者やマグロ会社を利するものであるということに気づいて、われわれ〔アメリカ人〕の無邪気《ナイーヴ》で世間知らずの理想主義を称讃する気持ちに些かなりとも冷や水を浴びせられた思いをしている。

それはまた、無規制な資本の急激な流れが一因となって発生した金融危機（一九九七〜九八年）のあと、英語圏の投資家たちがアジアの資産を超安値で買い叩く状況を目の当たりにしたときに多くのアジアのビジネスマンたちが資本市場の自由化を唱えるアングロ－アメリカ人の主張にたいして抱いた感覚とも似ている。

讃美歌を歌いながら掏摸《すり》をはたらくアングロ－サクソン世界の使者たちは、彼らが公正か否かにかかわらず、どこへ行こうとも猜疑の目を向けられる。ほとんどの浜辺は掃除されず、牡蠣はほとんど平らげられる。これはもうほとんど一つのパターンと化しつつあるように見える。

生粋のイングランド人

海象と大工の道義性《モラリティ》と意図をどう判断するにせよ、アメリカ人は世界中の国々から学ぶべきであり、自分たちがアングロ－サクソン勢力の一員であることを認めるべきである。これは民族的恥辱《エスニック・スラー》ではない。ヨーロッパやラテンアメリカ、そしてアジアの人びとがわれわれを「アングロ－サクソン」と呼ぶとき、彼らはわれわれの全員またはほとんどの者がケントの浜辺に五世紀に渡来したサクソン人の首長ホルサとヘンギストに連れられてやって来た部族民の子孫であると主張しているわけではない。また世界を支配することを定められた遺伝的天性《ジェネティック・ヘリティッジ》のことを指して言っているわけでもない。あるいはまた、実に図々しく、浅黒く、ニンニク臭いとみなされている移民が郊外の高級カントリークラブに入会を申請してくるときにこれを拒み、自分たちの自由時間を満喫している特権的なアメリカの民族集団《エスニック・グループ》を指しているのでもない。むしろ彼らが言わんとしているのは、心理と文化――世界がどのように動いているのかということにかんする一定の考え《アイディアズ》と価値観《ヴァリューズ》――なのである。今日「アングロ

－サクソン」という言葉に何らかの意味があるとすれば、それは民族用語としてではなく、文化用語としてなのである。それが英語圏全体に見られる考えと価値観を多かれ少なかれ示しているかぎり、それについて説明することには依然として意味がある。

ひとは自分が他人からどう見られているかを知ったとき往々にしてショックを受けるものである。海外旅行に出かけた南部人は自分のことを「ヤンキー」と呼ばれてしばしばぞっとする。ロサンゼルスのユダヤ人は自分のローカル・ステータスを「アングロ」とされることに心中穏やかならざる思いを抱いている。マデレーン・オルブライト、コンドリーザ・ライス、コリン・パウエルは、エゼルレッド無策王〔＝古代アングロ・サクソン時代のイングランド王〕の末裔ではなかろう。それはウォルター・リップマンやマーサ・スチュワート（ポーランド系）がそうでないのと同じである。だがそのことは重要ではない。ワスプ（WASP《ワースプ》）とは今日、心理状態《ア・ステート・オヴ・マインド》のことであり、ほとんどのアメリカ人はそのなかで生きている。

アメリカのほとんどの学校ではすでにイギリス史の授業が行われていない。これは間違っている。アメリカ植民地は一六〇七年から一七八三年までイギリス帝国の一部であった（ただしテキサスが米国の一部となるのは、それよりずっとあとの一八四五年になってからであり、カリフォルニアは一八四八年まで、ハワイは一八九八年まで待たなければならなかった。）アメリカ植民地はイングランドの八人の王、三人の女王、二人の護国卿《ロード・プロテクター》の支配を受けた。[7] 一六八九年までのイギリスの歴史がアメリカの歴史の一部、少なくともプロローグであると考えられていた時代のことを覚えているアメリカ人はだんだん少なくなっている。

事実の裏づけに些か乏しい例外主義《イクセプショナリズム》の理論に囚われたアメリカの歴史物語《ヒストリカル・ロア》は、アメリカとイギリスの違いを強調しすぎるきらいがある。イギリス贔屓《アングロファイル》の人は（あくまでも彼らの仮説として）洗練と旧世界《オールド・ワールド》の現実主義を特徴とするイギリスの政策をアメリカ人の無邪気《ナイーブ》な理想主義と頓痴気《ブランダリング》な道徳主義に対比させている。イギリス嫌い《アングロフォーブ》の人も基本的に似たような図式を描き（ただしこちらの方が示唆に富み説得力があるが）階級で雁字搦めとなっているイギリスの腐敗体制をアメリカの高い道徳的品位、民主的社会秩序、進歩的政治課題に対比させている。

実際にはこの二つのアングロ－サクソン国家は、われわれの多くがかくあれかしと思っている以上に現実主義と理想主義の政策的バランスを一貫して維持している。歴史的には、自分たちがどちらかといえば道徳的にすぎると考えていたのはイギリス人の方であった――これは少なくともアメリカ人にとっては驚くべき、あまり理解されていない事実である。一方、アメリカ人はといえば、自分たちが口先だけの偽善者であり、その道徳的な見せかけはあくまでもおのれの貪欲さを覆い隠すためのものであると思い込んでいた。アメリカ独立革命のとき、サミュエル・ジョンソンは、「黒人の馭者たちのあいだから自由を叫ぶ甲高い声がひっきりなしに聞こえてくるが、あれはどういうわけかね？[8]」と訊ねた。イギリスが列強の頂点に上り詰めた頃、イギリスの新聞や政治家は、イギリス人の福音的良心が几帳面なあまり、抽象的でその場かぎりの道義的目的を果たすために国益が犠牲になっていると感じていた。彼らの兄弟分であるヤンキーにそうした心理的抑制があるとは少しも感じなかった。今日でもわれわれの耳には、カナダ人のあの甲高く、時に癇に障る、鼻にかかった、嘶《いなな》くような独善的な声が聞こえてくる。カナダ人は、アメリカの軍事力の否定しがたい優越を認めつつも、自分たちにしかできない同盟への貢献は、アメリカ人には乏しく、カナダ人には特別に、類まれとさえいえるほど豊かに備わった資質――道義性《モラリティ》――によって可能であり、またそうあるべきだと感じている。

（アメリカ人について外国人を最も不愉快にさせることの一つは、カナダ人の本音がわれわれの耳に聞こえてくるように、われわれの本音が時々彼ら外国人の耳にも聞こえてしまうことである。）

アメリカの歴史の背景にあるイギリスの歴史についてもっとよく知れば、アメリカ人は二つの社会のあいだの文化的・政治的な絆の深さを正しく理解することができるであろう。アメリカ特有の例外主義の一部だとアメリカ人が考えている価値観や考え、態度の多くは、実はイギリスからわれわれにもたらされたものである。特に名誉革命の背後にある思想と態度はアメリカの政治文化にも深く消しがたい痕跡を残している。一つだけ例を挙げれば、アメリカの独立宣言はイギリスの権利宣言を厳密に模して書かれている。かつてイギリス人がジェイムズ二世を打倒した自分たちの行動を正当化するために常々主張していたのと同じ論拠によって、アメリカ人はジョージ三世の打倒を正当化したのである。

今日『ロビンソン・クルーソー』の著者として有名なダニエル・デフォーは、名誉革命の熱烈な支持者であった。革命後も新政府への抵抗を続けたジャコバイトは、新たな王がオランダ人の家臣を大勢引き連れてやって来たことを挙げ、「生粋《きっすい》のイングランド人」が新体制の下で公平に扱われていないと不平を鳴らした。

これに我慢ならなかったのがデフォーである。彼はベストセラーとなった風刺詩《生粋《トゥルーボーン》のイングランド人》を書いて応酬した。デフォーはそのなかでイギリス社会とイギリス政治にたいする見方を明確にし、抵抗者たちの正体が世事に疎いエリート主義者であることを暴いた――ついでながらそれは、一七〇一年当時のイギリス人の態度と今日のアメリカ人の考え方とが基本的なところでいかに共通しているかを示している。

デフォーはまず「生粋のイングランド人」という考え方が幻想であることを示すところからはじめる。デフォー曰く、イングランドは移民の国であり――イングランド「人種《レイス》」なるものは存在しないという。純粋なイングランド人の血統《アンセストリー》に誇りを思う者たちは、自分たちの祖先《オリジンズ》の事情に疎くなっているのである、と。

自分たち自身が、史上例なき悪党の子孫で、
王国を簒奪し、都市の住民を追い出した
流れ者の泥棒やならず者の群の
末の末であることも忘れて。
ピクト人や顔に色を塗ったブリトン人、裏切り者のスコット人、
どれもこれも飢餓、窃盗、強奪などが元で逃げて来たのだ。
ノルウェーの海賊、海を荒らすデンマーク人、
彼らの赤毛の子孫が各地に住みついている。
これら全部が、ノーマン＝フレンチと混じり合い、
そこから、かの「生粋のイングランド人」が現われ出たのだ。

さらに詩は続く。ノルマン人到来以降、イングランドには次から次へと移民が押し寄せてきた――しかもそれらの移民の質《たち》はお世辞にも良いとは言えなかった。デフォーは「メルティング・ポット（坩堝《るつぼ》）」という一般的なアメリカのイメージよりも驚くべき比喩を使っている。イングランドを「チェンバー・ポット（尿瓶）」に準えたのだ〔詩のなかの言葉ではJakes（便所）。〕言うなればヨーロッ

パの下水汚物が流れ込んで合流する汚水浄化槽のイメージである。

この国はヨーロッパの流しで、
邪魔ものの子孫の屑が捨てられる便所なのだ。

その長き伝統により、イングランドは疲弊した者たち、貧困に喘ぐ者たち、自由の空気を切望してやって来る有象無象の大衆を迎え入れてきた。

ヘンリー五世の昔から、近辺の国々の
食いつめた者たちが流れて来て、
この国に聖なる憩いの地を見つけたのだ。
浮浪者たちの永遠の避難所がここにある。

迫害されし者、抑圧されし者は、どんな宗教を信じていようと、それどころかどんな罪を犯した者であろうと歓迎される。

神よ感謝します。宗教問題が原因で、
神父、プロテスタント教徒、悪魔たちが、肩組み合ってやって来た。
あらゆる職業、まちまちの商売の者たちが、
迫害に遭い、恐怖に追われて逃げて来た、
借金が元か、ほかの罪のためなのか。

われわれは黄金の扉の傍らに洋燈《ランプ》を掲げる。だがイングランドにやってきた移民はアメリカに渡った移民と同様、メルティング・ポットにすばやく同化した。いちばん新手の移民——ヨーロッパの宗教戦争から逃れてきた夥しい数の難民——は、今やこの地で自分の家族を持とうとしている、とデフォーは書く。

その子らも成長すれば、
在来の者に劣らず高慢ちきな意地悪になり、
イングランド人気取りで外国人を蔑《さげす》み、
一人前につっけんどんに、そして、ずる賢くなる。[9]

移民の流入についてのデフォーの見方は正しかった。移民に門戸を開く特性はイギリスをより豊かに、より進んだ国とするのに大きな力となった。〔アメリカの経済・歴史学者〕デイヴィッド・ランデスによると、十六世紀にはオランダの移民が新たな織物や排水の技術をイングランドにもたらし、十七世紀にはスペイン帝国その他における迫害から逃れてきたセファルディ系ユダヤ人がイングランドの金融業発展に大きく寄与し、十七世紀後半に宗教的迫害が強まるフランスから逃れてきたプロテスタント教徒（ユグノー）の相当数は貿易や金融の分野で高い技術を持った労働者であったという。[10]

デフォーの描くイングランドは、別の面でもアメリカに瓜二つであった。フランス、オーストリアおよびスペインは千年以上の歴史を持つ貴族の家系を誇りにしていたが、イングランドの貴族階級は家柄の価値よりも功成り名遂げることに重きを置いた。

手段がどうであろうと、富さえ持てば、
職人も貴族に、放蕩者も紳士になるのがイングランドだ。
由緒や家柄など、ここでは不要、
厚かましさと金《かね》が貴族をつくる。

〔以上の《生粋のイングランド人》からの引用は宮崎孝一訳を一部改訳〕

ドナルド・トランプ〔＝アメリカの「不動産王」と呼ばれ、転落と復活を繰り返す〕は、デフォーのイングランドであれば、悠々自適に暮らしていたことであろう——きっとジャージー卿《ロード》となり、ひょっとしたらヴェガス公爵《デューク》となっていたかもしれない。ジェリー・スプリンガー〔＝アメリカの視聴者参加型トーク番組の司会者〕、アル・シャープトン〔＝公民権運動の活動家で元民主党大統領候補〕、マドンナ〔＝歌手〕は、路線を転換していけばいくほど、サー、ロード、デイムの称号を授与される可能性が無限に広がる。もう一方で、デフォーが語っているように、彼の時代のイングランド人は独立心旺盛であり（というのも「イングランド人はあらゆる束縛をひどく嫌う」から）、平等主義者《イガリテーリアン》であり、論争好きであった。

極貧に喘ぐイングランドの農夫が一念発起、
法律を学んで、治安判事を畏怖させる。
治安判事に臆することなく、あれこれ命じ、
時には彼らの怠慢を処罰することもある。

それだけではない。デフォーはイングランドの統治理論に言及しながら、独立宣言の基本思想を詳らかにする。統治者が臣民の権利を侵害したならば、臣民は統治者を打倒することができるのだ、と※。

臣民のための統治ができない王は正統性を失い、臣民は王に反抗《リベール》する当然の権利《ナチュラル・ライト》を持つ。アメリカ植民地人が「ジョージ三世はわれわれを統治する権利を失った」と宣言したとき、それはデフォーのような思想家たちや彼らが示した（ここに挙げたような）文章が言わんとしていることなのである。アメリカ植民地人はイングランド人の権利を持つイングランド人であり、独立宣言はイングランド人が自己の権利を守るために下した決定であった。

※そして王の処罰は、些かも犯罪ではなく、
イングランド人は幾度もそれを実行してきた……
称号は名ばかりのもの、王冠は空しきものであり、
臣民の利益が、王の目的「当然の職務」である。
戦時には臣民を指導し、平時には臣民を保護する。
暴君がひとたび生まれるや、王は必ず滅びる。
何となれば、恣意的権力は、あまりに面妖で、
暴君を生み出し、王から地位を奪うからだ。

ホルサとヘンギスト

デフォーはイングランド人《イングリッシュ・ピープル》なるものが存在するとは信じたが、彼らの帰属意識《アイデンティティ》が人種的純粋性に由来するとは考えなかった。ある人間がイングランド人になるのはその血筋《ジェニオロジー》によるのではなく、一連の共有された価値観《シェアード・ヴァリューズ》によるのである。そうした価値観はブリテン諸島の歴史に深く根づいているが、移民や難民はその価値観を共有し、それによって形成される共同体に参加することを選ぶことによって、新たにイングランド人としての生活をはじめることができるのである。

　運命が彼らを混ぜこぜにし、その按配は神のみぞ知る。
　元は何であろうと、今やみなこれ生粋のイングランド人。
〔宮崎孝一訳を一部改訳〕

　この騒々しく、論争好きな共同体――〔そこに住む人びとは〕気難しく、不機嫌で、進取の気象に富み、独立心旺盛で、自由を尊ぶ――は、デフォーが「イングランド（人）」と言ったときに意味したものであり、デフォーと同時代のイングランドの物書きや思想家が「アングロ‐サクソン」と書いたときに意味したのが、この共同体とそこで共有された一連の価値観のことであった。アングロ‐サクソンの帰属意識を文化にではなく、人種や遺伝子に求めるようになるのは、もっとあとのことである――すなわちヴィクトリア朝の「科学的人種主義《サイエンティフィック・レイシズム》」が過去を省察したとき、あるいは人種間の生存競争が繰り広げられる社会ダーウィニズムの戦いにおいて「アングロ‐サクソン人種」が主役に躍り出たときからである。

　イングランド内戦の経験から生まれてきたデフォーの時代のウイッグたちは、神授王権との戦いにおいて自分たちが伝統にたいする未来志向の革命に参加しているのだとは考えなかった。彼らは近代化推進者《モダナイザーズ》や王位簒奪者《ユーサーパーズ》から伝統的価値観を守るために戦っていたのである。ウイッグたちは――タキトゥスによって描かれ、そしてまたイングランドの慣習と法律にかんする（今では虫に食われてぼろぼろになった）古い書物に書かれた――ゲルマン民族の制度と法律を振り返り、七世紀と八世紀のアングロ－サクソン人は自由の民《フリー・ピープル》であったこと、イングランドはその自由とその最も重要な制度とをかかる古代の伝統に負っているのだということを主張した。

　イングランドのコモン・ロー、王権の制限、立法権や課税同意権を持つ人民の議会《ポピュラー・アセンブリー》――これらは古き良きイングランドの国体《コンスティチューション》の一部であるとウイッグは主張する。歴史家のレジナルド・ホースマンはその主著『人種と明白なる定め――アメリカの人種的アングロ－サクソン主義の起源』のなかで、そうした考えはアメリカをめざす入植者とともに大西洋を渡ったと指摘する。リトルトン注釈（サー・エドワード・コークの『イングランド法提要』〔第一巻〕）は、アメリカの法曹教育において必須の法学書であった。コークは、アングロ－サクソンの法律はイングランド人の自由の基礎となっていると主張した。封建制度《フューダリズム》はノルマン人によって持ち込まれたものだとして拒絶された。アングロ－サクソン人の農民は、諂《へつら》うことしか知らない農夫ではなく、自由な独立自営農民《ヨーマン》であった。（パトリック・ヘンリーは、印紙税法《スタンプ・アクト》に反対する彼の演説の草稿をコークの書物の余白に綴った。[11]）フランスの文人モンテスキューやかつて世に名を馳せた歴史家ポール・ドゥ・ラパン・トワラらもまた、イングランド人の自由をアングロ－サクソンの過去に遡って調べた。一七七一年に書かれた〔オバダイア・ヒュームの〕『イングランド憲法にかんする歴史的試論』は、多くの人に読まれた時事論文で、イギリス本国と植民地の双方でこの冊子をめぐって議論がなされた。著者は次のように書いて、アングロ－サクソン人を新たな高みへと引き上げている。
人類がその下で幸せに暮らせる政府の形成にもしも本当に全能の神が関与したのだとするなら、われわれサクソン人の父祖によってイングランドに打ち立てられた政府こそまさにそれであった。[12]

この考えに特別な関心を示したのがトーマス・ジェファソンであった。彼はアングロ－サクソンの研究およびその価値観の重要性を生涯唱え続けた人物である。ジェファソンの感化を受け、ヴァージニア大学は学生が『ベオウルフ』〔＝八世紀頃の古英語で書かれた英雄叙事詩で、主人公はデンマークの小王国の英雄ベオウルフ〕の原文読解を学ぶことのできた全米で数少ない場所の一つとして長いあいだ存在した。ジェファソンは物心がついてからずっと〔古代〕アングロ－サクソン時代の法律は自然権に立脚していたと信じていたようである。しかるに邪悪なノルマン人の征服によって、王、司祭、封建制度、汚職と専制の機構全体が持ち込まれたのである、と。ジェファソンは、アメリカの若者がアングロ－サクソン語を学習する際の手引きとなる文法書を作成した。若者たちが「言語とともに彼ら〔＝アングロ－サクソン人〕の自由な統治原理を吸収する[13]」ようにと願ってのことであった。

ジェファソンがアングロ－サクソンというものに特に強い興味を覚えたのは一七七六年の夏のことであった。ジョン・アダムズによると、トーマス・ジェファソンが提案した合衆国国璽《グレート・スィーヨール》は両面からなり、表面には「昼は雲によって、夜は火の柱によって、荒野のなかを導かれてゆくイスラエルの子たち」が描かれ、裏面には「われわれがその子孫としての栄誉を賜り、政治原理と統治形態とを継承した、サクソン人の首長たるヘンギストとホルサ[14]」が描かれていたという。ジェファソンがその同じ夏に次のような問いを発したのは、彼の奇妙な――そして非常にアングロ－アメリカ的な――急進主義と保守主義との組み合わせがうまくいっていたときであった。

古代サクソン法への復帰はことごとく幸福な結果をもたらしていはしないか？　八世紀以前には存在していた、人間の叡智がかつて発明したなかで最も賢明かつ最も完璧な、われわれの祖先のあの幸福な制度へと今すぐに立ち還る方がよいのではないか？[15]

アメリカ独立後の数年間、ともにアングロ－サクソン人であるという帰属意識《アイデンティティ》の紐帯は、アングロ－アメリカ人の友情と協力を進める人びとにとって重要であった。南北戦争後、この見方はしばしば社会ダーウィニズムの覆いをまとった。他の種族との避けられない人種闘争に勝利するため、物書きたちはアングロ－サクソン人の統一を呼びかける。その頃までにはすでに、英語国民《イングリッシュ・スピーキング・ネーションズ》にとって共通する帰属意識、共通する世界征服の定めという考え方がごく一般的となっていた。マコーリーの『イングランド史』について、あるアメリカ人の批評家はこう書いている。

われわれもまたイングランド人であり、はるか過去より引き継がれてきた英語名《イングリッシュ・ネーム》の栄誉はすべてわれわれの遺産である……わが人種は、哲学、科学、機械技術、統治術、キリスト教道徳において世界に教えを説いている……われわれが大きく後れを取っているのはごく瑣末な技術においてである。

アングロ－サクソン人の使命《ミッション》は、「カナンにおけるユダヤ人のそれ、つまり『土地を開墾し、それを所有すること』に似ている」[16]とその批評家は書いている。

アングロ－サクソン人がどれほどの土地を所有することができるのか、神意《プロヴィデンス》は不確かなままだが、それを示唆する言説が少なからずある。〔アメリカの実業家で、政治家でもあった〕アボット・ローレンスは駐英公使在任中の一八五〇年に次のように書いている。「グレートブリテンと合衆国のアングロ－サクソン人が互いに誠実で、かつまた人間の自由という大義に忠実であるならば、彼らは彼らの言語のみならず、彼らの法律をも世界に与え、地球上のあらゆる暴君の権力に公然と反抗することができる」と。[17]同時代の別の人物は、「アングロ－ノルマン種族、その一族と盟友のほかに、いったいいかなる勢力が造船所を建設し、海軍を支援すべきだというのか」と書いている。[18]ポーク〔第十一代合衆国〕大統領の下で財務長官を務めたロバート・ウォーカーは、自分には未来が見通せると信じていた。

> 人類が一つの家族となり、わがアングロ－ケルト－サックス－ノルマン系民族の支配がすべての民族をそこに導き……最後には、この偉大な連合がわれわれの住む地球を覆い尽くすときが必ずや来るであろう。[19]

これが達成されることは聖書で預言されているとウォーカーは信じた。

貿易、英語、民主政体、キリスト教――これらはアングロ－サクソン人が世界に与える恩恵《ブレッスイングズ》であり、またアングロ－サクソン人をして世界の支配を可能ならしめる手段《インストゥルメンツ》でもあった。

第三章

彼らはわれらをいかに憎みしか

——英語国民とワスプ嫌いの人びとを隔てる壁

ドイツの週刊紙ディ・ツァイトのヨゼフ・ヨッフェ氏は、ハンブルクに住むあるドイツ人の生徒（十五歳）が地元新聞社に書き送った手紙の話を紹介している。その手紙にはこう綴られていた。

森はなんて楽しいところでしょう。茶色《ブラウン》のリスたちが幸せそうに枝から枝に飛び移っています。ところが突然一匹の黒リスが矢のように飛び込んできて、茶リスたちを追いまわしはじめました。アメリカから最初の黒リスたちがこの森に紛れ込んできてからというもの、彼らの数はどんどん多くなり……今ではヨーロッパのリスと同じくらいにまで増えてしまいました。彼らはぼくたちの愛しのブラウン《ビラヴドゥ・ブラウンズ》を追い払おうとしています……動物界のアメリカナイゼーションです。[1]

黒リスにかんする最も恐ろしいニュースが伝えられたのは、西ヨーロッパからでも、アメリカからでもなく（アメリカでは黒リスは珍しく、たとえ生息していたとしても、たいていはカナダから輸入された個体群に由来する）、ロシアの極東からであった。最近のＢＢＣの報道によると、ロシアの極東で黒リスの集団が犬を食い殺してしまったという。[2] ロシアその他の国の動物学者はこのニュースを疑っている。黒リスのあいだに際立って攻撃的な習性が見られたとの報告は動物学者たちからは何もあがっておらず、攻撃的な黒リスが自分たちより文明化された競合種を駆逐しているという都市伝説（黒リスがアメリカの灰色リスやヨーロッパの茶リスを攻撃しているという話）にはまともな科学的根拠はない。

ハンブルクの少年が心配する背景には、ヨーロッパの赤リス（ユーラシアリス）がアメリカの灰色リスによって在来の生息地から次第に追い払われつつあるという事実がある。しかし赤リスは灰色リスによって駆逐され、殺されているわけではない。ヨーロッパで針葉樹の森が減少するにつれ、赤リスの生息に適した場所が少なくなってきているのである。落葉樹の森や都会の緑地では灰色リスの方が生存競争で優位に立っている。

灰色リスの増加はヨーロッパにかぎった現象ではない。人の往来や貿易の拡大にともなって、動物種も――輸送・運搬手段に紛れ込んだり、人為的に運ばれたりして――在来の生息地から他地域へと生息範囲を拡大している。この変化する環境の下ではユーラシアリスだけが唯一の敗者ではない。アメリカでは多くのヨーロッパの動植物種（亜種を含む）がその宏大な地で爆発的に増加し、在来種を駆逐している。ヨーロッパの野生イノシシは、アメリカの多くの森で主要な有害動物となっている。アメリカ農務省のウェブサイトでは、ホシムクドリや欧州型マイマイガなども侵入種に挙げられている。[3] 地中海沿岸でクローンが大量繁殖している「キラー海藻」として有名な変異型のイチイヅタは、もともとドイツのシュツットガルト水族館が〔水槽内の装飾用に〕誤って誕生させたものである。この恐ろしいキラー海藻は発生源から根絶されるどころか、シュツットガルト水族館からフランスのモナコ海洋学博物館に持ち込まれ、さらに同博物館から地中海に流れ出てしまった。今や広範囲の海底がドイツ生まれのキラー海藻に覆われて不毛の海と化し、最近ではアメリカの海岸でもそれが発見されている。

手紙を書いたハンブルクの少年はこうした背景を知らないため、ひょっとしたら厄介かもしれない具体的事実――ヨーロッパの赤リスが衰退していることや世界規模での動物種の移動の拡大が生物多様性にますます広範囲の影響を及ぼしていること――からは目を背け、幻想《イルージョン》にしっかりと埋め込まれた煽情的ドラマの筋書きを信じ込んでいるのである。罪のない陽気なヨーロッパ種が凶暴なアメリカの侵入種によって駆逐され、殺され、滅ぼされているという筋書きを。

「愛しのブラウン」が排除されることを憂慮したもう一人のヨーロッパ人がいた。ヒトラーからドイツ労働戦線の全国指導者に任命されたナチス幹部のロベルト・ライである。ライは一九四二年にこう書いている。「オリヴァー・クロムウェルは残虐行為の只中にあっても神への呼びかけを忘れず、自らの悪魔のごとき兵士たちを神に選ばれし民と見ていた。チャーチルとローズヴェルトは野蛮な偽善者クロムウェルの手口を記憶に留め、英米世界が過去三百年の時を経ても何一つ、まったく何一つ変わっていないことを証明した」[4]と。

ライと同様、ドイツの左翼人士も容赦ない言葉を浴びせることがある。一九五三年、ドイツ共産党〔＝旧東ドイツのドイツ社会主義統一党〕は、演説者がイギリスに罵詈雑言を浴びせる際に使用することを奨励する公認の用語リストを発表した。そのなかには、「泥酔した追従者《パラリティック・シコファンツ》、人道への女々しい裏切者《イフィート・ビトレイヤーズ・オヴ・ヒューマニティ》、腐肉を喰らう卑屈な模倣者《キャリアン・イーティング・サーヴル・イミテーターズ》」[5]などの言葉が並んでいた。そのほか、

「大臆病者《アーク・カウアズ》と利敵協力者《コラボレイターズ》」、「婦女殺しの一味《ギャング・オヴ・ウィミンズ・マーダラーズ》」、「堕落した暴徒《ディジェネレット・ラブル》」、「寄生体質の伝統主義者《パラスィティック・トラディショナリスツ》」、「遊び人の兵士《プレイボーイ・ソルジャーズ》」、「きざな気取り屋《カンスィーティッド・ダンディーズ》」などの言葉も奨励された。

このドイツ社会主義統一党の流れを汲む〔ドイツ再統一後の〕ドイツ民主社会党の党員のなかには、旧共産党時代に使っていた罵倒語のいくつかがトニー・ブレアを罵る演説においてそのまま使えることに気づいた者もいるであろう。同時に、ドイツ民主社会党にとっては、「アングロ－サクソン資本主義」は昔も今も変わらぬ恐るべきものであった。同党の党員はその演説で、この社会モデルは「ただ勝者と敗者」を生むだけであること、またヨーロッパの資本主義には社会的セーフティネットがあるが、それが「アメリカには存在しない」[6]ことを主張した。彼らは別にアメリカのセーフティネットがヨーロッパのセーフティネットほど充実していないとか、カバーする範囲が狭いとか言っているのではなく、まったく存在しないと言っているのである。ともかくも、こうして共食いに勝った黒リスは枝から枝へとヨーロッパの在来種を追い立て、やがてヨーロッパから赤リスが一匹もいなくなることは明らかである。

何よりも憎悪の対象となることこそ、アングロ－サクソンが世界の多くの地域で古くから受け継いできた光栄ある伝統である。イギリス帝国が世界最強の国家であり、世界で最も活力のある先進的な経済を誇っていた十九世紀において最も一般的な憎悪の形がアングロフォビア〔＝イングランド嫌い〕であったが、今日最も好まれている憎悪の形は反アメリカニズムである。しかし当面の憎悪の対象が何であるかにかかわらず、極左から極右に至るまで、あるいは共産主義者からファシスト、ナチス、カトリック聖職者・神学者、世俗的な伝統主義者、急進的なジャコバン派、狂信的な王党派に至るまで、彼らの口をついて出てくる罵詈雑言の数々はクロムウェルの時代から現在までアングロ－サクソン世界に向けられてきた。そしてこの数世紀にわたりアングロ－サクソンの指導者たちが使ってきたレトリックに一定の共通した要素が見られるように、敵のワスプ攻撃もこの間ずっと変わらずに続いてきたのである。

海象と大工が牡蠣たちを散歩に誘ったとき、その誘いに乗らなかった牡蠣がいた。

最年長の年寄牡蠣《としよりかき》は
そっちを見たがだんまりで
片目つぶって重い首ふる――
すなわちわしの意向としては
牡蠣床《かきどこ》離れはしたくない

〔柳瀬尚紀訳〕

この年寄牡蠣はたぶんフランスと考えてよかろう。二〇〇三年のアングロ－アメリカによるイラク侵攻に際してジャック・シラク大統領のフランスが国連で反対の先頭に立つはるか前、アングロ－サクソンの帝国建設者にたいして最も長きにわたり、最も一貫して反対してきたのがフランスである。アングロ－サクソンのどこが間違っているのかを最も真剣に、最も深刻に考えたのがフランスである。そしてアングロ－サクソンを打倒し、少なくとも抑え込もうとどの国よりも執拗に試みたのがフランスである。

現代の対立関係は十七世紀後半にまで遡る。当時イングランドはヨーロッパの支配を目論むルイ十四世にとって最も目障りな障害として立ちはだかった。偉大なカトリックの説教家であり神学者であるボシュエは、一六八二年に〔フランス北東部の都市〕メスで行った説教で、「腹黒いイングランド(*La perfide Angleterre*)」[7]といって非難した。ルイ自身は、「イングランドは鼻をつく強烈な臭いのする雑草が生い茂るちっぽけな庭である」[8]と蔑むように言い捨てた。

アメリカ革命とナポレオン戦争は、英仏両国間の深刻で原理的に相容れない感覚を強めた。イングランド人は自分たちが自由のために戦っていると思い、フランス人はそれを自分たち文明の側と金権的な野蛮の側との戦争であると見た。隣国人を「堕落し、高慢な」[9]と評したロベスピエールは、「一人のフランス人として、また国民の代表としての立場から間違いなく言えるのは、わたくしはイギリス人が嫌いなのだということです……商業国の国民が農業国の国民に対抗できるかどうか今に分かるでしょう」[10]と述べた。

フランス人の目からみると、仏英間の対立は、敬虔で文明化の進む陸の帝国ローマと野蛮で守銭奴たる海洋通商国家カルタゴとのあいだの古代の戦いの再演であった。「ラ・マルセイエーズ」に合わせて歌われた反英ソングは、「この野心的なカルタゴ／邪悪な亡命者の後ろ盾」[11]と言って攻撃し、国内にあらゆる災厄をもたらし、フランスを苦しめる元凶としてイギリスを非難した。

ナポレオンの権力掌握は仏英間の対立と憎悪を強めただけであった。一八〇三年、フランス政府の機関紙ル・モニトゥール・ユニヴェルセル紙にナポレオンの名前で書かれた記事は、「イギリスの貪欲と野望がついに白日の下にさらされた」と断じている。この記事からは反カルタゴのテーマが再び聞こえてくる。「イギリスの政策と野心の行く手を阻むただ一つの障害が立ちはだかる――勝利を収め、節度を保ち、繁栄を誇るフランスである。フランスの強力で開明的な政府である。（そしてナポレオン自身が敢えて言うように）フランスの傑出せる、気高き指導者である。〔イギリスはこれらを狂乱状態のなかで羨望の的とし、繰り返し攻撃し、執念深く憎悪し……議会と臣民の前で公然と非難している。〕だがヨーロッパは見ている。フランスは戦う準備ができている。歴史は記録されている。ローマがカルタゴを滅ぼしたことを！[12]」

カルタゴの話の主題は第二次世界大戦中に再び現れることとなる。ヴィシー政権のラジオ記者ジャン・エロール＝パキは、ドイツのフランス占領期に毎日放送を続け、お決まりのスローガンを毎日繰り返し主張した。「イングランドを、カルタゴのごとく滅ぼさなければならない[13]」と。

フランスはイギリス本国に抵抗するアメリカ植民地を支援した。フランスと同様イギリス商人に辛酸を嘗めさせられていた気高く実直なアメリカの農民たちは、必ずやイギリス商人に対抗する解放者フランスに与《くみ》するにちがいないと期待してのことであった。だがその期待はすぐに失望へと変わった。目を凝らしてアメリカ人を見れば見るほど、彼らはますますイギリス人に似てくるのであった。フランス革命中、特に〔ジャコバン派の〕恐怖政治が吹き荒れた時期にアメリカに亡命したタレランは、アメリカ人とイギリス人が互いの違いをいかに語ろうとも彼らは本質的に同じだとする耳障りな報告をフランス本国に伝えた。アメリカを訪れるイングランド人は誰もが居心地よく感じているが、かつてそう感じたフランス人は一人もいない[14]、と。幻滅したアーネスト・デュヴェルジェ・ドゥ・オルランヌは〔訪米中の〕一八六四年、「実のところ、ここはもはやアメリカではない。イングランドである。正確に名づけるなら、ニューイングランドである[15]」と書いている。

アングロ－サクソン国家のあいだの結びつきがフランス人の脳裏から消えはじめるのは、アメリカがより強大な存在となってからである。二十世紀になると、フランス人（もっと広くラテン民族）の心の前景にあったアングロフォビア〔＝イングランド嫌い〕は徐々に薄まる一方、ヤンキーにたいする憎悪と恐怖は一段と強まることとなる。南北戦争における北軍の勝利に続き、フランスが後ろ盾となったメキシコ「皇帝」マクシミリアン・ハプスブルクが一八六七年に衝撃的な最期を迎えたことで、フランス社会全体に恐怖と敵意が津波のごとく押し寄せた。当時のフランス社会では、平和を愛する文明化されたラテン民族と野蛮で冷酷で恐るべき強力なヤンキー「人種」との地球規模の争いという見方が生まれつつあった。米西戦争——フランス人の目からみれば、勇み立つヤンキーが穏やかで友好的なスペイン人に仕掛けた野蛮な攻撃——をきっかけに、フランスやラテンアメリカの人びとの心を占める恐怖はアングロフォビアから反アメリカニズムへと急速に移っていった。[16]

「わたくしはアメリカが永久に人類にたいする罪の状態にあると非難する」と書いたのは、アカデミー・フランセーズ会員で小説家のアンリ・ドゥ・モンテルランである。フロイドはもっと穏やかに、「間違《ミステイク》いだ、途轍もない間違いだ、それは事実だけれど、でも間違いだ[17]」と述べ、「わたくしはアメリカが嫌いなのではない。ただ残念なだけだ！[18]」と言った。

フランスのみならず世界の多くの国や地域で、アングロ‐サクソン人と彼らの「浜辺の掃除」と世界秩序にかかわるさまざまな計画に反対する立場では、右翼も左翼もない。この核心的な価値観は、ラテンアメリカの伝統主義カトリック教徒、ポピュリストおよび社会主義者も共有している。多かれ少なかれ、これら三つの政治勢力は自分たちのいずれかがワスプを打倒し、彼らの企てを挫くという最大の目的を果たすことを願って歴史的に張り合ってきた。カール・マルクス、シャルル・ボードレールおよびピウス九世はたいていの問題ではハーモニーを奏でることはないが、「怪物《ジャガノート》アングロ‐アメリカの脅威」という讃美歌だけは三人そろって歌える曲であった。似たようなパターンはイランやアラブ世界全体にも見られ、世俗主義者、社会主義者およびイスラーム過激派がともに英米勢力に抵抗しようとしてきた。

アングロ－アメリカ文明・勢力にたいするこの自意識過剰で体系的な憎悪と恐怖、そして抵抗を指して何と呼ぶべきか、うまい言葉がなかなか思いつかない。それは一種のメタイデオロギー、右や左のイデオロギーを産む母なるイデオロギーであって、単なる反アメリカニズムやアングロフォビアを超えつつ、両者を包み込むものである。

それは世界史を形成している最も強い力の一つであるが、これという呼び名はない。敢えて言えば、「ワスポフォビア」（＝ワスプ嫌い）というのがそれに近い。アングロ－アメリカ文明の政治的、社会的、経済的な基盤にたいする恐怖と憎悪である。それを何と呼ぶにせよ、ホワイト《W》・アングロ《A》－サクソン《S》・プロテスタント《P》と彼らのあらゆる行動にたいする憎悪と恐怖は、世界を衝き動かす原動力の一つである。

ワスポフォーブ（＝ワスプ嫌いの人）であるためには、イギリスかアメリカの一方または両方を嫌うだけでは資格不十分である。ワスポフォーブはロベルト・ライのようにアングロ－アメリカの世界的影響力《プレゼンス》を総合的に捉え、アングロ－アメリカ文明の核心は悪であると信じ、その内なる悪がアングロ－サクソン国家の政策と慣行に露呈していると見る必要がある。

レーニンとスターリンの擁護者マクシム・ゴーリキー（（露）マクスィーム・ゴルキィ）は、アメリカとは「機械、冷たくて目に見えない不合理な機械である。その内部の人間はちっぽけな螺子《ねじ》にすぎない！」[19]と言い放った。その立場が右翼であると左翼であるとを問わず、伝統主義カトリック教徒であるとイスラーム原理主義者であるとを問わず、ワスポフォビアにとって、「個人に何も配慮しない冷淡かつ冷酷な機械」というゴーリキーのアメリカ描写は、アングロ－アメリカ文明の本質を抉り出しているように思われる。

力《パワー》への頑固で、断固たる、実に非情な意志に仕える残酷さ《クルーティ》と強欲《グリード》は、不遜なほど傲慢な偽善《ヒポクリスィ》と自ずと滲《にじ》み出る抗いがたく抑えがたい俗悪《ヴァルガリティ》とによって一層手に負えないものとなった。それはわれわれの敵が十七世紀以降われわれのやり方を見て分かったことである。

すべては途方もなく無慈悲な残酷さからはじまる。対スペイン戦争で活躍したイングランドの英雄たち——サー・フランシス・ドレーク[20]、サー・ウォルター・ラリー、ジョン・ホーキンズ[21]——は海賊《パイレーツ》であったと言えるだろうし、しばしばそのように描かれている。実際、彼らはスペイン領への襲撃において公然と掠奪行為を働き、戦争法規を無視している。後世の人びとは第二次世界大戦中にヨーロッパ諸都市を大規模な空襲で破壊したアングロ－アメリカの「空の海賊《エアー・パイレーツ》」の起源をそこに見るであろう。（ヴィシー政権はジャンヌ・ダルクが火あぶりの刑に処せられたルーアンをイギリス軍が爆撃した後、「彼らは犯罪の舞台に必ず戻って来る」[22]というポスターをつくって宣伝した。）

あるスペインの歴史家がサントドミンゴにおけるドレークの行動を描いている。女王ベスお気に入りのその船乗りは襲撃を指揮し、彼の手下どもは「われらが最も崇めている主イエスと聖母マリアの聖像の手足を切断し、それらを腰掛けに使ったり料理を温める薪代わりに焼《く》べたりして侮辱を加え、われらカトリックの信仰を激しく攻撃した……逃げる力もない体の弱った二人の老修道士は……海賊どもの行為に抗議したかどで外に引っ張り出され、公衆の面前で絞首刑に処せられた[23]」と。

アングロ－サクソン勢力の極悪非道ぶりを宣伝しようとしている人びとは、決して根も葉もないことを言い触らしているわけではなかった。クロムウェル軍のアイルランド征伐は、当時の規範に照らしてもおぞましいものであった。十七世紀後半から十八世紀前半にかけて行われたスコットランド高地地方の諸氏族《クラン》への弾圧は、サー・ウォルター・スコットの小説が人気を博したこともあって、ヨーロッパ世界に一大スキャンダルを巻き起こした。〔とりわけ彼の短篇小説『ハイランドの未亡人《ウィドウ》』で知られるようになった一六九二年の〕グレンコーの虐殺――ウィリアム三世に忠誠を誓う部隊がスコットランド高地人のグレンコー村を訪れ、十二日間の冬の寒い日々を客人として温かくもてなされたのち突如村人たちを皆殺しにした事件――は、残虐行為が珍しくなかった当時のヨーロッパの世論をも恐怖せしめた。戦時であると平時であるとを問わず、イングランドのアイルランド政策はほぼ近代全体を通じて不名誉とおぞましさに満ちていた。アングロ－サクソン人が率先して入植を進めたヨーロッパ以外の多くの土地において先住民の殲滅が行われたが、それらは海象と大工に道徳的優越性があるとの主張を非難するに足る十分な材料を旧大陸の批評家に与えた。南北戦争前の南部におけるアフリカ人奴隷貿易とプランテーション奴隷制、シャーマン将軍によるジョージア州（当時のフランス世論が民族的に「ラテン系」の州だと誤解していたアメリカ南部の州）焦土進撃作戦〔いわゆる「海への進軍」〕、イギリスによるボーア人非戦闘員を収容するための強制収容所の利用、（今では情熱的なラテン系ではなく、攻撃的なアングロ－サクソン系の地であることが分かっている）南部の再建期《リコンストラクション》以後の人種政策といったおぞましい出来事の数々、すべてこれらの要素は、その力への欲望が黄金への欲望（そしてもちろん現代では、石油への欲望）によってはじめて見合うという人種の肖像を形づくった。

戦争におけるアングロ－アメリカ人の残虐性《バーバリティ》にたいする非難は二十世紀を通して続いた。ドイツのプロパガンディストたちは、二度の世界大戦におけるイギリス海軍の封鎖（それはヨーロッパ全土に飢餓と食料不足をもたらした）について、数多の無辜の民を意図的に殺害する試みだとして非難した――それはちょうど二度の湾岸戦争における対イラク制裁措置が、かよわき婦女子を苦しめることを政治的武器として使用する冷血な試みだとして非難されたのと同じである。アメリカによる広島と長崎への原爆投下で頂点に達する第二次世界大戦中のアングロ－アメリカのテロ爆撃については、戦時中にドイツと日本が、戦後は共産主義者たちが、その行為を犯した者への憎悪と憤怒をかき立てるために取り上げた。朝鮮戦争とベトナム戦争のときの国際報道は残虐行為のニュースで溢れた。それらのなかには事実にもとづくものもあったが、ソ連、共産主義陣営のプロパガンダや偽情報に躍らされたものもあった。サダム・フセイン政権崩壊後のアブグレイブ刑務所やグアンタナモ収容所でのアメリカ軍による囚人虐待の報道は、ファルージャなどイラクの戦場における民間人被害の詳細な報告とともに、この長大な残虐行為のリストにまた新たに事例を付け加えた。イランのマフムード・アフマディネジャド大統領は二〇〇六年二月一日、ジョージ・W・ブッシュ大統領に反論する演説のなかで、冷戦時代にソ連が行った古典的プロパガンダにイラン独自の考えを加味して次のように述べた。

彼らはその武器《アームズ》で人知れず他国民を殺戮することに余念がありません。彼らは世界の至る所で起こる戦争と圧制に関与しております。彼らはその工場を兵器の生産に振り向けております。彼らはアジアやアフリカで戦争を起こし、幾百万人もの人びとを殺すことで、自国の生産、雇用、経済を支えております。彼らの生物学研究室は細菌を製造し、それを他国に輸出し、その国の国民を隷属させようとしております。前の世紀にいくつかの壊滅的な戦争を引き起こしたのが彼らなのです。一回の世界戦争だけで、彼らは六千万人以上もの人びとを殺したのです。[24]

あるシリア人ジャーナリストも同様の見方を示している。トルコの政府系〔＝公正発展党寄りの〕機関紙と言われているイェニ・シャファク紙に「殺人はアメリカ文化に遺伝的に植えつけられている」と書いたフスヌ・マハッリ博士は次のように述べている。

ファルージャ（の問題）に戻ろう……アメリカ人は自分たちを守るためにイラク市民を人間の盾に使っている……それでもなお、不信仰で、不誠実で、凶悪なアメリカ人に期待するのは自由だが……ファルージャのモスク爆撃後、アメリカ軍兵士はモスクの壁に糞尿をひっかけて、その神聖を汚した。家宅捜索後、アメリカ軍兵士は女や少女を裸にし、彼女たちを陵辱した……アメリカ人はこの地域のすべての人びとの人間的価値観を完全に破壊したいのである。アメリカ人は（イスラエルの首相アリエル・）シャロンと同様、われわれを侮辱し、われわれに屈辱を与え、われわれの名誉を傷つけたいのである。アメリカ人はシャロンとともに、われわれを無力感と絶望のどん底に叩き込み、われわれを奴隷にしたいのである。[25]

アングロ＝サクソン人の強欲（グリード）に仕えるアングロ＝サクソン人の残酷さ（クルーティ）というテーマは、多くの観察者が不可解な出来事の意味を系統立てて理解するための主要な原理の一つとなっている。チェチェン問題にからむテロ攻撃で子どもを含む三百人以上が死亡した事件〔＝ロシア連邦北オセチア共和国で起きたベスラン第一中学校占拠事件」について中立的立場を自称する情報発信メディア Voltairenet.org が二〇〇四年九月二十七日に発表した記事の見出しは、「ベスラン――大虐殺の責任はアングロサクソン人に」というものであった。ロシアの軍事専門家たち（その一部は名前を公表）は、この恐るべき出来事は北コーカサスにおける米英両国の利権拡大を図るアングロ－サクソン人の大がかりな陰謀の一部にすぎないと主張した。冷酷で、強欲で、残酷で、広範囲にわたるアングロ－サクソン人の恐るべき魔の手はあらゆるところに伸び、おのれの石油への欲望を満たすためならば、子どもたちを追い詰めることさえ躊躇しないのである、と。[26]

残念ながら、アングロ－サクソン人の残虐行為にたいする非難は必ずしも常にこうした被害妄想的あるいは非現実的なものであるとはかぎらない。断じてそんなことはない。それどころか、アングロ－アメリカ人の残虐行為にたいする敵意はワスポフォーブの専売特許ではない。悪行《イーヴルズ》への反対が即ちワスプ嫌いというわけではない。英語圏の多くの偉大な指導者たちがそうした悪行を糾弾し、それと戦ってきた。〔イングランドの政治家で博愛主義者の〕ウィリアム・ウィルバーフォースが奴隷制度を非難したとき、彼はワスプ嫌いなわけではなかった。チャールズ・ディケンズがイギリスの工場や救貧院の現状を明らかにしたとき、彼はワスプ嫌いなわけではなかった。ウィリアム・グラッドストーンがアイルランド自治法案を議会に提出したとき、彼はイングランド嫌い《アングロフォービック》なわけではなかった。マーチン・ルーサー・キング・ジュニアが人種差別と戦っていたとき、彼は反米主義者なわけではなかった。さまざまな戦争でイギリス軍やアメリカ軍が犯した悪行を暴き立てたジャーナリストの多くは憂国《ペイトリアティズム》の念に駆られてそうしたのである。彼らはみなメスを手にして患者を救おうとしている外科医なのであって、斧を手にして患者を襲おうとしている殺人鬼なのではない。

もちろんアングロ－アメリカ人がそれぞれの母国が犯したさまざまな悪行と犯罪に愕然とし、異議を唱えることができるのであれば、外国人がそれらの悪行の存在を指摘し、それを痛烈に批判し反対することは何ら間違ってはいない。ベトナムやイラクにおけるアメリカの戦争に反対することは必ずしもワスプ嫌いであることを意味しない。アメリカンインディアンが差別されていると考えるのに、その人がワスプ嫌い《ワスポフォーブ》の人間である必要はない。

ワスポフォーブは人道主義者《ヒューマニテリアン》とは異なり、彼らの残虐行為を単なる軍事史上の出来事にとどまらないものと見ている。彼らの行為は、ワスプの精神《ソウル》――アングロ－サクソン人の心に潜む恐るべき空虚な残酷さ――を見抜くための手がかりとなり、彼らの内なる獣性の証となる。その行為は、行動熱に浮かされた若い兵士たちの暴走や不手際あるいは取り返しのつかない判断ミスなのではない。ワスポフォーブにとって、それらは冷徹な計算のもとに利益を得るべくしてなされた故意の犯罪であって、アングロ－サクソン人が至極善人面《づら》して語る彼らの「文明」や「文化」なるものの核心にある底なしの道徳的堕落を何よりも露呈しているのである。

残虐行為は国内に起因する。多くの観察者からすれば、国外で力を追求してきたアングロ－アメリカ人の残酷さはアングロ－アメリカ社会内部の活力《ダイナミズム》の現れであり、歴史的にみれば、その残酷さは近代イングランド史の黎明にまで遡ることができる。資本主義の発生にかんしてアダム・スミスの著書に示された楽天的な仮説に異論を唱えたカール・マルクスは、イギリス史における「本源的《プリミティヴ・》（原始的）累積《アキュミュレーション》」過程について書いている。イングランド宗教改革、ステュアート朝との戦い、議会政治の誕生、イングランド人の「自由《リバティーズ》」の発達、これらはイングランドの新興地主層《ジェントリー》が小作農から収奪するための手段であったとマルクスは言う。土地所有者は土地の囲い込み《エンクロージャー》によって、小作農を土地から引き離した。都市の資本家は、飢えて絶望した元小作農に飢餓賃金《スタヴェーション・ウェイジズ》を支払った。ヒレア・ベロックやG・K・チェスタトンなどの伝統主義カトリックの文筆家たちもマルクスが行う批判の戦列に加わった。彼らが標的としたのは、ジェイムズ二世の退位を支持した人びとの流れを汲む者たち――ウイッグ――である。ウイッグはプロテスタント信仰の啓蒙を通じてイングランドに自由と繁栄がもたらされたとする見方をつくり出した。この見方は「ウイッグ神話《ミス》」と呼ばれるようになる。反ウイッグの立場からすれば、近代プロテスタント・イングランドの物語は犯罪の物語にほかならなかった。

多くの文筆家たちは、左翼も右翼も、イングランド宗教改革《レファメーション》を宗教に動機づけられたものとしてではなく、むしろカトリック教会の富を独占しようとするテューダー朝イングランドの統治者たちの欲望に動機づけられた悪辣な土地収奪《ランド・グラブ》として描いた。それは、新興地主層《ジェントリー》が小作農から伝統的な土地の権利を奪うことによって無慈悲な神なき資本主義を起こすプロセスの始まりであった。イングランドでは、新興地主層が貴族社会の利益のために伝統的な共有地を囲い込んだことで、小作農は土地から追い出された。スコットランドでは、一七四五年にいとしのチャールズ王子《ボニー・プリンス・チャーリー》〔＝チャールズ・エドワード・ステュアート〕の叛乱が失敗した後、高地人《ハイランダーズ》は殺され、土地から叩き出された。アイルランドでは、エリザベス一世の治世からジョージ五世の治世に至るまで、カトリックの小作農は容赦なく迫害され、土地や財産を奪い取られ、搾取され、追放され、絞首刑に処せられた。

筋金入りのワスポフォーブからみれば、ワスプの軍事的・政治的な残酷さは、アングロ＝アメリカ社会の主要な特徴である組織的で度し難い強欲に仕えるものであった。それは、ある特定の地主が小作農を虐げ、彼らから土地を奪ったとか、ある特定の工場主が労働者を搾取したとかといった話ではなく、イングランドの土地制度と工場制度をうまく機能させるために収奪と搾取に依存したということなのである。

ワスポフォーブにとって、資本主義——少なくとも十八世紀のイギリスに出現した苛烈な弱肉強食《ドッグ・イート・ドッグ》型の資本主義——は収奪《セフト》と無慈悲《インヒューマニティ》の制度であった。そう考えたのは、これもまたマルクス主義者だけではなかった。カトリックの知識人も資本主義にたじろいだ。その残虐な制度のせいで、中世社会が築き上げてきたあらゆる保護の仕組みと人間の特徴が滅ぼされてしまったと考えたからである。一七九二年、ローマ・カトリックは『国富論』を禁書目録に載せた。「アングロ－サクソン型資本主義」と呼ばれることとなる経済モデル（「公正価格《ジャスト・プライス》」などの伝統的概念を含む）の熾烈な競争が非常に残酷なものであることを証明するのは容易であった。

大陸ヨーロッパの人びとは、アングロ－サクソン世界のとどまるところを知らぬ強欲、ジャコバン派やナポレオンのいう「新カルタゴ」の伝承に繰り返し注意を払った。カルタゴは海洋通商国家であった。カルタゴ商人はその富と（ローマ人が自分たちには物欲がないこと——やや不正確だが——を誇りにしていた当時）飽くなき金銭欲で有名であった。カルタゴは残虐さでも名を轟かせていた。カルタゴではモロク神が崇拝されていたが、その儀式には子どもを炎のなかに放り込む人身供儀も含まれていた。

フランス人旅行家ジョゼフ・フィーヴェーは一八〇二年の『イングランド《アングルテール》にかんする書簡』のなかで、「イングランド人が富というものにどれほど重きを置いているかは、彼らが誰かに称讃の思いを伝えたいとき、その相手に貴方は大金に値すると述べ、それを具体的な金額で示すことさえあるほどだ[27]」と書いている。アレクスィ・ドゥ・トックヴィユはアメリカの民主主義を概ね好意的に評価したため、フランス国内での名声を大いに落としたが、その彼もアメリカ人を〔フィーヴェーの描いたイングランド人と〕同列に置いて論じた――歯に衣着せず。トックヴィユは、「アメリカ人は何をするにもその腹の底では、たいてい金銭《かね》への愛が主たる、または副次的な動機となっているのが分かる[28]」とし、「われわれの中世の先祖であればさもしい金銭欲《ベース・キューピディティー》と呼んだであろうものも、アメリカ人は気高く立派な野心と述べるであろう[29]」と書いている。

アメリカにそれほど同情的でない観察者はもっと手厳しい。アメリカ人の性格に含まれる気に喰わない要素を指摘した証言は数かぎりなくあるが、ここではその典型的な批判として十九世紀前半のフエリクス・ドゥ・ボジュールによる観察を紹介しよう。

> アメリカ人は自分が金持ちになるチャンスを決して逃がさない。彼らが取り上げる話題、彼らが行動を起こすきっかけは常に利益である。これほど心にゆとりがなく、魂の高揚感に乏しく、生活に彩りを与える優美な幻想のない文明国など世界でもまれである。そこに住む人間は、あらゆるものを品定めし、すべてのものを計算し、己れの利益のためならその他いっさいを犠牲にする。彼らは孤独に、ただ己れのためだけに生き、興味の沸かない行為をすべて愚行の山とみなし、掛け値なしに評価されるべき才能をすべて非難し、英雄的行為や栄光といった考えをすべて遠ざけているように見え、歴史に見るべきものがあることを認めない[30]。

ワスポフォーブは、金銭的利益を得るために残虐行為を犯すことはアングロ－アメリカ人の第二の天性であると信じている。実際そのように考えれば、彼らの悪辣で搾取的な国際システムは、アングロ－アメリカ人の残虐さと強欲によって成り立っていると言える。アイルランド人の亡命者アーサー・オコナーは、ナポレオンのためにプロパガンダを書き、イギリス帝国について描写している。彼の描くイギリス帝国は今日アメリカの世界システムについて反対派が唱えている批判と多くの興味深い点で一致する。オコナー曰く、「ヨーロッパの果てにある、人口辛うじて一千一〇〇万人の島国、その島国が地球の他の四分の三を股に掛けている。その片足はアメリカの広大な大陸を、もう片足はインド諸国を踏みしめている。この島国はアフリカを永遠の野蛮状態と奴隷制度の下に置いている。アンティル諸島の産品で、この島国の輸入品目録は分厚くなるかもしれない[31]」と。

イギリスはこうした立場を不当に利用し、「通商、強要、掠奪《プランダー》、貢物を取り混ぜたシステムによって」かき集めた商品を高値の独占価格でヨーロッパに売り捌く。それゆえ、たとえ「領土的には自由な」国々も、この帝国によって「海から隷属化」されるのである。ワスポフォーブからすれば、ナポレオンの時代からほとんど何も変わっていない。〔アメリカの帝国主義的支配を厳しく批判する〕ノーム・チョムスキーの言説にあまり新鮮味が感じられないほどである。

カルタゴは生き残り、ナポレオンはセント・ヘレナに流された。彼はそこで信用ならぬ小島《パーフィディアス・アイル》〔＝イギリス〕の欠点をあれこれと振り返る日々を過ごし続けた。「余は余が貴国について抱いておった浪漫的《ロマンティック》で騎士道的《シヴァラス》だという評価の膨大なつけを支払わされておる」と悔しそうに語る彼は、どうやら自分がかつて、「イングランド人には高尚な感情は何もない。彼らはすべて金で動く[32]」と言ったことなど忘れてしまったようだ。

ナポレオンの帝国は滅びた。だがアングロ－アメリカ勢力のシステムが世界に及ぼした影響にかんするオコナーの分析は時代を経てもワスプ嫌い《ワスポフォビア》の論者たちから繰り返し指摘された。彼らの主張によると、アングロ‐アメリカ人のシステムは今日の第三世界に貧困をもたらしている――と同時に対抗関係にあるヨーロッパ諸国民から富や快適さを奪っている――それゆえ英語圏に富をもたらしているという。続く数十年、数百年と、オコナーの分析――彼と同時代の思慮深いアイルランド人にとっては当然のことであり、おそらく必然でさえあったであろう――は、イギリスの帝国システムによって課された制約にいらいらし、その制限にかりかりするインドやラテンアメリカの人びと、フランス、ドイツ、オスマントルコ、エジプト、その他多くの人びとにとっては明白で否定しがたいことのように思われた。レーニンの帝国主義分析、ヒトラーの国際政治分析、スターリンや毛沢東の政治戦略にもすべてオコナーの見方が組み込まれているのと同様、ベネズエラのウゴ・チェベスやジンバブエのロバート・ムガベの演説にもオコナーの分析の核となる見方が確実に吹き込まれている。

　海外の人びとのなかにはイギリスを非難する者もいる一方で、イギリスを手本にしようとする者も現れた。ドイツ皇帝ヴィルヘルム二世は、イギリスのシステムに喉元を締め上げられないようにするためには植民地を持たなければならないと感じた。日本は国内の民族派《ナショナリスト》知識人が望む「アジアのイギリス」となるために中国大陸に帝国を建設しなければならないと感じた。日本人のなかにはアメリカに目を向け、アメリカが米州大陸を独占しているように日本もアジアにおける独占的勢力となるべきであるという「アジア版モンロー主義」を提唱する者もいた。ヒトラーの生存圏理論《レーベンスラウム》――ドイツが長期的に列強としての地位を維持するのに必要な程度にまで人口を増加させるためには、広大な後背地が必要であるとする考え――は、アメリカ、カナダ、オーストラリアおよびニュージーランドの植民地がアングロフォン〔＝英語国民〕にもたらしている効果を見て構想されたものである。

　しかしアングロ‐アメリカと戦うか、それともアングロ‐アメリカの先例に倣って自国も列強となるか、そのいずれを望むにせよ、次のことははっきりとしていた。つまり初めにイギリスが、次いでアメリカが、残酷さと強欲にもとづいてグローバルな帝国を建設したということである。

無論それによって堕落した社会は、品位ある文化も良質な生活も生み出すことはできなかった。非英語国民の観察者たちは代々にわたり英語圏の呆れるほどの文化的貧困ぶりを活写、分析してきた。その先陣を切ったのは、またしてもフランス人であった。〔フランス王アンリ四世の宰相〕シュリー公爵は一六三八年、「イングランド人は彼らの国の流儀にしたがって陰気に楽しむ[33]」と回想録に綴っている。

古代カルタゴは高い文化を持たなかった。「新カルタゴ」もまた然りである。ナポレオンは一八〇三年、「余は（シェイクスピアを）読んだが、コルネイユやラシーヌほどの感興は湧かなかった。彼の戯曲はどれも最後まで読み通すのは不可能である。それらはみなお粗末《ピティフル》である……フランスはイングランドを少しも羨む必要はない[34]」と側近たちに語っている。

ジョゼフ・フィーヴェーは、「イングランド人はヨーロッパ中で最も非文明的な国民である[35]」と書いている。「彼らの性格に窺える社会性の欠如には三つの原因がある。第一は金銭にたいする執着心の強さであり、第二は女性を前にした所在無さであり、第三は狂気《メイニア》一歩手前の自信過剰である」と。

アメリカ人はさらに質《たち》が悪い。フランスの首相ジョルジュ・クレマンソーが言った次の言葉は有名である。「アメリカは、驚くべきことに、ふつうなら通り過ぎる文明の時期を経ずに、野蛮から退廃へと一気に進んだ歴史上唯一の国である」と。

アングロ－アメリカ世界はピューリタニズムと寛容さとの身の毛もよだつような組み合わせであり、聖職者と売春婦との背筋が寒くなるような取り合わせであった。イングランドの安息日に漂う物憂い単調さとヴィクトリア朝イングランドの堅苦しい偽善は、イギリスを訪れたヨーロッパ人がしばしば指摘するところである。アメリカに吹き荒れた禁酒法の嵐ほど爆笑をもって迎えられた社会実験も珍しい。

他方、アメリカ人の旺盛な食欲は驚きと笑いを誘った。アメリカを訪れたフランス人はそこかしこで人びとがチューインガムを噛んでいる光景を見てぞっとし、アメリカ人がかつてなく顎を頑丈にし、かつてなく食欲を増進させるための悪魔の運動なのだと理解した。現代のアメリカは世界最大の肥満国であり、栄養摂取マニアや病的大食漢の母国となり、世界中から物笑いの種となっている。アングロ‐サクソン人ほど狂気じみたダイエットのためにルームランナーの上をいつまでも走り続けるデブの健康オタクはいないであろう。

しかしヨーロッパ大陸の人びとに最も強烈な印象を与えたのは、アングロ‐サクソン社会の単純な野暮ったさ、女たちの下品な毳々《けばけば》しさ、偽善的な道徳の息苦しさ、フットボールなどのスポーツの野蛮さ、チアリーディングなどの動作の奇妙奇天烈さなどではなかった。むしろアングロ‐サクソン世界が落ち込んだ忌まわしい奈落とアングロ‐サクソン世界がヨーロッパそのもののあらゆる真善美に及ぼした実存的脅威とを典型的に示す――イギリスのミュージックホールにすでに見られた――低俗な大衆文化であった。

こうした見方をみごとに描いたのが、ウルグアイのエッセイストで批評家のホセ・エンリケ・ロド（一八七一～一九一七年）である。彼の作品『アリエル』（一九〇〇年刊行）は過去一世紀にわたってラテンアメリカのアメリカ合衆国にたいする反応を形成する力となってきた。かつてわれわれは思っていた、とロドは言う。イングランド人は邪悪であって――彼らの実証主義やプラグマティズム、より高い文化と価値観を無視して物欲に溺れている彼らの姿は昔も今もぞっとする、と。しかしアメリカ人はさらに邪悪である――彼らはイングランド人、それも良質な部分を取り除き、その空《あ》いたところに邪悪な性格を詰め込んで膨らませたイングランド人である、とロドは言う。イングランドには貴族社会があって、商人階級がもたらす最悪の影響からイングランド社会を保護しているが、アメリカでは「俗悪《ヴァルガリティ》の精神が水嵩を増すのを抑える防護壁がないまま、果てしなき平原全体に襲いかかる洪水のごとくに広がり、溢れている」[36]と。

ソ連の文筆家ゲンリヒ・ヴォルコフは、アメリカ資本主義体制の中心構造に問題の原因を見た。それは、「人間や個人、精神文化全般への敵意、利益のためとあらば人間の血液のみならず、生身のからだとその鼓動を打つ心臓をも利用せんとするシャイロック的熱情《パッション》」[37]である。

アメリカの資本主義体制はシャイロックのいう肉一ポンドを取った後、そのえじきとなって疲弊し、戸惑う人びとに「代償」を与える。その代償とは、「安っぽい文学、どぎつい映画やくだらないテレビ番組、低俗な見世物、ポルノ、麻薬、幻覚剤」[38]である。

アリクサンドル・ソルジェニッツィンとソ連の体制擁護派（たとえばヴォルコフのような）は、多くの問題で意見を異にしたが、ことアメリカ文化にかんする見方では一致している。ソルジェニッツィンが一九七八年のハーヴァード大学の卒業式で行った有名な演説の一節は、ヴォルコフが書いたとしてもおかしくない。その偉大な反体制派作家ソルジェニッツィンはアメリカのポップカルチャーについて、「ずかずかと入り込んでくる不快な宣伝や、思考を麻痺させるテレビ、耐えがたい音楽」[39]など、人を白痴化させる要素を混ぜ合わせたものと特徴づけた。

ムスリム同胞団の著名な理論的指導者であり、ムスリムの反アメリカニズムの歴史において非常に強い影響力を持つ人物サイイド・クトゥブは、自らが目撃したアメリカ文化について同様の見方を示した。彼はアメリカ女の話からはじめる。

アメリカ女は自分のからだが放つ魅力をよく知っている。彼女はその魅力が、顔の表情、意味深な瞳、乾いた唇にあることを知っている。豊かな胸、張りつめたヒップ、引き締まった腿、すらりとした脚にあることを知っている――そして彼女はすべてこの魅力を披露し、それを隠さない。

アメリカ男も男なりに、アメリカ女とたいして変わらない。

〔アメリカ男の〕この幼稚さはフットボールの試合を熱心に応援しているときや……ボクシングの試合や血みどろのレスリングの試合を観戦しているときのファンの光景に見られる……その光景からは、筋肉の逞しさに惚れ惚れとし、それを羨ましがる連中の感情の幼稚さが紛れもなく見て取れる。

これらのことを考え合わせると、教会の地下室で行われるお目付け役のいるダンスにおいてさえ、まったくひどいことが起こりはじめる。

彼らは蓄音機から流れる曲に合わせて踊り、ダンス会場はタップを踏む靴、誘惑する脚、腰にまわす腕、唇に押し当てる唇、胸に押し当てる胸でいっぱいになる。会場の雰囲気は欲望で満ち溢れていた……牧師（minister）は……蓄音機のところまで行き、まだ椅子に腰かけたままでいる男女をダンスに誘《いざな》うため、この雰囲気にぴったりの曲を選んだ。その神父（father）［原文ママ］※が選んだのは、アメリカの有名な曲『ベイビー、外は寒いぜ《イッツ・コールド・アウトサイド》』であった。[40]

※あくまでもムスリムの感覚で、キリスト教用語の細かな違いを無視して書かれているが、ここでクトゥブは明らかにプロテスタントとカトリックの聖職者の肩書き（牧師 minister と神父 father ）を同一人物を指すのに用いている。

実に不快でありながら、どこか危険な香りのする魅力を放ち、禁欲的でありながら、猥褻でもある、このおぞましいアンダーカルチャーはほぼ二世紀にわたって外国人を恐れさせてきた。アングロ－アメリカ文化はその大半の時期、世界のいかなる国の文学や芸術よりも性的話題を抑えてきた。それはバルザックとゾラをサッカレーとトロロープと比べてみれば明らかである。多くの外国人が衝撃を受けたのは、英米文化が解き放った社会的（性的でなく）自由《ライセンス》であった。下層階級や女たちによる文化の生産とその社会的消費が高まってきたことであり、あまり勢いのないハイカルチャー（上位文化）と力強く成長を続けるポピュラーカルチャー（下位文化）とのあいだの差が広がってきたことである。

アングロ－アメリカのハイカルチャーは、いやしくもそれが存在しているところではどこでも、「無教養な俗物《フィリスティン》」——美術にとっての敵、繊細さの敵である——とみなされた。英語圏の上流階級はオペラ鑑賞よりも、乗馬や狩猟に行くのを好んだ。下層階級はミュージックホールやヴォードヴィル、二十世紀に入ると、映画を通じて、ますます多くの人びとがカルチャーシーンを占めるようになってきた。

蓄音機などを大量生産する技術は、英語圏のポピュリストや俗悪なローカルチャーの影響を増幅した。最初のポピュラーカルチャーは旅行である。映画の登場によって、世界中の一般の人びとがアメリカのライフスタイルを見て、それを自分の生活に活かすことができるようになった。おきゃん《アパティ》な女たち、独立した労働者や農民、それに若者は、伝統や親に縛られることなく自分自身の人生をスタートさせる準備ができた。アメリカの大衆向けカルチャー製品が切れ目なく市場に溢れ出し、至る所で政治的・社会的影響力を持ちはじめた。エリートや伝統主義者はこれらを苦々しい思いで見てはいたが。

アメリカの音楽もまた、ラグタイムやジャズの時代からヒップホップの時代へと移り変わるなかで、ヨーロッパ文明からは文化的な災厄と脅威の兆しとして受け取られた。その危険はしばしば人種的・民族的な言葉使いのなかに見られた。アカデミー・フランセーズの会員で『アメリカ――脅威《メニス》』（一九三一年）などの作品で知られる作家ジョルジュ・デュアメルは、「北アメリカは、画家に閃《ひらめ》きを与えるもの、彫刻家の心を燃え立たせるもの、音楽家を曲づくりに向かわせるものは何一つない。ただモノトーンのニグロを除いては[41]」と書いている。

ヨーロッパ人のこの既存の分析にもとづいて事を進めようとしていたのが社会批評家としても有名なアドルフ・ヒトラーであった。彼はかつて、「アメリカ社会の行動にかかわるすべては、その半分がユダヤ人によって、あとの半分がニグロによってなされたものであることを示している[42]」と述べた。〔一九二〇年に〕ノーベル文学賞を受賞したノルウェーの作家クヌート・ハムスンはそれをとても簡潔に、「アメリカは、知的エリートを育てる代わりに、ムラート〔＝白人と黒人の混血〕の種馬飼育場《ムラートー・スタッドファーム》を建てた[43]」と表現した。

ヨーロッパ人はアメリカの人種政策を残酷かつ不当であるとして非難する一方で、アメリカのアフリカ的側面に感染するのを恐れた。一九五〇年にドイツの週刊誌デア・シュピーゲルに掲載されたアメリカ音楽にかんする身の毛もよだつような記事からは、容易に人種的含意を読み取ることができる。そこにはこう書いてある。スラムで生まれたこの官能的で律動的な音楽は、アメリカの若者を「音楽だけに支配された先住民の何かに取り憑かれた呪《まじな》い師」に変貌させた、と。またエルヴィス・プレスリーについて書かれたある記事は、彼の魅力がいちばん伝わった相手は「恍惚となって荒れ狂う野蛮人」と「未開人」[44]であると示唆している。

　最近では、黒人を虐待しているからといってアメリカ人を嫌い、黒人がいっぱいいるからといってアメリカ人を蔑むことができる才能をアラブ世界に見いだすことができる。サウディアラビアの新聞に最近掲載された一コマ漫画には、コンドリーザ・ライス国務長官〔当時〕が、黒人嫌い《ニグロフォービック》の想像をかき立てる誇張されたステレオタイプの諷刺画に描かれていた。彼女の耳に飾られたダヴィデの星のイヤリングは一層の恐怖心を煽った。[45]サイイド・クトゥブはジャズについて語り、「この音楽は未開のブッシュマンが原始的な欲求を満たすために生み出したものであり、その欲求は一方で雑音を求め、もう一方で騒々しい獣の叫びを欲した」[46]と評した。

　アメリカの音楽的功績を擁護しようとする国内外の知識人は、アメリカのポピュラー音楽が最終的に一定の知的敬意を得る手段はジャズであると主張した。しかしジャズに少しも感銘を受けなかったフランクフルト学派のテオドール・アドルノは、「大衆文化《マス・カルチャー》が次第に御大層なものになるのに誤り導かれて、クラリネットがはずれた音をキーキー鳴らすからといって流行歌《ポピュラー・ソング》を近代芸術《モダン・アート》と考えたり、三和音の代わりに奏でられる調子っぱずれな音《ダーティー・ノーツ》を無調性《エイトナリティ》と勘違いする者は、もうそれだけで野蛮さに降伏している」[47]とし、アメリカの大衆文化は、「どこまでが許容された放縦《イクセス》かを感じない鈍感《スチューパー》さを自由の王国《レルム・オヴ・フリーダム》と勘違いして」いると書いた。

シリア人民議会のムハンマド・ハバシュ議員からみると、アメリカのポピュラーカルチャーの俗悪さは、アメリカ人の生活のニーチェ主義的《ニーチェアン》な基盤に関係しているという。ハバシュはニーチェについて、「私見によると、彼はアメリカの行政機関の哲学者であり、アメリカの政策の哲学者である」と述べている。ハバシュは特に、今日の世界におけるアメリカの政策の根底にある考えをニーチェの格言を引いて説明する。「われわれが自分の国の文化を築かんと欲するなら、弱者を粉砕し、弱者を圧服し、彼らを粉砕し、彼らの屍の上を越えて行かねばならぬ。われわれが文化を築くには、この義務を果たさねばならぬ」[48]と。これはアメリカ文化への非難ではない、要はニーチェが尊敬されるべき哲学者であるということだとハバシュは言う。

ハバシュはアメリカのポピュラーカルチャーを単なるビジネスとは見ていない。文化を通じた暴力と退廃のプロパガンダによって、アメリカ社会が全体としてニーチェ主義的なプロジェクトを実行しているというのである。

> たとえば今日ハリウッドを通じて世界に輸出されている文化は、暴力の文化、映画の文化であり、それはふつう警官が血を流し、強盗が恋人を抱き締め、煙草を吹かすシーンで終わる。このようなイメージは、残酷さを讃美し、腕力を讃美し、その力と武器で勝利を得た男を讃美している。[49]

カルタゴは古代ユダヤの近くから逃れてきたセム系の移民〔＝フェニキア人〕によって建設された

と（信憑性は低いが）言われており、ワスポフォーブはたいてい――ヒトラーやスターリンのように――反ユダヤとなる。アングロ‐アメリカ社会の「シャイロック的」性格にたいするゲンリヒ・ヴォルコフの批判は、英語国民《アングロフォン》の敵対者たちがますます問題視するようになっているテーマをそれとなく示唆している。

今や中東イスラーム諸国にも広がりを見せている長きヨーロッパの伝統は、アングロ‐サクソンとその追随者たちの神なき資本主義をユダヤ人勢力の台頭と結びつけている。一二九〇年、国王エドワード一世はユダヤ人をイギリスから追放した。その後クロムウェルの時代にユダヤ人の帰還が許され（ただしその時点ではまだ国内では隅に追いやられ、猜疑心をもって見られる存在であったが）、十七世紀以降になるとイギリス社会においてその地位を高めていった。十九世紀にベンジャミン・ディズレイリ――キリスト教徒ではあるが、ユダヤ人の末裔としての誇りを公言していた――が堂々とイギリス政界入りしたことにヨーロッパ人たちは眉をひそめた。十九世紀末までには、特にボーア戦争――ヨーロッパの世論は概ねこの戦争をユダヤ人の金持ちの利益を守るために善良な農民（「ボーア」とは、農民を意味するオランダ語）を攻撃したものと捉えた――の頃になると、ユダヤ人とアングロ‐アメリカ資本主義とのあいだの結びつきは多くの観察者にとって自明のこととなっていた。

このテーマは二十世紀初めにフランスのカトリックと右翼ナショナリストによる反ドレフュスのプロパガンダで顕在化し、戦間期のフランス右翼にとってちょっとした強迫観念となった。「流浪の《ディラースィネイティッド》」「コズモポリタン」たるユダヤ人は、あらゆる価値のうち金銭《かね》による支配だけが信じられたアングロ‐サクソン社会のなかで遠ざけられ、持って行き場のない嘔吐物《スピュー》の役割を果たすのにうってつけであった。ここでもまた、イギリスに輪をかけて邪悪だったのがアメリカである。ファニー・トロロープがヤンキーの特徴を定義したとき、金儲け《ルーカー》を愛する点でヤンキーは「アブラハムの末裔」にそっくりだと彼女は指摘した。[50]
アングロ－サクソン資本主義はすぐに金権政治《プルートークラスィ》に堕し、アングロ－サクソン人が自慢にする民主的な制度と価値観は単なる見せかけにすぎないと大陸の批評家は主張する。一握りの大富豪が裏で糸を引いている——無論のこと、彼ら資本家や富豪はたいていユダヤ人であった。ナチスの煽動者は、その真偽はともかく、フランクリン・ローズヴェルトと「ユダヤ人」との結びつきについて嬉々として語った。ローズヴェルトの財務長官〔ヘンリー・モーゲンソー・ジュニア〕はユダヤ人であった。国務長官コーデル・ハルの結婚相手もユダヤ人であった。ここにもう一人魅力的なターゲットが現れた。ウィンストン・チャーチルである。反ユダヤ主義のアルフレッド・ダグラス卿——彼の凶暴な父親が息子ダグラスと同性愛関係にあったオスカー・ワイルドにたいしてとった行動はワイルドに深い悲しみを与えた——は、チャーチルがユダヤ人資本家サー・アーネスト・カッセルに軍事機密情報を提供した（それによってカッセル一味は投機で一儲けした）見返りにカッセルから四万ポンドを受け取ったとしてチャーチルを告発した。ダグラスは、この話をでっち上げだとする新聞社を名誉毀損で告訴し、その裁判でチャーチルについて次のように証言した。

金銭《かね》がなく、権力を切望するこの野心的で才気煥発な御仁は、ユダヤ人の罠にはめられたのです……彼の邸宅はサー・アーネスト・カッセルから提供されたものです。[51]

ダグラスが裁判で勝ち取ったのは、わずか一ファーシング（四分の一ペニー）にすぎなかった。これに激怒した彼はその後も、カッセルの影響下にあるとしてチャーチルを非難する三万部のパンフレットを発行した。ダグラスは刑事上の名誉毀損罪で逮捕され、再び裁判となった（ただし今度はダグラスが被告として）。裁判の過程で、チャーチルとその裕福なドイツ生まれの資本家との関係についてより詳細な事実が明らかとなった。カッセルは自らの懐からチャーチルの原稿料・講演料を支払い、チャーチルに結婚祝いとして現金（二〇〇六年現在の米ドル換算で約四万ドル相当）を渡したというのである。カッセルはまた、ロンドンのサウスボルトン・ストリートにあるチャーチルの邸宅に彼のための「小さな書斎《ライブラリー》」を提供したともいう。

チャーチル側が不正行為を働いたという証拠は少しも挙がらなかったが、チャーチルとユダヤ人資本家とのあいだの隠れた金銭的つながりの噂は消えず、一九三〇年代にナチスによって蒸し返されることとなる[52]。

フランスでは一九二〇年代から三〇年代にかけて、噂される在米ユダヤ人資本家勢力とアメリカによるフランスへの戦債返済要求に世論の怒りが沸騰した。多くのフランス人の心のなかで、「オーンクラ《アンクル》・シャイロック」は「オーンクラ《アンクル》・サム」に取って代わり、反ユダヤ主義と反自由主義が結合し、それだけでは終わらず、憎きユダヤ－サクソン勢力という像ができあがった。一九一九年のヴェルサイユ条約に批判的なヨーロッパ人のグループは、「これからの世界はユダヤ分子の影響を受けたアングロ－サクソン民族によって統治されることとなるであろう[53]」と概嘆した。今日この嘆きは、ムスリムのウェブサイトに見ることができる。

アングロ－サクソンの脅威というこの新たな憂慮すべきものの出現にユダヤ人の影響力を見たのは、これまたナチスだけではなかった。ティン・パン・アレー（＝音楽業界）やハリウッド（＝映画業界）におけるユダヤ人の成功――今日で言えば、新世代のアフリカ系アメリカ人の芸術家や興行主がそれぞれの分野で成功を収めつつあるようなもの――は、ヨーロッパの多くの観察者の目には、アングロ‐サクソン人とヘブライ人の結合というさらに不気味な兆候に映った。金権政治と俗悪は、抑えがたい強欲と頑固で飽くことを知らぬ権力欲に結びついた。こうしてアングロ‐サクソン人は彼らに立ちはだかる人びとの前に姿を現したのである。

ハリウッドに大挙してユダヤ人が押し寄せてきた――ハリウッドでは著名なスタジオ監督、俳優、作家、プロデューサーの多くはユダヤ人であり、彼ら第一、第二世代の移民たちはアングロ‐アメリカ世界の文化的権力構造にすぐに同化することができた――ことによって、ワスプ嫌いの世論に火がつき、ワスプ嫌いとユダヤ嫌いとの結びつきが強まった。ワスプとユダヤ人は明確に連携し、世界中の道徳心《モラル・ファイバー》を破壊する大がかりな陰謀にかかわる一方、最悪の場合はアングロ‐サクソン‐ジューイッシュ「文化」と資本主義が持つ凶暴さと残虐さでもって人びとを痛めつけた。

ワスポフォーブの世界

本物のワスポフォーブは、傲岸不遜で恐れを知らぬ烏合の衆が教養ある少数派からしか支持されない複雑繊細なる成果を平然と足蹴にする俗悪《ヴァルガリティ》の跳梁跋扈《ちょうりょうばっこ》する国であるがゆえにアメリカを嫌う。そしてまた、絶大な力を持つ金持ち《プルートクラット》たちが貧苦に黙々と耐える民衆を塵芥《ちりあくた》のごとくに踏み潰す恐ろしく不平等な国であるがゆえにアメリカを嫌う。本物のワスポフォーブは、かつてのピューリタンと同様に娯楽とセックスを忌避するがゆえにアメリカを嫌い、退廃的な快楽主義《ヒードゥニズム》が性を商品化しているがゆえにアメリカを嫌う。ワスポフォーブは、アメリカの軍事優先主義《ミリタリズム》と野蛮な武力行使を嫌うのと同時に、自己の信ずるもののために死を賭して戦うことを厭うアメリカ国民の臆病と惰弱とを蔑む。アメリカ人は自分の関心事にのみ没頭し、それ以外のことはすべて打っちゃり、世界のことに無関心であるがゆえに嫌われて当然であり、自分の価値観を世界中に押しつけたがる性向を頑固にいつまでも改めようとしないがゆえに抵抗されて当然である。アメリカは卑劣で、疲弊し、退廃的な社会であるがゆえに誰もが軽蔑し、活力旺盛で膨張的な国であるがゆえに誰もが抵抗する。アメリカ人は無邪気《ナイーヴ》で世間知らずな反面、抜け目がなく悪賢い。アメリカ人のなかには、宗教的法悦にひたるホーリー・ローラーもいれば、宗教にも世俗にも価値を認めない冷笑的《スィニカル》なユダヤ人の相場操り師《マニピュレーター》もいる。アメリカ人のなかには、ホーマー・ジェイ・シンプソン〔＝人気テレビアニメの主人公〕のように肥満で怠惰なカウチポテト族もいれば、冷淡で、悪意に満ち、狡知に長け、情け容赦なく競争相手から資産を奪い取る狡猾で非情なビジネスマンもいる。アメリカ男には、あらゆる拘束や文明的規範を踏みにじる無謀で無鉄砲な無法者《カウボーイ》もいれば、暴君的な妻の言いなりになる去勢された女々しい恐妻家もいる。アメリカ女には、行きずりの男と一夜をともにする淫乱な尻軽女もいれば、女らしさのかけらもなく、痩せぎすの顔をして、氷のように冷たく、平気で人を殺せる女もいる。アメリカは自己陶酔して精神的な悩みを抱えてめそめそと泣き言をいう者やトゥエルヴ・ステッパーズ〔＝精神疾患やアルコール依存症などから更生するための十二段階プログラムの受講者〕のいる軟弱で哀れな国であると同時に、勝者が敗者を食い物にし、連帯も共感も踏み潰されてしまう機械化された残酷な国でもある。アメリカは高潔な黒人マイノリティを虐待し抑圧する国であると同時に、世界の多感な若者たちに向けてアフリカ発祥の汚物《フィルス》を撒き散らすポピュラーカルチャーの本場として堕落し、雑種化《モングルライズド》した社会でもある。アメリカは国際システムの安定性を徒に危険にさらす世間知らずの理想主義によって世界の平和を脅かす国であると同時に、世界中で大衆の暴動や抵抗を招くほどに非情かつ冷酷な政策によって戦争を助長する国でもある。アメリカは原理主義者とキリスト教徒の国であるがゆえに邪悪であるとともに、ユダヤ人が支配する国であるがゆえに邪悪でもある。

こうした形の反アメリカニズムは単なる感情にとどまらない。それは必ずしも首尾一貫したものではないが、包括的な世界観を持っている。ともに学者であるイアン・ブルマとアヴィシャイ・マルガリートは、そうした世界観を彼らがいうところの「オクシデンタリズム」という現象――十八世紀啓蒙の多様な側面にたいする首尾一貫した対抗イデオロギーを展開しようとするヨーロッパ人と非ヨーロッパ人の著述家や政治思想家による数多くの試み――と関連づけている。〔ブルマ＝マルガリートの『反西洋思想』（堀田江理訳、十七頁）は、「『敵』によって描かれる非人間的な西洋像のこと」を「オクシデンタリズム」と呼んでいる。〕オクシデンタリズムは、自由資本主義的近代性《リベラル・キャピタリスト・モダーニティ》を体系的に憎悪し嫌悪するという点ではワスポフォビアと共通している。ただし両者が異なるのは、オクシデンタリストがイギリスやアメリカ（または両国）を常にこの憎き近代性の主要な元凶や勢力とみなすとはかぎらないのにたいし、ワスポフォーブは常にそのようにみなすという点である。

皮肉なことに、フランスはしばしば非ワスポフォーブのオクシデンタリストから主要な悪役《ヴィラン》に見られている。ドイツ文化を憎きフランス啓蒙思想の影響から解放するために戦ったドイツ浪漫派、フランスの文化的・政治的支配にたいするアルジェリアの叛逆者、そして世俗的近代性と急進的ジャコバン派の伝統（教会と国家の分離のみならず、国家による教会の政治的影響力排除）に反対するカトリック伝統主義者はいずれも、（フリーメイソンやバーバリアン・イルミナティに支援された）フランス革命を人類に混乱をもたらす悪の根源とみなした。さらに東に目を向けると、ロシアの精神史は、ロシア人の精神の内なる豊かな世界を維持するためにドイツ啓蒙の「冷酷《コールド》で、残酷な光《クルーアル・ライト》」に反発した

――汎スラブ主義者その他の――オクシデンタリストたちで溢れている。中央アジアには、ロシアからの憎き西洋化《ウエスタナイズィング》の影響を排除することを望むオクシデンタリストたちがいる。

しかしながら時間の経過とともに、世界におけるアメリカの政治的・経済的・文化的力がフランス、ドイツ、ロシアのそれと入れ替わり、さらに抜きん出てくるにつれ、オクシデンタリズムはワスポフォビアとの結びつきを一層強めるようになっている――ちょうどワスポフォビアの想像上の大サタンがイギリスからアメリカへと次第に入れ替わっていったのと同様である。オクシデンタリズムそのものが消滅する可能性は低いが、今後ますますアメリカが注目の的となる可能性は高い。オクシデンタリストは、アメリカが西洋全体、いや世界全体に見られる傾向を最も純粋に表出しているがゆえにアメリカを嫌うことだろう。ワスポフォーブは、たとえ西洋以外の国であっても、アメリカ社会の価値観と考えにどっぷりと浸った国やアメリカと似通った国であるならば、その国を嫌うことだろう。一方、オクシデンタリストは、唾棄すべき西洋のイデオロギーと価値観を最も純粋に表出し、政治的に他国を圧しているがゆえにアメリカを嫌うことだろう。

またオクシデンタリストと反米主義者の仲間として、反ユダヤ主義者を挙げなければならない。オクシデンタリストも反米主義者もユダヤ人を嫌っている。なぜならユダヤ人でありかつイスラエル人（またはそのいずれかに属する人びと）が西洋人やアメリカ人の盟友となっているからである。反ユダヤ主義者は西洋人やアメリカ人を嫌っている。なぜなら西洋人やアメリカ人がユダヤ人の奴隷となっているからである。

これら近代性《モダーニティ》を嫌悪する者たちの三つのグループいずれにとっても、アメリカとアメリカが象徴するものすべては苛立ちの種といって済まされるものではない。アメリカとその文化、生活様式、そして価値観は、国境を越えてはるか遠方の人びとにとっても脅威なのである。その脅威たるや遍《あまね》く存在し、全体的で、強い恐怖感をもたらす。あるモロッコのフェミニズム社会学者は、メッカがアメリカ空軍に守られた湾岸戦争（一九九一年）のときのアラブの男たちの感情を次のように描いている。

敵はもはやこの地球上にいるだけではない。敵は天も星も占有し、時間を支配している。敵は人の妻をテレビの虜にしてしまう。テレビの乱反射する光は、顔をヴェールで覆い隠していても平気で透り抜けてしまう。爆弾なんぞ、新たなご主人様にとっては附属のアクセサリーにすぎない。巡航ミサイルはいざというときにやむをえず生贄として捧げるためにある。平和なときには、ご主人様がわれわれに「ソフトウェア」をたっぷりとお恵みくださる。宣伝文句、子供向けの歌、毎日の技術情報、免許取得過程、習得すべき言語・礼儀作法などなど。われわれ奴隷の日々は慌ただしく過ぎ去り、われわれの屈辱感は麻痺させられる。[54]

今日の状況をみれば、現代消費経済の商品が流通するあらゆる場所、現代メディアのメッセージが電波に乗って届くあらゆる場所にアメリカが存在している。世界のほぼすべての国において世論とエリートの有力なグループは——たとえ政治的にではなくとも、経済的に——「アメリカナイゼーション」のプログラムを受け入れている。帝国主義《インペリアリズム》はもはや征服や入植の問題ではなく、第二次世界大戦後に一部のフランスの知識人が取り憑かれた恐怖——マーシャルプランによってフランスが「コカ・コロナイゼーション（コカ植民地化）」されてしまうのではないか？——と同様、精神的侵略であり、消費にもとづく征服である。

「アメリカはわれわれの生活のなかに、われわれムスリムを堕落させせない場所を残しているか？」

と問うたのは、エジプトのタレク・ヒルミーである。アメリカは国連、世界銀行、IMF、GATTなどの国際システムを使って、不幸なイスラーム世界を分断し、弱体化させ、搾取している。しかし望みはある。システムは巨大になればなるほど、一層激しく衰退するからである。ヒルミーは「著名な経済学者リンドン・ラルーシュ」の言葉を引き、目前に迫り来る金融危機と崩壊を予期している。アングリカン・コミュニオンで行われた「男色者《ソドマイト》」の主教の叙聖式《オーディネーション》は、アングロ－アメリカの崩壊が（不思議なことに、久しく起こらなかったが）迫っていると信じてよい新たな証拠である、と。[55]

今日の体系的な反米主義者は、世界のなかでますますその存在感を増しているアメリカの多様な側面を「明白なる定め《マニフェスト・デスティニー》」というアングロ－サクソン人の古めかしい世界支配計画の一部と見ている。

彼ら反米主義者の恐怖にはまったく根拠がないわけではない。世界中に民主主義を広めていくべしというアメリカの使命をジョージ・W・ブッシュのような政治家が語るのを耳にするとき、あるいは特定の男女関係のあり方を世界中に広めていくことに熱心で、アメリカ政府の圧力を借りてそれを実行しようとするアメリカのフェミニスト団体の主張に耳を傾けるとき、あるいは将来いかなる国であれアメリカとの軍事的均衡を追求する試みを思いとどまらせる必要性を力説したペンタゴンの計画書類に目を通すとき、あるいは国際的反発を押し切ってアメリカのインターネット支配・管理を続けるよう主張しながら新たな市場の開拓をめざしているアメリカ企業の動きに注意を払うとき、そのいずれの場合においても、非アメリカ人がアメリカの地球規模の影響を抑える方法は何かないものかと思案することは許されてよい。

反米主義者にとって、大国アメリカに見られるあれこれの兆候は単なる気がかりの種で済む問題ではない。それらは人間の生活《ライフ》にとって価値のあるものすべてを危険にさらす脅威が高まっていることを示す兆候なのである。例のごとくフランスにはアメリカの勝利を生活にたいする機械の勝利とみなす長い伝統があるが、ここでは反米主義の見方を最も的確に表現したドイツの哲学者マルティン・ハイデガーの思想を見ていくこととしよう。アメリカ人の文化と生活、ハイデガーの思想にいう「アメリカニズム」とは、有意味な生き方《ウェイ・オヴ・ライフ》からかけ離れた人間性《ヒューマニティ》の道が辿り着くおぞましい最終目的地である。アメリカは生活というものを無意味な製品の消費と無意味な出来事の経験にまで貶めており、人間関係から価値あるものすべてが剝落《はくらく》している。これは、テレビで妻を誘惑し、映画やヴィデオゲームによって息子や娘の人気をさらうといった、非地理的ながら依然として帝国たるアメリカという見方である。

一九三〇年代初め、ハイデガーはソ連とアメリカを双子の悪魔《トゥイン・イーヴルズ》とみなした。この双子の悪魔は真の人生《ヒューマン・ライフ》にたいする機械と道具の勝利をそれぞれの形で表現した。ハイデガーは少なくとも一時、ナチス・ドイツのことを双子の脅威からヨーロッパを守るのに最もふさわしく、最も崇高でさえあるとまで見ていた。ロベルト・ライと同様、あるいはドイツのリス愛好家の若者と同様、ハイデガーは愛しのブラウンが攻撃的な黒リスの爪に引っ掻かれることを恐れた。ナチス政権崩壊後、同じ悪魔でも、マルクス主義者の機械の方がアメリカ人のそれよりも危険でないと判断したハイデガーは、マルクス主義との知的対話を通じて効果的な反アメリカ連合への新たな道が開かれるのではないかと期待した。

左翼と右翼とを問わず、今日広くヨーロッパやラテンアメリカの反アメリカニズムの中心にあるのが依然としてこのハイデガーの見方である。イスラーム世界の思想家たちもやや異なる思考プロセスを経て同様の結論に達した。今日マルクス主義左派の生き残り、環境保護の過激派、多様な傾向を持つ種々雑多な急進的ポストモダニスト、急進的ムスリムのあいだの一部分子が、自由資本主義的近代性、イスラエル、アメリカを憎悪するという共通の立場で一致団結する道を模索しているように見える。

二〇〇二年十月、ウサマ・ビン・ラディンはアングロ－サクソン人（およびその同志であるユダヤ人）に敵対し、異を唱える人びとが幾世代にもわたって支持してきたテーマを総括したメッセージをアメリカ国民に向けて発表した。ビン・ラディンはアメリカ人を「姦淫、ホモ、酔っ払い、ばくち打ち、高利貸し」、「人類史上目撃されたなかで最悪の文明」の国民と呼び、次のような多岐にわたる批判を浴びせた。

憲法上の国教（国家《ステート》と教会の）分離は神の権威を侵すものだ。アメリカ経済の土台である高利貸しは、ユダヤ人のメディア支配を許し、アメリカ人をユダヤ人の奴隷にしている。アメリカ人は性的不品行を個人の自由とみなし、クリントン大統領が大統領執務室で淫らな行為に及んでも罰しなかった。アメリカ人はばくち打ちである。アメリカ人は女を消費財のごとく扱いながら、婦人解放への支持を訴えている。アメリカの経済・文化には性の商業化・商品化が浸透している。エイズを発明し、広めたのはアメリカの科学者である。アメリカの公害は世界を破壊している――しかもアメリカは京都議定書の批准を拒否している。アメリカ政治は民主主義を装っているだけであり、実際にはユダヤ人が裏で糸を引く金権政治のシステムである。アメリカは世界史上最大の暴力的な社会であり、数ある犯罪のうち最たるものが日本への原爆投下である。アメリカの偽善は他に類をみず、アメリカの民主主義は特権的な白人のためのものである。アメリカは少しも国際法を尊重しないくせに、それを他者に押しつけたがる。九・一一後の愛国者法《ペイトリアット・アクト》その他の厳しい措置は、人権を擁護するアメリカの主張がいかに偽善であるかを完全に暴露している。[56]

反アメリカニズムは、ワスプ嫌い《ワスポフォーブズ》の人たちのあいだで支配的なパラダイムとしてイングランド嫌い《アングロフォビア》に取って代わっているが、海象と大工はユダヤ人とともに今でも世界の多くの想像上の浜辺に出没している。ウサマ・ビン・ラディンは、「これら二つの国の政策がイスラーム世界にたいする最大の敵意を帯びていることはよく知られております[57]」とインタビュアーに答えたあと、本題に戻って次のように語った。

わたくしは二つの側が戦闘状態《イン・ザ・ストラゴー》にあると言っているのです。一方の側はアメリカ、イギリス、それにイスラエルが率いる、シオニストのユダヤ人を加えた地球規模の十字軍《クルセーダー》の同盟がそれです。そしてもう一方の側がイスラーム世界です。[58]

イランのシーア派ムスリムも、古くからの連携が未だに機能していると見ており、それに抵抗する準備を整えている。ロンドンに拠点を置くあるアラビア語の新聞社は、世界に革命を輸出するためのイランの新組織設立について伝える一方、イラン革命防衛隊を代弁するある「理論家」がイランの主要な敵にたいする将来の行動計画を語ったと報じた。

ユダヤ教徒とキリスト教徒は、進歩を達成するのに乱暴と抑圧を手段としていないだろうか？われわれには、アングロ－サクソン文明を破壊し、アメリカ人とイギリス人を根絶するために練り上げた戦略がある。[59]

イランのマフムード・アフマディネジャド大統領は二〇〇五年にこれと似た希望的観測に立って演説をし、イランに敵する者たちはその背教的なやり口の報いを受けて滅びるであろうと予言した。「今日、アメリカ、イギリスおよびシオニストの体制は、神の教えに甚だしく背いているがゆえに消え去る定めにあります。それが神の約束なのです[60]」と。

牡蠣は食べ尽くされたが、浜辺の砂は掃除されないままである――海象と大工、それに彼らの会計処理係であるユダヤ人は、この責任を問われなければならない。

アングロ‐サクソンの文明と秩序に敵対する者たちは軍事、政治、文化において久しくアングロ‐サクソン勢力に対抗しようとしてきた。アングロ‐サクソンの脅威に備えるための汎ヨーロッパ連合の必要性は、過去四世紀にわたる大陸の政治指導者たちの主張のなかに顕著に見られた。神聖ローマ皇帝カール五世とスペイン王フェリペ二世は、霧のたちこめる島の異教徒に対抗すべく、カトリック正統の御旗の下にヨーロッパの統一を試み、そして挫折した。油断のならぬあきんど《ショップキーパーズ》の国の旧弊な専制政治の打倒をめざすナポレオンは自らの企てへの支持を彼の帝国の臣民に強く訴えた。一八七〇年以降フランス知識人は憎き敵ドイツをも含むアングロ‐サクソンの脅威に備えたヨーロッパ連合の結成を唱えていた。ドイツ皇帝とヒトラーは、アングロ‐サクソンの脅威に備えるべく私利を捨ててドイツとともに結束するよう他のヨーロッパ諸国に訴えた。冷戦時代、共産主義のプロパガンディストは、ヨーロッパをアングロ‐サクソンの庇護から遠ざけるべく可能なあらゆる手を尽くした。冷戦後のヨーロッパでは、ヨーロッパ連合の結成を熱心に唱える人びとは、じわじわと広がるグローバライゼーションというアメリカの影響力とアングロ‐サクソンの社会モデルにたいして断固として強力に対抗するためには、ヨーロッパが統合するしかないと主張した。ジャン＝ポール・サルトルはハイデガーの反米思想を戦後ヨーロッパ・マルクス主義の本流に引き込んだが、それは冷戦下の西欧同盟を分断しようとする共産主義者の企てに荷担することとなった。西欧の共産主義者のあいだで長く人気があり、ナチス入党の過去を持つ、この世俗的なドイツ人ハイデガーの考え（哲学体系とまでは言えないまでも）は今日、中東のムスリムのあいだで新たな流行となっている。脅迫的なアメリカのシステムとそれが増殖させるものに抵抗し、それらを破壊するのに有効な手立てを探っている彼らの一部は、ハイデガーの原理的な反アメリカニズムがそれに役立つ手段になると見ている。

こうして過去四百年のあいだに二つの言説《ディスコース》が形成されてきた。アングロフォン（＝英語国民）は、自分たちが自由を擁護し、時にそれを促進し、弱者を保護し、貧しき者に機会を与え、道徳と民主主義の原理を国際社会に広め、国の内外においてより平等でより公正な社会を実現していると自認してきた。一方、アングロフォンの敵は同じ一連の事実を目にしながらも、それらをあらゆる種類の社会的・道徳的な品位《ディーセンシー》への容赦ない攻撃であると捉えた。

こうしたイデオロギーの相違はアングロフォンとその隣国とのあいだの度重なる戦争の原因であったのか、それとも結果であったのか、われわれは憎み合うがゆえに戦ったのか、それとも戦ったがゆえに憎み合うようになったのかという点は議論となりうる。

もちろん（同じ側にあっても）微妙な立場の違いが多々ありはする。必ずしもすべてのワスポフォーブが反ユダヤ主義ではなく、すべてのアングロ－サクソン人がハイカルチャーを嫌っているわけではない。英語圏にもワスプ嫌い《ワスポフォーブ》の人はいるし、フランスにもワスプ贔屓《ワスポファイル》の人はいる。

しかし全体としてみれば、英語圏社会とその隣国や敵国とのあいだの度重なる紛争には、何か非常に本質的で、非常に重要なことが問われていると結論せざるをえない。それは、根本的には、宗教紛争《リリジャス・コンフリクト》である。

「われわれはアメリカを嫌うことで神を崇拝する」と書いたタレク・ヒルミーは、アングロフォーブと反米主義者の連綿と連なる系譜のなかで、そうした結論に至った最近の人物である。

オリヴァー・クロムウェルはこう言った。われわれの敵は「国の内外を問わず、この国の存立そのものを脅かす敵であって、この世界の邪悪な者たちすべてである……〔敵がわれらを憎むのは、〕神の栄光と神の民の利益に仕える者とあらば、自らの内なる激しい敵意の矛先をその者に向けんとするがゆえである。何となれば――これは決して虚栄心から言うのではないが――それらが明白に、そう、明々白々として守護、信奉されているのが、世界の他のいかなる国でもなく、この国であると彼らは見ているからである」と。

ヒルミーとクロムウェルの二人ともが正しいはずがない。

長き戦争

統一された「西洋（West）」の登場にかんする従来の物語《ナラティヴ》は、世界の歴史上最も古く最も激しい文明の衝突の一つを覆い隠している。アングロ－サクソンと大陸ヨーロッパとのあいだの数世紀にわたる戦争である。その戦いに明け暮れた長い年月のあいだに、アングロ－サクソン勢力とそれに敵対するヨーロッパ勢力との紛争において大量の血が流されたが、それを論じるためにその血に等しい大量のインクが消費された。ヨーロッパ以外の地で戦われた紛争を加えると、さらに多くの量のインクが消費された。アングロ－サクソン世界がその批判者から学べることは多い。牡蠣たちの話にも一理ある。「彼ら」が「われら」について話したことの多くは正しくかつ重要である。われわれはそこから学ぶことができるし、須《すべから》く学ぶべきである。

さらにワスプの戦争においては、あらゆる偽善と戯言《ざれごと》、犯罪と強欲の背後にあって何か非常に本質的なことが問われている。実際、アングロ－サクソン勢力の自由主義の帝国《リベラル・エンパイアーズ》は「ユーラシア」大陸側の反自由主義の帝国《イリベラル・エンパイアーズ》とは違っていた。アングロ－サクソン勢力の側にいくら過失があったとはいえ、カトリック絶対主義、ジャコバン派のテロル、ナポレオンの誇大妄想狂、ピューリタンの軍事独裁、ナチス・ドイツと大日本帝国の加虐的《サディスティック》狂気、レーニンの血みどろの「科学的」熱狂、スターリンと毛沢東の殺人偏執狂、レオニード・ブレジネフ体制下で心が麻痺した《マインド・ナンビングリー》無気力な官僚による不当な権力行使、こういったものの復活を求める声は意外なことにほとんど聞かれない。人びとはそれとなく感じている。ウサマ・ビン・ラディンやアヤトラ・ホメイニのような狂信者の偏狭とテロリズムが彼らの同類たちと同様に歴史の掃き溜めに捨てられるとすれば、クロムウェルとその後継者らの最後の敵対者たちが行った主義主張や行動を掘り起こして現代に甦らせたいと望む者は世界にはほとんどおるまい、と。

この長き戦争《ロング・ウォー》の意味を真剣に理解しようとするとき、別にじっくりと考えるべきことがある。それは勝利についてである。

エリザベス一世の治世以来、アングロ－サクソン勢力はヨーロッパその他で反自由主義の敵対勢力と干戈《かんか》を交えてきた。のみならず、それに勝利してきた。最初にイギリスが、次いでアメリカが、過去に類を見ない地球規模の大国《グローバル・パワー》、文化的支配者として登場した。これは傲岸不遜に聞こえるかもしれないが、だからといってその正しさが損なわれることにはならない。アングロ－サクソン勢力は歴史上最も広範で、強力で、文化的に重要な覇権《ヘゲモニー》を築いてきた――そしてこの覇権はアングロ－アメリカの秩序にたいして軍事的・イデオロギー的にキャンペーンを展開する力のある豊かで強い国々からの激しい抵抗にあっている。アングロ－アメリカはもともと強かったものがより強く、豊かであったものがより豊かとなる一方、その敵対勢力はアングロ－サクソンの秩序に順応できるようになるまで恥辱と屈辱に耐えねばならなかった。

マルティン・ハイデガーではなく、クロムウェルならばこう言うであろう――十七世紀から現在に至るまで、悪魔《イーヴル・ワン》とその地上の手先は、英語国民を憎悪し、その誇りを傷つけ、その力を挫こうとしてきた、と。彼らはアングロフォンにたいして巨大な悪の斧を振り上げ、かつてなく大規模な武力と資金力を結集して英語圏に刃《やいば》を向けた――そして彼らは挫折した。ドレークは「カディス港のスペイン艦隊を奇襲し」、「スペイン王の顎鬚《あごひげ》を焦がした。」クロムウェルはスペイン王の心を打ち砕いた。モールバラはルイ十四世の軍隊を打ち破った。大ピットはルイが残した帝国を打ち倒した。小ピットはナポレオン包囲網を築き上げた。ウィルソンとロイド・ジョージはヴィルヘルム二世の前に立ちはだかった。ローズヴェルトとチャーチルはナチスを粉砕し、天から火を降ろして、世界にたいするドイツの犯罪を罰した。トルーマンはスターリンを封じ込め、レーガンは元気なうちにゴルバチョフの失脚を目にした。

すべてこれらの戦争で、アングロフォンは同盟を組んで戦った。アングロフォンは「苦しむ隣人の懇願に応える」勢力である、とジョゼフ・アディソンとともに信じる国々（たいてい弱小国）が常に存在してきた。だがアングロフォンは単独かそれに近い形で立ち向かわなければならない状況をたびたび経験してきた。全ヨーロッパが悪魔のごとき単一の勢力に支配される瞬間――スターリン、ヒトラー、ナポレオンあるいはルイが勝利を手中に収めたかに見えたとき――がそれである。全体主義イデオロギーの信奉者は自信満々に勝ち誇り、アングロ－アメリカはすでに廃れた無用の長物に成り果てたとして一笑に付された。闇の帝王《ダーク・ロード》は勝利を収め、連合軍は敗北し、闇の塔《ダーク・タワー》は空高く聳え立ち、滅びの山《マウント・ドゥーム》から噴き出る恐ろしく毒々しい煙が中《なか》つ国《くに》を覆った。

　だが必ず最後には、いたずら好きなホビットがどうにか勝利をつかむ。闇の塔は崩壊し、ホビットの里には草花が一面に生い茂る。ナルニア国が甦り、魔女は逃げ去る。

　これは現代における最大の地政学的物語である。アングロ－アメリカ勢力が次から次へと絶えず新たな対立と衝突に直面しながらも、誕生と成長、勝利と防衛、持続的な発展を遂げていく物語である。今日アングロ－アメリカ勢力のシステムにとって最も頑強な敵の激烈な憤怒と狂信的な憎悪を理解するのに必要な決定的要素が、この一連の勝利の歴史である。ワスポフォーブにとって十七世紀以降の歴史は途方もなく間違った方向へと進んでおり、対決を経るごとにアングロ－アメリカ勢力のシステムは以前よりも揺るぎない強力なものとなっている。抵抗は必要であるが、抵抗しても徒労に帰す。ウサマ・ビン・ラディンやアブー・ムスアブ・アッ＝ザルカーウィーたちが憎悪と抵抗の叫びをあげる裏には、歴史の潮流が長い年月を経て今や英語国民に向かって流れているという認識が潜んでいる。

　われわれ以外の世界の人びとは、アングロ－アメリカ勢力の過去四百年にわたる歴史を振り返り、その意味を問うている。どうやらこういうことであろうか――神は自由主義者《ゴッド・イズ・ア・リベラル》であり、悪魔はそうではない、と。クロムウェル、トルーマン、アディソン、ピット、彼らになぜ戦っているのか正確な理由を尋ねても、彼らから一致した答えを引き出すのは難しいかもしれない。確かなのは、彼らが何かより良きものを求めていたということである。レーガンが一九八七年にベルリンの壁の前で行った心からの訴え――「ゴルバチョフさん、この壁を取り壊しなさい！」――はまさにそれである。

神が自由主義者であるということは、イングランド宗教改革以来、英語圏勢力が抱いてきた偉大な根本的確信であったが、もしも歴史が神意《プロヴィデンス》を映す鏡であるならば、彼らは正しかった。十六世紀以降すべての世紀においてアングロ－アメリカ勢力は手ごわい反自由主義の敵対勢力と対決してきたが、世紀が終わるごとにアングロ－アメリカ勢力とその世界秩序はその世紀の初めよりも揺るぎないものとなっていた。アングロ－アメリカ勢力は自由民主主義的資本主義《リベラル・ディモクラティック・キャピタリズム》にますます依存するグローバル貿易体制の構築をめざしてきた。彼らの敵はアングロ－サクソン人の慣行と考えに抵抗し、それらの破壊的影響から自分たちの社会を防護するための壁を築こうとした。だがその壁は必ず崩れる。アングロ－サクソン人はこのパターンについて、神が、少なくとも自然の力が、そう望んだとおりの道筋を世界が辿ったまでのことだと信じている。

ロバート・フロストの詩のなかに、「壁を愛さない何かがある」という一節がある。〔詩集『ボストンの北』より〕

現代世界の歴史において、アングロ－アメリカ勢力の世界秩序の発展と隆盛ほど長く続いている重要なものはない。よき女王ベスがサー・フランシス・ドレークにスペイン無敵艦隊の撃退を命じた時代から、ほとんどすべてが変わった。技術も、社会も、政治も、文化も、宗教も。過去四百年間に未曾有の急激な変化が起こったのである。

しかし変わらぬものもあった。エリザベスとクロムウェルの時代に揺籃期にあった世界政治の基本構造――ユーラシア大陸において強まる反自由主義《イリベラル・ヘゲモニーズ》の覇権に対抗する自由主義の海洋帝国《リベラル・マリタイム・エンパイア》――は成長し、存続している。事実そのとおりである。疲れ果てた海象は息を切らして、波の打ち寄せる浜辺に寝そべり、ただ時折、関節炎に罹ったひれ足を上げて、大声で厳しい掛け声をかけた。（まるで第一次湾岸戦争直前のブッシュ・シニア大統領に向かって「さあ、ジョージ、愚図愚図している暇なんてないわよ！」と急き立てたマーガレット・サッチャーのように。）一方、大工は――かつて女王ベスの目が一瞬きらめいたときのように――片方の目で悪魔《デヴィル》に睨みをきかせつつ、もう片方の目で真っ青な海を見やりながら〔身動きしづらい状況にあって〕、砂でざらつく浜辺を今もなおパトロールを続けている。

第二部　すべての国より畏怖と羨望の的となりし

神の命を受けし、ブリテン島
紺碧の海より産声あげしとき
これぞ御国の憲章《チャーター》なりとて
守護天使ら斯く謳《うた》へり

「統《す》べよ、ブリタニア！　ブリタニアよ、大海原を統べよ
ブリトン人は、断断乎として、奴隷《しもべ》とはならじ」

汝ほどに恩寵を受けざりし国は
暴君に虐げられ、辛酸を嘗めん
汝、いと隆盛を極め、自由を謳歌せるも
すべての国より畏怖と羨望の的となりし

――ジェイムズ・トムソン

第四章　海洋国家システムのヴァージョン・アップ

――オランダからイギリスを経てアメリカへ

ワスポフォーブは一つ正しいことを言っている。アングロ－アメリカ人には紛れもなく世界を支配するための秘密の基本計画があり、彼らは三百年間それに忠実に従ってきたという点である。この間、イギリスとアメリカは世界政治への独特のアプローチ――英語圏勢力《イングリッシュ・スピーキング・パワーズ》をして国際問題において常に対抗勢力を凌ぐ成果を上げさせてきたやり方――を厭わずに、しっかりと守り続けることができたのである。

この英語文化圏《アングロスフィア》の大戦略は常に意識されているわけではなく、英語圏勢力の前提や習慣や制度のなかにある程度埋め込まれている。ロナルド・レーガンは悪の帝国《イーヴル・エンパイア》にたいする攻撃計画の立案にあたって、わざわざオリヴァー・クロムウェルの時代に遡って彼の演説を調べたわけではない。ジョージ・ケナンも彼の共産主義封じ込め戦略の策定にあたって、わざわざアン女王の戦争〔＝スペイン継承戦争〕におけるモールバラ公の経済・政治戦略を調べたわけではない。

英米両国の多くの政治家は自分たちが大国に特有のアプローチを共有しているという意識はあった

が、グローバルな大国としてのアングロ－サクソンの秘密計画――グリニッジ長老の議定書――は、決して何かに書き記されたものではない。秘密結社において代々ひそかに語り継がれてきた基本計画でもない。イギリス人、次いでアメリカ人は、自然のままに行動し、自国の地勢、文化、社会の論理に従うことによって、世界のなかで自分たちが直面する問題をうまく処理しつつ、自国の状況に適した柔軟性、永続性のあるグローバルな力を身につけながら、他の諸列強が経験したほどの苦労をせずに一連の課題や紛争に取り組む方法をたまたま見つけたのである。

しかし歴史を顧みれば、覇権国《ヘゲモンズ》たるアングロ－サクソン国家の外交政策を特徴づけているグローバルな政治と他の大国にたいする基本的アプローチがはっきりと分かる。その核となる英語圏の地政学的国家戦略《ジーオポリティカル・パワー・ストラテジー》は、アルフレッド・T・マハン提督の言葉に最もうまく表現されている。十七、八世紀におけるフランスとの戦争を通じて大国イギリスが台頭していく状況を描いたマハンは、「それ以前にあったあらゆる力と比べて、同様に利己的に、攻撃的に、それほど無慈悲にではないが、はるかに首尾よく用いられることが運命づけられた圧倒的な力」の出現、「それが海洋の力《パワー・オヴ・ザ・シィー》であった」[1]と記している。

ただしアングロ－サクソン勢力がシー・パワー戦略を実行してきたのは確かだが、それを発明したのは彼らではなかった。通商帝国《トレーディング・エンパイア》の存在は古代から知られていたし、大陸国家《ランド・パワー》スパルタと長き戦いを続けたアテナイ人は自分たちの国を海洋国家《シー・パワー》と認識していた。マハン自身、ローマ人がカルタゴにいた敵を打倒するためにカルタゴ海軍に勝る海上戦力《シー・パワー》を建設せざるをえなかった状況について詳細に記している。もっと後の時代になると、ヴェネチア人とジェノヴァ人が資本主義的企業《キャピタリスティック・エンタープライズ》と海軍力《ネイヴァル・パワー》とを組み合わせて一大海洋帝国《マリタイム・エンパイア》を築いている。

シー・パワーの近代版はオランダによって発明された。オランダが十七世紀に建設したグローバルな貿易・投資・軍事力のシステムは当時の世界において嫉妬と脅威の的となった。そしてその基本的特徴の多くはその後イギリスとアメリカによって採用された。オランダのシステムは現在世界の多くの地域がそれにもとづいて作動している業務ソフトのヴァージョン一・〇に譬えられる。十八世紀の変わり目にイギリスがヴァージョン二・〇を導入した。そしてそれは第二次世界大戦後にアメリカがヴァージョン三・〇を導入するまで段階的なアップグレードが続けられた。

シー・パワーはヴァージョンごとに貿易と軍事のグローバルなシステムを構築してきた。この海洋国家秩序《マリタイム・オーダー》は、オランダが最初にそれを開発して以来、世界史においてますます重要性を高めてきている。過去四百年の世界史はわずか十二文字に縮約できるといっても過言ではない。海洋国家秩序の主導権がオランダ（the United Provinces of the Netherlands）からイギリス（the United Kingdom）を経て、最後にアメリカ（the United States）へと移るにつれ、大国の物語も「ＵＰからＵＫを経てＵＳへ」と移り変わる。

「われは常にスペイン王に忠誠を尽くせり」

すべては低地諸国《ロー・カントリーズ》からはじまった。現在オランダ、ベルギー、ルクセンブルク、北フランスの一部に分かれている北西ヨーロッパ諸州からなるこの地域は、長らくヨーロッパで最も繁栄した先進地域であった。毛織物は、中世ヨーロッパで生産されたもののなかでも世界中から熱心に買い求められた数少ない商品の一つであった。イングランドから高品質の羊毛を輸入し、それらを紡毛や梳毛に紡ぎ直した織物をイタリアの貿易業者を介して中東の都市の豊かな市場で販売する能力は、低地諸国に数世紀にわたって繁栄をもたらし、洗練された工業生産と先進技術による造船の基盤を確立した。

これらの豊かな州（プロヴィンス）は中世の後半、ブルゴーニュ公国の封建支配下に置かれていた。その支配は豪気公シャルル〔＝無鉄砲公、猪突公などとも呼ばれる〕がナンシー奪還に失敗して戦死した一四七七年一月まで続いた。豪気公は封建精神《ヒュードル・スピリット》の最後の体現者と呼ばれたが、いずれにせよその死後、彼に唯一残された娘〔マリー〕は神聖ローマ皇帝マクシミリアン一世に嫁ぐこととなり、低地諸国は遺産狩り《レガスイ・ハンティング》の帝国ハプスブルク家の手に渡った。

積極果敢な縁組みは、ほどなくしてハプスブルク家にさらなる幸運をもたらす。マクシミリアンの息子〔フィリップ端麗公〕がスペインのフェルナンド二世とイサベル一世とのあいだの娘（後継者）〔ファナ〕と結婚し、〔端麗公とファナとのあいだの息子で〕マクシミリアンの孫にあたるカール五世（一五〇〇～五八年）の下、ハプスブルク家はヨーロッパの大半と（スペインの征服者たちが急速に獲得を進めた）新世界とを支配することとなる。低地諸国はブルゴーニュ公国の最も重要な所領から、ヨーロッパ政治のあらゆる混乱と闘争に巻き込まれる、広大な帝国内の小さくも豊かな一地域となった。

滑り出しは実に快調であった。ハプスブルク家は低地諸国の裕福な中産階級《バーガーズ》に課税した――が、この巨大な帝国の統治は商売上もプラスに働いた。低地諸国の優秀な兵士、造船技師、貿易業者、商人たちは、急速に拡大するハプスブルク帝国のなかで重要な役割を担った。またアメリカ大陸から収奪した金《ゴールド》の多くがアムステルダムの中産階級のもとに流れた。

しかし時が経つとともに、世界に版図を広げる帝国と低地諸国諸州との関係は悪化した。低地諸国はハンガリーや地中海におけるハプスブルク帝国とオスマン帝国との争いのように遠方で行われる戦争の費用を捻出するために課税されることに反対した。ますます反抗的となった各州の商人や貴族にとって、そのような戦争は商売の邪魔であって、商売を妨げる戦争のために税を徴収されることが割に合わなかったからである。一五五六年のカール五世退位をきっかけに、ハプスブルク帝国はオーストリア領とスペイン領に再び分裂した。カールは息子のフェリペ二世にナポリとミラノ、シチリア、ネーデルラント、スペインの王位を譲った。一方、フェリペ二世の叔父〔カールの弟〕のフェルナンドは戴冠して神聖ローマ皇帝フェルディナント一世となった。フェリペ二世は未だ無秩序に広がる支配地の再編と中央集権化を図ったが、低地諸国諸州は自治権の喪失に怒り――ハプスブルク家の命令を執行するために派遣されて来る外国人の総督や兵隊に憤慨した。

宗教改革は事態をさらに悪化させた。特にオランダ人はプロテスタント信仰に傾き、ジャン・カルヴァンの教理《ドクトリン》が受け入れられる素地がすでにできあがっていた。スペイン異端審問のパトロンであるハプスブルク家は、帝国内にカトリックの厳格な支配を及ぼすことを望んだ。

一五六八年に勃発したオランダ人の叛乱は、〔一六〇九から二一年までの十二年間の〕休戦を挟んで、八十年後にウェストファリア条約でオランダが正式に独立するまで続いた。一七七六年七月までのアメリカ独立革命と同様、最初のオランダ人の叛乱者は、自分たちはあくまでもフェリペ二世の忠実な臣下であり、ただ奸臣と戦っているだけだと主張した。今でもオランダ国歌の歌詞には、最初の革命指導者〔オラニエ公ウィレム〕の弁明の一節「われは常にスペイン王に忠誠を尽くせり」が含まれている。しかしこの言葉は長続きせず、オランダ人の叛乱はやがて「世界戦争《ア・ワールド・ウォー》」と呼びうる最初のヨーロッパ戦争へと発展した。自らの海軍力を構築し、世界に貿易を拡大していったオランダ人は、中国や東インド諸島、ブラジルでハプスブルク家の軍隊と戦うこととなったのである。

　その戦争は当初、生き残りを賭けた死に物狂いの戦いであった。エリザベス一世は、ハプスブルク家がオランダに勝利し、スペインがその余勢を駆ってイングランド征服に乗り出してくることを恐れた。（エリザベスの前の女王メアリー一世——その過酷な宗教弾圧でプロテスタント教徒からは「血まみれ《ブラッディ》のメアリー」と呼ばれるようになった——が〔一五五四年に〕フェリペ二世と結婚したとき、二人のあいだの子にイングランド王位を継がせる約束が取り交わされていたからである。）〔しかしメアリー一世は子を遺さぬまま一五五八年に世を去る。さらにその後、自らイングランドの王位継承者たることを主張し、最後はエリザベスによって処刑されるスコットランド女王メアリー・ステュアートは、イングランドの王位継承権をフェリペに譲る旨の手紙を認《したた》めていた。〕そうした懸念から、エリザベスはオランダ共和国を防衛するためにイングランド兵を派遣した。このエリザベスの挑発はついには一五八八年のスペイン無敵艦隊の襲来を招く。こうしてイングランドはおずおずとではあるがグローバルな覇権《スプレマスィ》をめぐる戦いに参加し、最終的に勝利をつかむこととなる。

　フェリペ二世はイングランドの王位を継承できなかったことに落胆しながらも挫けず、一五八〇年には運よく亡きもう一人の妻マリア・マヌエラ王女からポルトガルとその広大な帝国の海外領土を相続した。※ポルトガルを併合したスペインはオランダに攻め込み、大敗を喫したオランダは南部の所領を失った。

※フェリペ二世は母イサベル（ポルトガル王マヌエル一世〔と二番目の王妃マリアとのあいだ〕の長女）からも王位継承権を得た。

　それでもオランダは生き延びた。しかもただ生き延びただけではなかった。スペインやポルトガル、時には敵対するフランスやイングランドをも撃退し、海洋国家システムのヴァージョン一・〇を構築した。オランダ人の貿易や金融機関、発明の才、そして科学は世界を驚かせた。世界初の近代的株式会社、世界初の証券取引所、世界初の大投機バブル（一六三〇年代のチューリップ狂時代）、宗教的寛容、さらには豊かさと力強さの驚異的な時代をもたらした科学技術の飛躍的進歩、それと合わさった自由の到来——オランダの「黄金時代《ゴールデン・エイジ》」はヨーロッパ十七世紀の奇跡であり、オランダ人の芸術的偉業、軍事的勝利、科学的功績、自由と寛容からなる社会的伝統は、今日のわれわれの目から見ても敬服に値する。

小さなオランダ共和国（アメリカのメリーランド州とほぼ同じ大きさ）は海軍を建設し、最盛期には世界の海洋貿易航路を支配した。十六万八千人の船乗りと一万隻の船を擁するオランダの商船隊は年間十億フラン以上もの産品を運搬した。[2] オランダ東インド会社は極東におけるポルトガルの勢力を徹底的に抑え込み、その地に二十世紀まで続くオランダの帝国を築いた。オランダは一時ポルトガルからブラジルを奪い取りそうな勢いを見せるとともに、北アメリカ植民地のニューアムステルダムは現在「アメリカ合衆国」と呼ばれている地におけるオランダ勢力の主要な拠点となるかに思われた。オランダ人はケープタウンに植民地を建設したが、勇敢だが狭量なオランダ人入植者の子孫たちからすれば、あとからやって来たイギリス帝国の所業と〔ボーア戦争後の〕二十世紀の国際世論のいずれも受け入れられるところではなかろう。アムステルダムの金融市場は世界貿易の中心地であった。一八〇三年の〔アメリカのフランスからの〕ルイジアナ買収では、オランダの金融機関が中心的な役割を果たした。

十七世紀の旅行者たちにとっては、オランダに一般労働者が溢れており、彼らが皆独立して働いていることとさえも驚きの出来事であった。ポルトガルからユダヤ人が、フランスからプロテスタント教徒がそれぞれ技能を、時には財産を持ってネーデルラントに流れ込んで来ることに、オランダ人は自分たちの国が世界中の優秀な才能の坩堝《メルティングポット》として開かれた社会となりつつあることを誇らしく思った。偏屈な植民地総督ピーター・ストイフェサントがポルトガル系ユダヤ人難民のニューアムステルダム入植を禁止しようとしたとき、彼はオランダ西インド会社から厳しい批判を浴び、結局ユダヤ人難民の入植が認められた。オランダ社会はある種の社会的流動性――新興の世界システムの下では一般的になりつつあったが、封建時代のヨーロッパには珍しかった――が発達し、富裕な商人が貴族の家系の者と結婚したり、一文無しの労働者が一流の商人としてのし上がったりした。金持ちのオランダ人の若者はさほど裕福ではないが教養のある家庭教師を連れて世界初の「大旅行《グランド・ツアー》」に出かけ、ヨーロッパ各地の大学や興味のある場所を訪れた。母国では得られない自由や知的刺激を求める学者たちがアムステルダムに大挙して押し寄せた。オランダの大学は学問と討論の府として名を馳せた。それまで王宮からしか得られなかった援助が裕福なパトロンから得られるようになり、多くの芸術家がその才能を開花させた。オランダ人の科学者と研究者はその発見と発明で世界を仰天させた。

新たな社会と新たな大国が世界に出現したのである。開放的で躍動的《ダイナミック》な資本主義社会は、金融、技術、市場取引、通信の分野でイノヴェーションを生み出した。それらのイノヴェーションは世界貿易を通じて開かれた社会に巨万の富をもたらした。こうして得られた富は、当時最大最強の帝国群に抵抗できるだけの軍事力の基盤となった。開かれた社会、世界貿易、世界的な力《ワールド・パワー》からなるこの基本的公式が、海の王者の力の秘密であり、過去四百年の歴史の主要な牽引力となった。

西に進路をとれ

オランダ人はこの世界システムを発明しながら、その主役の座に居続けることはできなかった。十七世紀から十八世紀へと時代が変わるとともに、国際政治の流れも変わり、海洋国家秩序の新たな主役の座は北海を越えてロンドンに移った。

問題はフランスであった。一連の光輝ある統治者が脆弱な政府と内乱に明け暮れた過去のフランスを絶対君主制と強力な中央集権国家へと変貌させ、長く続いた弱者の地位を脱した。またスペインの国力衰退とともに、陸において西ヨーロッパを支配し、その力と富を利用して地球規模での勢力拡大をめざした。海においては、イングランド人とオランダ人はグローバルな海上貿易から得られる富の争奪戦が激化して袂を分かつときがあるかと思えば、フランスにたいする共通の危機感を抱いて手を結ぶときもあった。フランスはスペインを恐れているうちはオランダに好意的な態度をとっていたが、スペインの凋落が長引くとともにその恐怖心は薄れ、スペイン・ハプスブルク家の手から零れ落ちた低地諸国南部（カトリックが優勢な地域）を奪い取ろうと目論んだ。フランスが近隣地域の奥深くまで入り込んでくることは、オランダの独立にとって致命的な脅威であった。ここにヨーロッパの長き戦争の歴史が次なる段階に向かう舞台が整った。

この段階で多くの場合フランスが取った重要な戦略は、イングランドを弱いまま分裂させておくことであった。スペインは下り坂にあった。ドイツ人の土地は宗教改革後の破壊的な戦争のために未だ疲弊したまま痩せ細っていた。そうしたなかイングランドを蚊帳の外に置けば、西ヨーロッパでフランスの敵となりうるのはオランダ人だけとなる。

ステュアート朝がロンドンに君臨しているあいだは、イングランドを弱いままにしておくことは比較的容易であった。議会抜きの統治を試みるチャールズ二世とジェイムズ二世への支援はたいてい非常にうまくいった。ステュアート朝の王たちはパリからの資金と支援に頼っており、フランスの政策に挑みかかる手段も能力もまったく持ち合わせていなかった。ルイ十四世は、弱いまま分裂させておいたイングランドをオランダと争わせようとしたり、フランスがその小さな共和国〔＝オランダ〕に圧倒的な軍事的圧力を加えてもイングランドが手出しをすることはあるまいと考えたりした。

　イングランド最後のカトリック教徒の王であるステュアート朝のジェイムズ二世が打倒されたことで、分裂させて統治する《ディヴァイド・アンド・ルール》というフランスの政策は一六八八年から八九年にかけて決定的に失敗した。主要なオランダ諸州の総督オラニエ公ウィレム三世は、ジェイムズ二世の長女メアリー（プロテスタント教徒）と結婚した。強力なオランダ艦隊がイングランドに上陸してくると、ジェイムズの有能な臣下たち（ジョン・チャーチル、ヴァイカント・コーンブリー、クラレンドン伯爵ら）はプロテスタントの大義に服し、そのオランダ人指導者と彼の妻は王位を手に入れた。〔が、事はそうすんなりとは運ばなかった。今後の統治のあり方、もっと言えば、王位継承権を持つメアリーがそのまま新王となり、（あくまでも外国人である）夫のウィレムは摂政として彼女を支えるという形をとるかどうかをめぐって〕緊迫した駆け引きが行われた末にようやくオラニエ公ウィレムはウィリアム三世として妻〔メアリー二世〕とともに共同統治をはじめることとなった。

　ウィリアムの初仕事は、フランスの勢力台頭を懸念するイギリスとオランダ、その他すべての国々を糾合して、いわゆる大同盟《グランド・アライアンス》を結成することであった。この大同盟はその種の同盟につきものの離反や変化がありながらも、ヨーロッパに新秩序が建設される一七一三年のユトレヒト条約締結まで二度の戦争に持ち堪える。ルイ十四世は手ごわい敵対者であり、アウグスブルク同盟戦争とスペイン継承戦争はいずれも過酷で厳しい戦争であったが、最終的には英蘭同盟がフランスに勝利した。

しかしこの同盟内部で得をしたのはイギリスであった。オランダ艦隊がその総督〔オラニエ公ウィレム三世〕を送り込み、イングランド王に据えた一六八八年から八九年にかけての段階では、英蘭両国の力はほぼ拮抗していた。しかし一七一三年までには、日の出の勢いのイギリス帝国は、会社で言えば「シニア・パートナー」としてオランダ共和国に確実に取って代わった。ここまで巧みに同盟を利用する大国は、その後フランクリン・ローズヴェルトのアメリカがイギリスを守るために彼らの敵であるドイツや日本と戦い、海洋国家システムの指導的大国としてイギリス帝国に取って代わるまで現れなかった。

マハン提督によると、イギリスがフランスとの戦争中に同盟国オランダを圧倒し、敵国フランスに勝利した鍵はシー・パワーにあるという。オランダ人が抱えていた問題は、フランスの侵略から祖国を守るという差し迫った必要から陸軍の増強に集中せざるをえず、艦隊の整備には比較的わずかな力しか注げなかった点である。イギリスはそうした問題に煩わされることもなく、オランダにたいするその海軍力の優位は戦争中ますます強まった。ウィリアムの軍事協議会では、イギリス人の提督がオランダ人の提督よりも上位に置かれ、海軍〔＝英蘭連合艦隊〕の戦略は往々にしてイギリス人の直観によって決せられた。〔マハンは、ウィリアム三世の戦略的決定についてマコーリーが記した一文、「ウィリアムは、戦場の大勢を察することは一流の将軍に如かずと雖も、戦局の趨勢を達観するの活眼に於ては、偉大なる政治家たり」を引き、ウィリアムの「戦略的直覚」に論及している。(『海軍戦略』海軍軍令部〔尾崎主税〕訳、一一九頁)より〕

オランダと同様、フランスも戦争中に力の分散を余儀なくされた。ルイ十四世は彼自身が陸軍の強化にばかり気を取られて、海軍力の整備に十分な力を注げなかった。もしそれが整備できていれば、海の戦いでイギリスを撃退し、（イギリスではなく）フランスこそが新たに生まれるグローバルなシステムの指導的大国になれていたかもしれない。

一六八九年春、フランスの艦船はジェイムズ二世をアイルランドまで輸送したが、アイルランド戦役の最終局面になると、フランス海軍は敵艦隊との海戦を恐れ、よろけるジェイムズの遠征を支援することができなかった。〔このアイルランド戦役で、ジェイムズは一六九〇年のボイン川の戦いに敗れてフランスに逃げ帰るが、同じ年のビーチー・ヘッド沖の海戦では戦力の優るフランス艦隊が英蘭連合艦隊を撃破した。ところがその後の二年間で双方の海軍力は逆転し、ジェイムズが再起を図るべくイングランド上陸の準備を進めるなか、一六九二年に戦われたラオーグの海戦で、戦力の劣るフランス艦隊は英蘭連合艦隊に敗北を喫する。〕アウグスブルク同盟戦争の進展とともに、フランスのシー・パワーは衰えていった。フランスの通商は壊滅的打撃を受け、資金不足に陥ったルイ十四世はとうとう海軍が必要とする補給物資さえ提供できなくなった。

アウグスブルク同盟戦争は一六九七年の妥協的条約〔＝レイスウェイク条約〕をもって終了したが、英仏間の争いはまだ序盤にすぎなかった。そのことはわずか数年後、スペイン継承戦争の勃発で明らかとなる。

この戦争は、ハプスブルク家の脚本に着想を得たルイ十四世が巧妙に持ち出した血縁的正統性と如才なく発揮した政治的機略でもって、ますます衰弱するスペイン・ハプスブルク家最後の王〔カルロス二世〕が一七〇一年に没したあとのスペイン王位を自らの孫に継がせようと画策し〔フェリペ五世として即位し〕たところからはじまった。勢力衰えたりとはいえ依然として巨大なスペイン帝国とフランスの攻撃力とが結びつくことを恐れたイギリスは、オーストリア、オランダ、主要なドイツ諸邦の側に立って新たな世界戦争に参戦した。

この戦争はフランスにとって手痛い結果に終わった。モールバラやオイゲン公子ら綺羅星のごとく輝く連合軍諸将の活躍でフランス軍は敗北を喫し、フランス艦隊も海の藻屑と消えた。イギリス国内の政争や連合軍内部の内訌《ないこう》が原因で、フランスは敗北による最悪の結果を免れたとはいえ、スペイン継承戦争を終わらせた一七一三年のユトレヒト条約によってイギリス人は大きな成果を、オランダ人も（イギリス人よりは小さな）成果を手に入れた。ルイの孫〔フェリペ五世〕は自らが相続したヨーロッパの所領を分割させられ、イタリアにあった領邦も手放さざるをえず、総じてフランスの地位は著しく凋落した。一方、イギリスはその海軍力によって世界中で多大な利益を獲得した。オランダ人はスペイン領ネーデルラント（現在のベルギー）がフランスよりもはるかに締めつけの緩いオーストリア・ハプスブルク家の所領となったことを歓迎した。フランスによるオランダ本土への直接侵略の脅威が取り除かれたからである。

だが何と言っても最大の利益は海であった。そしてそれを勝ち取ったのがイギリスである。イギリスはユトレヒト条約によってジブラルタル（当時も今も地中海における海軍戦略の要衝）とミノルカ島（地中海の重要な海軍基地）を手中に収めた。イギリスが北米で手に入れたものはさらに大きかった。フランスはカナダ領のかなりの部分を放棄し、残る大半の地域についてもイギリスの請求権を認めた。この戦争によって蘭仏両国は広く支配していた地域の現状を維持し、イギリスはインドで拡大する自らの勢力圏を強固なものとした。南アフリカについては、イギリスは道義的には怪しいが、経済的には利益となるアシエント（*asiento*）〔＝「契約」を意味するスペイン語〕を結んだ。アシエントとは、スペインの植民地に奴隷を供給する免許のことで、事実上その他の莫大な貿易機会をもたらす。ラテンアメリカの方々で生じたスペインからイギリスへの緩やかな、しかし止めようのない勢力の交代は、議論の余地はあるにせよ、このときにはじまったと言ってよい。またこの戦争はイギリスとポルトガルとの関係も強化した。イギリスの貿易業者はその後数十年にわたってポルトガル領との緊密で有益な関係を強めていくこととなる。一方、フランス国家は戦争の結果、財政悪化がより顕著となり、もはや往時のようにイギリスに対抗できる海軍力を維持する余裕はなくなった。イギリスの経済的優位性が高まりはじめていた。

当時、ユトレヒト条約の合意に向けて準備にあたっていたあるフランス外務省の一等書記官は、太平洋において野心をくすぐる前哨基地をイングランド人に与えることは致命的な誤りであるとしてこう進言している。

> 今日《こんにち》そこがいかに不毛の地でありましょうとも……いったんイングランド人の手に渡ってしまえば、数年後には必ずや多数の人間が住むようになり、多くの港がつくられ、ヨーロッパやアジアの製品の最大の貿易中継地となり、イングランド人はそれらの製品をペルーやメキシコの王国に供給することでしょう。[3]

この悪夢はやがてシンガポールと香港で正夢となり、イギリスはそこに都市を築き、環太平洋地域《パスィフィック・ベイスン》全体の貿易に新たな活力と刺激を与えた。

海洋国家システムのヴァージョン二・〇が構築されたとき、オランダ版システムに新たな特徴が追加された。その一つが勢力均衡《バランス・オヴ・パワー》の概念であった。この用語が使われはじめたのは、多数の国が敵対意識を燃え上がらせた時期であった。スペイン継承戦争が終わる頃までに、勢力均衡はヨーロッパ政治システムの基本的な構成要素となっていた。ユトレヒト条約で言及されたヨーロッパの勢力均衡は、国際政治における正統性の原理となった。ヨーロッパ諸国はそれを守る必要があるときには行動する権利を持った。いや、むしろその義務を負った。

ヨーロッパにおける勢力均衡の確立はイギリスにとって戦略的大勝利であった。イギリスと張り合う可能性のある国は、大陸内の対抗勢力に悩まされ、彼らの挑戦を受けることから、自国の持てる資源を常に陸軍と海軍に割かなければならない。その点、イングランド海峡と海軍によって守られたイギリスは、海における優位性を確保することができる。

将来いかなるヨーロッパの国も、イギリスのグローバルな海洋国家秩序に挑戦しようとするとき、まずは大陸内のすべての敵（潜在的な敵を含む）を打倒することが先決となる。イギリスはもちろん大陸で戦争が続いているあいだも手を拱いてはいないであろう。イギリスは、強大な大陸国家が世界征服に乗り出しかねないほどの勢いでヨーロッパを支配するような事態となれば、勢力均衡の原理に訴え、それを困難あるいは不可能ならしめるべく介入することもありえ、また実際に介入するであろう。

爾来今日までアングロ-アメリカのヨーロッパ外交は勢力均衡の原理に則り、最強国に立ち向かう相対的弱小国の連合に参加し、あるいはそうした連合を形成してきた。トルーマン大統領が冷戦の早い段階でＮＡＴＯを組織し、第二次世界大戦時の同盟国ソ連を排除し、相対的弱小国の西ドイツをわれわれの新たな連合に引き入れたとき、彼は初代モールバラ公が熟知していた外交戦略に従っていた。

アメリカ人はこの伝統的なイギリスのアプローチを地球規模で展開している。すなわちあらゆる地戦略的戦域《ジーオストラティージック・ティアター》で最強国に立ち向かう相対的弱小国との連合を基本的に推進している。たとえば今日のアメリカはアジアにおいて安定した勢力均衡の発生に向けた取り組みを続けており、ベトナムなどかつての敵国との新たな協力関係《パートナーシップ》を築こうとしている。冷戦期のアメリカ政府はソ連をアジアにおける勢力均衡の大きな脅威とみなし、地域の均衡を図るべく、すべての同盟国を結集した。その同盟国には中国と日本も含まれていた。第一次世界大戦から一九四九年までのアメリカは、同じ勢力均衡の論理にしたがって異なる政策をとり、日本に対抗するために中国に味方した。〔なお右の「地戦略」という語について若干補足しておく。ジョンズ・ホプキンズ大学のヤクブ・グリギエル准教授の定義によると、「地戦略（geostrategy）とは、国家の外交政策の地理的方向《ジーオグラフィック・ディレクション》のこと」をいう。すなわち地戦略は、「国家が軍事力を投入し、あるいは外交活動を指導することによって、その努力を何処（where）に傾注させているのかを描く。そこには、国家は資源が制約されているため、全方位（*tous azimuths*）外交を展開することは、たとえその意志があっても不可能であるという基本的前提がある。その代わり、国家はどこか特定の地域に政治的・軍事的重点を置かなければならない。地戦略は国家のこの外交政策の主眼（thrust）を説明するものであって、その動機や意志決定過程を取り扱うものではない。それゆえ国家の地戦略は必ずしも地理的・地政的要因によって動機づけられるとはかぎらない。国家はイデオロギー上の理由、利害関係集団または単にその指導者の気まぐれのために特定の場所《ロケーション》に力を投入することもありうる」という。（Jakub J. Grygiel, *Great Powers and Geopolitical Change* The Johns Hopkins University Press, 2006), 22.〕

　勢力均衡は国際関係における普遍的要素であり、イギリス、アメリカ、オランダのみならず、すべての国がこれを利用している。しかし海洋国家システムにおけるその利用の仕方は独特である。

海洋国家《マリタイム・パワー》は勢力均衡をグローバルな戦略と結びつけ、強化することによって、長期にわたってますます多くの利益を得てきたのである。

ウィリアム三世とアン女王の治世以降、アングロ－アメリカ人の戦略の主要な対象は地球規模に広がった。ヨーロッパにおける勢力均衡は英米両国を近隣の専制国家による脅威から解放した。英米両国はドイツとフランスのように戦争の勝敗ごとにアルザス－ロレーヌ地方などの領土の割譲を繰り返すようなことはなかった。アングロ－アメリカ人にとって自国の経済と安全保障の必要性を満たすグローバルなシステムは、構築するに値する実に貴重なものであったし、それは今日でも変わらない。

十七世紀後半以降イギリス人は、深い戦略的反省に立ってというよりも、国内の政治的試行錯誤や貿易・経済上の利害衝突を通じて、グローバルな大国にとっての鍵はヨーロッパの戦場で優位に立つことなのではないということをますます明瞭に理解するようになった。中世のイングランド王はノルマンディーやアンジューなどの公爵領をめぐって敵国フランスと戦った。彼らイングランド王の現代の継承者たちは、そうした目標が時代錯誤で意味がないとの思いをますます強くしている。近代において帝国の建設に邁進するイギリス国家が時に半ば無意識に、時に率直に認めた目標は、公爵領を征服することではなく、世界システムを形成することであった。

史上最強のグローバルな帝国の基盤を築いたブリトン人は、ヨーロッパ諸国の対抗関係を自らも参加すべきゲームとしてではなく、戦略的好条件《ストラティージック・アセット》として捉えた。ライン川をめぐってフランスとプロイセンに決着がつくまで殴り合いをさせ、シュレジエンをめぐってオーストリアとプロイセンに血まみれになるまで叩き合いをさせる。（シュレジエンは現在ポーランドの一部。でこぼこした、ややソーセージ状の領域。アメリカのコネティカット州とマサチューセッツ州を合わせた面積にほぼ等しい。）

彼らが無我夢中で殴り合い叩き合っているあいだに、イングランドはすべての対抗勢力《ライヴァルズ》を置き去りにしてグローバルな経済システムを構築する。ジョージ二世とジョージ三世の下で首相を務めたニューカッスル＝アポン＝タイン公トマス・ペラム・ホールズはかつてこう言った。「この国の大臣たる者、世界のあらゆる地域が何かしらわれわれに影響を与えている以上、地球全体に思いを馳せねばならぬ」と。[4]

アングロ－アメリカ人の戦略的思考によると、この世界は多くの戦域（theater）からなっているという。それらの戦域はすべて海でつながっており、海を支配する者は世界の仕組みを決定することができる。アングロ－サクソン勢力の主要な野心は、特定の戦域において支配的地位に立つことではない。世界の各戦域においてさまざまなアクターを存在せしめている諸条件の基底にある構造を支配することなのである。〔アングロ－アメリカ勢力の〕ヨーロッパ政策、アジア政策、アフリカ政策、中東政策、これらの政策はすべてある目的のための手段である。では、その目的とは何か？　それらの戦域をすべて一つにまとめているシステムを支配することである。

海象と大工は可能ならばすべての地域と半球を――イギリス帝国はインドを、アメリカは西半球を――支配しようとしてきた。しかしそれが不可能な場合やかなりの犠牲を覚悟せねばならない場合には、主要な戦域における勢力均衡を喜んで受け入れた。グローバルな大国はその目的を実現するためにすべての地域を支配する必要はない。戦域によっては無視してもかまわないし、敵対国や友好国の支配に任せておくこともできる。自国のシステムを構築することができる場合もあれば、望ましい勢力均衡を通じて自国の主要な利益を確保する場合もある。

マハンのいう「シー・パワー」は、単に海軍《ネイヴィ》を指すにとどまらない。それは戦略的通商ルートの支配を指すだけでもない。それは海の機動力《モビリティ・オヴ・ザ・シーズ》を駆使して、経済的連関と軍事力に依拠したグローバルなシステムの構築を意味する。それは強力な周辺諸国に囲まれた大陸国家が直面するような対抗関係や敵対関係からある程度守られた海島国家《オフショア・パワー》がその戦略的柔軟性《ストラティージック・フレクスビリティ》を発揮して、諸外国には対抗しえない力の戦略《パワー・ストラテジーズ》を構築することを意味する。それは制海権《コマンド・オヴ・ザ・シーズ》を掌握して、植民地——その富と繁栄によって本国を強化する——を建設することを意味する。それは構築するのは比較的たやすいが、いったん構築すれば取り壊すのが非常に難しいグローバルなシステムを開発することをも意味している。

一七〇七年にイングランド王国とスコットランド王国とのあいだで連合法《アクト・オヴ・ユニオン》が成立し、グレートブリテン王国が誕生した。ユトレヒト条約の結果、このグレートブリテン王国が新たな海洋国家システムの指導的大国となった。新たに幕を開けた戦争の世紀は、ワーテルローの戦いでナポレオンが最終的な敗北を喫し、グレートブリテンがその世界《ユーニヴァース》の紛う方なき勝利者《マスター》に躍り出るまで、その海洋国家システムに試練を与えることとなる。

軍事衝突の次なる段階は一七三九年にはじまった。その前年、スペイン領〔西インド諸島〕で密貿易に従事していたイギリス船がスペイン官憲の臨検を受けた際に船長ロバート・ジェンキンズの耳が削ぎ落とされた〔七年前の〕事件について船長本人が切り取られた自分の耳の入った瓶を振り回しながら庶民院で証言を行った。〔この船長の証言と（のちに「大ピット」と称される）若き議員の熱弁をきっかけに「スペイン討つべし」の世論が沸騰し、平和主義者であった〕ロバート・ウォルポール首相もついにスペインに宣戦布告せざるをえない政治状況に追い込まれた。たわいない「ジェンキンズの耳戦争」の影響はあまり長続きしなかった。ロンドンのポートベロロードは、戦争中イギリス軍が究極的にはほとんど意味のない勝利をあげたパナマの町の〔当時プエルトベロと呼ばれていた〕名前にちなんで名づけられた。若き植民地の愛国者ローレンス・ワシントン〔のちの合衆国大統領の異母兄〕は、ポートベロの作戦に勝利したエドワード・ヴァーノン提督の名前にちなんでヴァージニアにある自宅を「マウントヴァーノン」と名づけ、ヴァーノンの勝利を讃える晩餐会を開いた。このとき初めて「神よ王を護り給へ《ゴッド・セイヴ・ザ・キング》」が公に歌われた。この歌が伝統的民謡「古きイングランドのローストビーフ」に代わって広くイギリス国歌として歌われるようになるのは十八世紀末になってからのことであるが、ジェンキンズの耳戦争が残したもので特筆すべきなのはそれくらいである。ともあれこの戦争はより大きな戦争、イギリスから見ればほとんど無意味に等しいオーストリア継承戦争〔一七四〇〜四八年〕へと次第に呑み込まれていった。多くの破壊や虐殺をともなったこの戦争の結果、オーストリアはプロイセンにシュレジエンを割譲した。その戦争の最中〔一七四五年〕、「愛しのチャールズ王子」と呼ばれるエドワード・チャールズ・ステュアートはわずかな手勢を率いてスコットランド上陸に成功し、高地地方の諸氏族《クラン》にイングランドへの決死の突撃を呼びかけた。これに慌てたイギリスは陸軍の少数精鋭部隊を急遽ヨーロッパから呼び戻した。しかしフランス艦隊は王子を援護するにはあまりに弱く、この冒険は失敗に終わった。

この間にイギリスを襲ったより重大な試練は、フランスがイギリスに対抗するグローバルなシステムの建設を新たに試みたことであった。インドのイギリスは当初の先行き不透明であった頃とは比べものにならないくらい勢力を拡大していた。イギリス東インド会社がますます重要性を増す通商帝国《トレーディング・エンパイア》を建設していくとともに多くの富がもたらされた。イギリスはボンベイ、カルカッタ、マドラス（それぞれ現在のムンバイ、コルカタ、チェンナイ）にある商館を強化することによって利益と国力の着実な成長を期待した。

だが問題はフランスであった。イギリスに少し遅れてインドに進出してきたフランスは商館を開設し、独自の政治的関係を築いた。〔フランス東インド会社は一六〇四年にアンリ四世が開設を試みるも長続きせず、一六四四年にコルベールの下で再建されるが、しばらくは経営不振が続き、一七二〇〜三〇年代の改革で本格的にインド貿易に取り組む態勢が整う。〕一七四〇年までにフランスの貿易量はかなり増え（それでもイギリスのわずか半分程度ではあったが）、〔フランス東インド会社のジョゼフ・フランソワ・デュプレクスによって〕巧みに指導されたフランス商人たちはインドの有力な宮廷の恩顧と影響力を求めてイギリス商人たちと鎬《しのぎ》を削った。〔一七四九〜五四年の第二次カーナティック戦争を指す。ハイダラーバードのニザーム王国の後継問題とカーナティックの太守《ナワーブ》の任命をめぐって英仏が抗争を繰り広げたが、デュプレクスはこれら二つの地位に自らの傀儡を置くことに成功した。〕

かつて隆盛を極めたムガール帝国の急速な衰退とともに、装備、組織、訓練に勝るヨーロッパ主導の軍隊がインド各州でいや増す武力の優越を見せつけていた。イギリスかフランスのいずれかが将来のインドで指導的役割を果たすであろうことは明らかとなりつつあった——が、いずれが優位に立つかは判然としなかった。

北米においてもフランス人はスペイン継承戦争での敗北から立ち直っていた。確かにカナダのフランス人入植地は人口の面でも全体的な経済発展の面でも大西洋岸のイギリス人入植地に急速に追い抜かれてはいた。それでもイギリス人の入植者たちが依然として海岸の平野部に固執していたのにたいし、フランス人の探検家たちは戦略的要衝であるミシシッピ川渓谷やオハイオ川渓谷の広い地域を実地調査していた。これを憂慮したイギリスの戦略家、それにフランスの楽観主義者は、フランス人は味方のインディアンの助けを借りれば、ミシシッピ川やオハイオ川流域への入植を首尾よく果たし、イギリス人を海岸沿いの狭く細長い地域に封じ込めることができると考えた。

フランスの地球規模の力《グローバル・パワー》の増大はカリブ海でも見られた。砂糖園において奴隷を容赦なく搾取することが当時の経済を牽引する主要な力の一つであった。ヒスパニオラ島にあるフランスの領有地は肥沃で広大であった。フレンチシュガーはイギリスをヨーロッパ市場から急速に締め出し、英領アメリカ植民地の貿易はグアドループ島やマルティニーク島などの繁栄したフランスの植民地へとますます吸い寄せられていった。

イギリス軍とフランス軍はそれぞれ現地の先住民と同盟を組んで世界各地で衝突しはじめた。そうした衝突はインドでもアメリカでも勃発した。アメリカ人が「フレンチ・アンド・インディアン戦争」と呼ぶ戦争は、若き民兵指揮官ジョージ・ワシントン率いるアメリカ植民地軍がオハイオ川付近のフランス軍守備隊と衝突した一七五四年に開始された。七月三日の緒戦は大雨のなかでの戦いであった。八時間にわたる戦闘の後、フランス軍はワシントン大佐に降伏文書への署名を迫った。これが彼の人生における最初で最後の降伏である——皮肉にも、それは七月四日のことであった。〔一年後のまさにこの日に独立宣言が発表される。〕戦争法に違反して行動した臆病者だとしてフランス世論から叩かれたワシントンは、山を越えてヴァージニアにある自宅へと引き揚げていった。〔フランス側の非難は、いわゆる「ジュモンヴィユ事件」を指す。七月三日の戦闘に先立つ五月二十八日、フランスのクーロン・ド・ジュモンヴィユ中尉が部下九名とともに殺害される事件が起こった。フランス側は両国が平和状態のときになされた「軍使」の暗殺であると主張したのにたいし、ワシントン側はフランス軍先遣隊の攻撃から正当防衛のために行動したまでだと反論した。」

当初アメリカ大陸での武力衝突は、フランス側から見てかなり満足のいく形で進んだ。些細な内輪もめで統制のとれないアメリカ植民地軍は、効果的に作戦を展開することができなかった。辺境戦争における地形や環境に不慣れなイギリスの職業軍人がガラクタ軍《ランバリング・アーミーズ》を指揮した戦いは連戦連敗であった。一七五五年に山を越えて再び出て来たワシントンはエドワード・ブラドック将軍率いる遠征軍の幕僚の一人として戦闘に参加するが、七月の〔モノンガヘラの〕戦いで壊滅的な敗北を喫する〔ブラドック将軍も戦死〕。その後またもやマウントヴァーノンに引き揚げたワシントンは、かつてヴァーノン提督がポートベロで打ち立てた軍功と自らの軍歴とのあまりの隔たりに気の遠くなる思いを抱きはじめたにちがいない。

この本国から遠く離れた植民地の戦闘が火種となり、ヨーロッパ大陸に飛び火し、今にも火事になろうとしていた。かつては取るに足らぬ存在であったプロイセン王国が列強として台頭し、ヨーロッパの勢力関係を動揺させたのである。かつて激しく憎み合ってきた敵同士のフランスとオーストリアは立場の違いを乗り越え、この新興国を叩きのめすためにロシアと手を組んだ。うまくいけば、この連合は反イギリスの旗の下にヨーロッパを統一する勢力となるかもしれない。そのためイギリスはプロイセンを支援する一方で、海外にある帝国の領土をフランスから防衛しなければならなくなった。戦闘が拡大していき、ついに一七五六年五月、イギリスはフランスに宣戦布告した。ここに戦争が正式に開始されたのである。

北米におけるフランスの勝利は一七五五年までは続いていたが、戦争が全世界に拡大すると、イギリスの新指導者ウィリアム・ピット〔＝大ピット〕は、海洋国家システムのあらゆる資源を動員し、フランスとの世界規模の全面戦争に踏み切ることを決断した。ピットは非常時に現れる非凡なる人物であった。当時イギリスの大方の有力政治家とは異なり、ピットは貴族の称号を持たず、また明らかにそれを望まなかったがゆえに、「大平民《ザ・グレート・コマナー》」と呼ばれた。ピットはイギリス政府で最もうまみのある役職の一つである軍事主計長官を引き受けたとき、慣例化していた巨額の賄賂、謝礼、その他の報酬の受け取りを即座に、これ見よがしに拒否したことで、その名を広く世間に知らしめた。

ピットはより近代的で効率的な実力主義の国家を象徴する人物であったが、それのみならずグローバルな戦略と海洋国家システムについて本能的に理解していた。ピット家の財産は〔大ピットの祖父で、小ピットの曽祖父である〕トマス・ピットによって築かれた。彼は東インド会社の独占権を無視してインドで不法貿易をはじめた。これに憤慨した東インド会社の代理人はもぐりの商人〔＝トマス〕に罰金を科し、牢屋に閉じ込めたが、彼は意志が固く用心深かったため、最後は会社側が根負けし、トマスをマドラスにある商館の長官に任命した。狐に鶏舎の番をさせることにしたわけである。その在任中にトマスは驚くほど数奇な運命を辿ってきた四一〇カラットのダイアモンドをある男から購入した（その男が言うには、探鉱で奴隷として働かされていた鉱夫が自分のふくらはぎを裂いてそこに原石を隠して逃げ出してきたところへあるイギリス人船長がふんだくり、さらにその船長から自分が買い取ったのだという。）トマスはそのダイアモンドを一三六カラットにカットしてフランスの摂政〔オルレアン公ルイ・フィリップ二世〕に売却してかなりの財を築いた。オルレアン公はそれをフランスの戴冠用宝玉に加えた。そのダイアモンドはフランス革命の騒動のさなか行方不明となっていたがその後発見され、今度はナポレオンが自らの剣の柄頭にそれを嵌め込んだ。現在そのダイアモンドはルーヴル美術館で見ることができる。

インドで成した財によって、トマス――やがてサーの称号を授与された――は、オールドセーラムの「腐敗選挙区《ラットゥン・バーロウ》」を支配した。かつて繁栄していた田舎町オールドセーラムは、アン女王時代になる頃には、ストーンヘンジ近くの草で覆われた丘に廃屋が数軒点在するだけの町に様変わりしていた。幸運なことに、代表すべき有権者のいない空っぽの選挙区でありながら、庶民院に一議席を占めていた。事実上この議席がピット家の財産となり、ウィリアム・ピットはいかなる政治状況にあっても有権者の顔色をうかがわずに冷静でいられたのである。

しかしこのことは、開かれた社会と自由な資本主義的企業がいかにして国家とその市民を国際競争に勝たせるのかを理解する首相が一七五七年のイギリスに登場したことをも意味した。〔正確には、一七五六年ニューカースル公が首相を辞任した後、第四代デヴォンシャー公の名目上の首相の下で国務相に就任し、事実上の首相を務めた。翌五七年一時退任したが改めてニューカースル公を名目上の首相とする内閣で国務相に就任し、このときも事実上の首相を務めた。大ピットが名実とも首相を務めるのは一七六六年～六八年である。〕ピットには分かっていた。いかにすればこの経済力を軍事力・政治力に転換させることができるかということが。

ピットほど大国イギリスのことを完全な形で本質的に理解した者はかつていなかった。ピットは自分が戦っているのは世界戦争であること、そしてグローバルなシー・パワーと経済的繁栄がイギリスの二つの利点であることを理解していた。イギリスの軍事力をその規模と効率において一段高いレベルに引き上げるためにピットは惜しげもなく国費を投入した。ヨーロッパ大陸で敵に包囲され、絶体絶命にある同盟国プロイセンを救うために惜しみなく資金援助をする一方、世界戦争の主要な戦域

（インドとアメリカ）に陸海軍の派遣を命じた。

敵を経済的に行き詰まらせて粉砕する。これはロナルド・レーガンが一九八〇年代にソ連にたいして用いた戦略であった。レーガンはソ連とその衛星国に経済制裁を課すことでソ連の経済権益を攻撃し、中米からアフガニスタンに至るソ連の敵や抵抗勢力に軍事援助を与えた。これらをすべて実行するのと同時に、ソ連が到底太刀打ちできないハイテク軍拡競争にも乗り出した。ピットの下でイギリス経済が対フランス戦争の決定的な武器となったように、アメリカ経済が戦争の帰趨を決する武器となったのである。

インドにおいては、南部の支配をめざす英仏の抗争が頂点に達するなか、一七五六年に七年戦争が勃発した。機略に富んだフランスの代理人たちが粉骨砕身して現地の支配者〔である太守や首長〕との同盟網を築いていたことから、フランスは多大の利益を生むマドラスの貿易拠点からイギリスを追い払えるという希望に胸を膨らませた。一群の島々――レユニオン、セーシェル、モーリシャス、マダガスカル――にある基地は、ヨーロッパから遠路はるばる航海してくるフランスの軍艦と商船の避難所となっていた。イギリス人と同様、フランス人にとっても、本国との輸送路《コミュニケーション》は現地の戦力を維持するための鍵であった。武器や補給物資は本国から輸送する必要があったからである。安全な輸送路がなければ、本国との貿易は萎縮し途絶える。貿易ができなくなれば、現地の勢力も衰退する。

ピットの海軍はインド洋からフランス国旗を一掃した。インドの支配をめぐる英仏代理人間の最後の戦いがはじまると、フランス側は完全に補給を絶たれ――イギリス側は輸送路と補給路を確保した。勝利は一日にしてはならなかった。しかし補給物資・資金・装備面で上回るイギリスとその同盟者たちを前にフランスは次第に劣勢に立たされ、一七六〇年までにインドのフランス勢力はほぼ壊滅した。わずかな港と基地は残ったものの、フランスはアジアのいかなる場所でもその後二度とイギリスと互角に渡り合えなくなるのである。イギリスはインドにおける帝国建設はもとより、多大の利益をもたらす中国貿易の支配も続けた。イギリスはピットの時代にインドで手にした勝利の果実を第二次大戦終了まで味わい続けることとなる。

アメリカにおいても、イギリスは海洋国家システムによって比類なき優位性を手に入れた。オハイオ川渓谷であげたフランス軍の緒戦の勝利も実を結ばなかった。ケベック州にはイギリス軍と植民地軍から容赦ない圧力が加えられた。フランスに味方するインディアン部族はライフル銃と弾丸が欠乏して弱体化した。イギリス軍の海上封鎖によって仏領カナダへの新たな補給物資の供給が阻止されたためである。ヨーロッパ市場から締め出されたフランスの貿易業者とその同盟インディアン部族は、〔彼らのヨーロッパ向けの〕ビーバーの毛皮が埠頭に山積みにされるのを眺めているしかなかった。フランス製品が世界市場から消えてなくなるとともに、イギリスの貿易業者とその同盟者たちの製品の価格は上昇した。

イギリス軍は新たな兵員と補給物資を戦闘地域に自在に送ることができた。アメリカをフランス帝国の墓場にできると信じたピットは必要なあらゆる手段を使って、セントローレンス川、オハイオ川、ミシシッピ川の渓谷をフランスの支配から解放しようと決意した。仏領カナダに通じる進入路を防衛し、ニューイングランドの悪夢〔＝オーストリア継承戦争中の一七四五年、フランスの支配するルイブール要塞がニューイングランド植民地軍によって陥落させられたこと〕が未だ脳裏に焼きついていた堅固な要塞群は次々にイギリス軍に攻め落とされていった。〔一七五八年にはルイブール要塞が陥落する。〕ケベックとモントリオールも、兵力で勝るフランス軍が兵站の質と量で上回るイギリス軍に果敢に抵抗するも空しく陥落した〔それぞれ一七五九年、六〇年〕。

征服熱は鎮まることを知らない。スペインが参戦したのは間違いであった。イギリス艦隊はハバナとフロリダを占領した。続いてグアドループとマルティニークの砂糖諸島も陥落させた。イギリス東インド会社の一握りの幸運な幹部らに富のシャワーが降り注ぐとともに、イギリス軍はインドからフランスの勢力を駆逐した。

すべてこうした状況にもかかわらず、ピットは戦争の終結を手放しでは喜べなかった。戦費の増大に衝撃を受け、征服を続けることの意味に懐疑的となった庶民院と新王ジョージ三世は一七六一年に首相の首をピットからビュート卿にすげ替えた。〔実質的な首相であったピット国務相（南部担当）を辞任させ、翌六二年にビュート卿を首相（第一大蔵卿）に任命したのである。〕一七六三年、ビュート卿はさっそく妥協的条約〔＝パリ条約〕に署名し、フランスに失地の一部〔＝サンピエール島、ミクロン島、砂糖諸島その他〕を、スペインにキューバをそれぞれ返還した。

ヨーロッパでは、反プロイセンのロシア女帝エリザヴェータのあとを親プロイセンの甥〔であるピョートル三世〕が継いでいたことで、イギリスの同盟国プロイセンは土壇場で命拾いした。十三年間におよぶ破壊的な戦争の末、プロイセンのシュレジエン領有が認められた。それ以外の点では、ヨーロッパはそこに住む人びとにとって多かれ少なかれ戦争前の原状《ステータス・クオ・アンテ》に回復した。フレッド・アンダーソンがその著書『戦争の坩堝《クルーサブル・オヴ・ウォー》』で指摘しているように、「思い切った支出と惨《むご》たらしい流血の六年間は、率直に言って、何ものも成し遂げなかった」のである。

他方、イギリスは、ポーランドの丘にあるソーセージ状の係争地を領有するためにプロイセンが失ったほどの、またその地の獲得に失敗してオーストリアが失ったほどの夥しい数の人命に比べれば、はるかに少ない犠牲でグローバルな帝国を築いたのである。

第五章　フランス、この厄介な国
――イギリスの海洋国家システムに挑戦するナポレオン

七年戦争後も依然としてヨーロッパ大陸諸国のなかで最強の国家であったフランスは、イギリスが戦争中に採用した――そして敗北に甘んじることの決してなかった――戦略に注目した。フランスはイギリスとのあいだにはじまる新たな長き戦争において、イギリスの力の基盤となっているのが海洋国家システムであると理解し、海軍力と貿易とを結合させたイギリスの大戦略に強い関心を払った。ヴォルテールはこう述べている。

イングランドが強国となったのは、エリザベスの時代から交易を促進する必要性という点ですべての党派が一致していたからである。王の首を刎ねたのと同じ議会がまるで何事もなかったかのように海外商館の議論に血道を上げていた。チャールズ一世の血がまだ湯気を上げていたときに、議員のほぼ全員が狂信者からなるこの議会は一六五〇年の航海条例[1]を可決したのだ。

英領アメリカ植民地十三州に財政的・軍事的支援を与えてその独立を助けたルイ十六世も、そしてまた一七九一年から一八一五年までヨーロッパを戦乱の渦に巻き込んだフランスの指導者として大国イギリスをその根底から震撼させたナポレオンも、イギリスの海洋国家システムに挑戦して勝利を収めないかぎり、イギリスを打倒することはできないと分かっていた。

　その戦いは、フランスがアメリカ植民地をイギリス本国から離脱させることに成功したところからはじまる。インドにおいてもティープー・スルタン——フランスと手を組んだマイソール王国の王——がイギリスに妥協的和議〔＝一七八四年のマンガロール条約〕の受諾を余儀なくさせ、イギリスの勢力は大幅に後退した。後退したのは事実だが、イギリスはすぐに盛り返し、アメリカ独立革命の結果むしろその力は以前にもまして強まった。このとき海洋国家システムはその核をなすものであることが分かるもう一つの特徴を示した。強靭性《リズィリエンスィ》である。いったん構築された海洋国家システムは、それを覆そうとするいかなる試みもうまく撥ね返した。

　七年戦争でのイギリスの勝利は、イギリスが強大になりすぎることによってヨーロッパの勢力均衡が崩れるのではないかという不安を大半のヨーロッパ諸国に抱かせた。オランダはイギリスがグローバルな覇権を握ることを危惧し、スペインは自らの世界帝国の安泰が脅かされることを恐れた。それゆえ両国とも、イギリスという巨人《コロッソス》に向かって新たな戦争を仕掛けようとするフランスに喜んで従った。これら三国の同盟はかつてなら、アメリカ大陸やインド諸国《インディーズ》での地球規模の戦いがヨーロッパ大陸を主戦場とする戦争に発展するのではないかと他の多くのヨーロッパ諸国を心底怯えさせたことであろう。しかしこのときは、たとえフランスがアメリカ大陸で勝利しても、それによってヨーロッパの勢力均衡が崩れる恐れはあまりなく、オランダ、フランス、スペインの三国は戦費の嵩む陸戦を本国でも同時に戦わなければならなくなる事態を心配せず、その思うままイギリスとの地球規模の戦いに臨むことができた。プロイセン、ロシア、オーストリアはそれぞれ第一次ポーランド分割で獲得した領土をこっそりと同化させ、第二次分割に期待を膨らませはじめていた。これらの諸国はフランスを攻撃することによってイギリスを支援しようなどという関心は特になかった。ロシアがアメリカ独立戦争に最終的に関心を持つのは、イギリスの利益に反する武装中立同盟《リーグ・オヴ・アームド・ニュートラリティ》を結成するときであった。〔武装中立同盟とは、イギリス海軍の中立国船舶への臨検に対抗してロシアのエカチェリーナ二世が提唱し、スウェーデン、デンマーク、プロイセン、ポルトガルが参加した一七八〇～八三年の同盟。中立国船舶の交戦国港湾への自由な出入り、交戦国の貨物積載の自由、イギリスの港湾封鎖宣言の一部無効などを内容とする。〕

シー・パワーはアメリカ独立革命のあらゆる段階で決定的な力を発揮した。ジョージ三世の軍隊が曲がりなりにも戦争を続けられたのは、イギリスが制海権を握り、海洋秩序を支配することができたからである。またアメリカ植民地軍の兵力の三分の一までは「ヘシアン」と呼ばれる〔ヘッセン大公国出身のドイツ人〕傭兵からなっていたが、彼らを雇って賃金を支払うことができたのは、イギリスに莫大な富があったからである。イギリス艦隊が主要なアメリカの沿岸都市を占領し、主要都市の中心部や港湾から外に兵を進めて郊外の制圧を図ろうとしたときにイギリスの軍事戦略を決定づけたのはシー・パワーであった。

その戦略は幾度も機能しかけた。開戦当初の数年間、イギリス軍をボストンから撤退させるためにケンブリッジコモンに集結して意気揚がるジョージ・ワシントン率いる大陸軍《コンティネンタル・アーミー》の兵士たちは、ニューイングランドから、ニューヨークから、ニュージャージーから、フィラデルフィアから、荒涼とした吹きさらしのフォージ渓谷の冬営地に連れて来られた連中であった。フランスからの資金援助や復讐に燃えるアムステルダムの友好的な金融業者の助けがなければ、大陸軍は解散していてもおかしくなかった。

だが最終的にこの戦争で叛乱軍を勝利に導いたのはシー・パワーであった。フランス軍は陸上の敵に悩まされることなく、アメリカ沿岸海域に艦隊を集結させて展開し、一時的にせよイギリス海軍にたいして優位に立つことができた。〔ドゥ・グラース提督率いるフランス艦隊はワシントン将軍とロシャンボー将軍の率いる陸上部隊を支援するため、一七八一年九月のチェサピーク湾沖の海戦でイギリス艦隊を撤退させた後、ヨークタウンに至る海域を封鎖した。〕フランス艦隊のヨークタウン沖への到着によって、防備を固めていたコーンウォリス卿の〔イギリス軍〕陣地《キャンプ》は彼らの監獄《プリズン》へと変わった。コーンウォリスは米仏連合軍に降伏を余儀なくされ、イギリスは名誉革命以後の主要な国際紛争で初めて敗北を認めざるをえなかった。しかし〔その二年後にアメリカ独立戦争を終わらせるパリ条約が署名された〕一七八三年から現在に至るまで、イギリス軍はこの経験を二度と繰り返すことはなかった。〔一九四二年二月のシンガポール陥落で、イギリス陸軍のアーサー・パースィヴァル将軍は日本軍に降伏したが、著者がここでいう「経験」とは、個々の戦闘における降伏ではなく、それが戦争全体の敗北につながる意味での降伏のことであろうか？〕

皮肉なことに、アメリカ独立革命は結果的にイギリスの海洋国家システムの強さを立証した。ある面それは、フランスがこの戦争にかけていた主たる地政学的な希望が実現しなかったことによる。フランスは新たなアメリカの共和国が自分たちと同盟を組み、イギリスとその海洋国家システムに対抗する勢力となってくれることを望んでいたのである。だが実際には、その後ほどなくしてアメリカ合衆国は海洋国家システムの一つの柱へと成長した。

その他にもいくつかの要因があった。その一つは、フランスが経済的に不利な状況に苦しみながら戦争を続けていたという事実である。アメリカでの戦費はフランス王室の財政に破滅的な影響を及ぼした。最終的にこの戦争でフランスが負った債務は財政危機の大きな原因となり、ルイ十六世をしてフランス革命へとつながる一連の措置を講じることを余儀なくさせた。この間、フランスの戦債はフランスの国庫を逼迫させた。ルイは軍事的勝利の余勢を駆って艦隊の建造を続けることもままならなくなり、フランス財政は拡充するどころか緊縮を強いられたのである。

それと同時に、イギリスの敗北は完全なる敗北というわけでもなかった。北米でフランス軍とアメリカ植民地軍に敗れた直後、イギリスはインドで失地を回復した。イギリス海軍はグアドループの海戦で大勝利を収め、大西洋を再び支配した。ヨークタウン沖のフランス海軍の優位は一瞬の僥倖であって、長くは続かなかった。〔チェサピーク湾沖（ヨークタウン沖）の海戦からわずか半年余り後の一七八二年四月、ドゥ・グラース提督率いるフランス艦隊は（グアドループ島とドミニカ島のあいだにある）セインツの海戦でロドニー提督率いるイギリス艦隊に敗れた。〕加えてイギリスはこの戦争中になんとかしてかつての同盟国オランダを徹底的に打ち負かそうとした。アメリカ独立革命とほぼ同じ時期の第四次英蘭戦争〔一七八〇～八四年〕で、イギリスは極東方面において圧倒的な勝利を収めた。オランダは一七八四年の講和条約の条件に同意し、セイロン島の領有権を（一時的に）回復したものの〔一八〇二年のアミアンの和約および一八一五年のウィーン会議で同島の領有権は正式にイギリスに移る〕、イギリスはインドで獲得した地域の領有をそのまま認められ、オランダ領東インド（ほぼ現在のインドネシア）における貿易特権を新たに手に入れた。〔アメリカ独立戦争での〕勝利はかえって政府を衰弱させるほどの政治的・経済的危機をフランスにもたらし、〔英蘭戦争での〕敗北は同様の影響をオランダにもたらした。〔フランスやオランダを相手にした海戦での〕勝利は大国イギリスを成長させたが、〔アメリカ独立戦争での〕敗北は大国イギリスを根底から弱体化させることはできなかった。イギリスがフランス革命によって最大の試練――少なくともアドルフ・ヒトラーが海峡を越えてイギリス本土侵攻を企てるまでは――を迎えたとき、海洋国家システムはこうした状況に置かれていたのである。

強大な敵対者

当初ほとんどのヨーロッパの観察者たちは、フランス革命によってフランスはさらに弱体化すると考えた。全国三部会《エタ・ジェネロ》で封建制を廃止する一連の法令が成立し、王権が縮小し、群衆がパリの街路を占拠したとき、大国フランスが依拠する中央政府は機能停止に陥りつつあるように見えた。職業軍人の将校は総じて旧体制に忠実であった。兵卒や下士官の一部は革命を支持するかもしれないが、思うに彼らは当時の複雑な戦争に必要な戦術・兵站の専門知識を欠いていた。それよりも旧体制の崩壊によって、政府の権威が全国各地で失墜していた。小作人はかつての封建領主の館を襲撃し、地方行政は名士会《原文ママ》〔国民公会の権力代行者である「派遣議員」の誤りか?〕が王直属の役人に取って代わった。国家は壊滅状態となり、革命政府の紙幣〔=アッシニア紙幣〕は乱発されて紙切れ同然となり、常に優雅な花と謳われたフランスの信用は傷つき地に落ちた。

ほぼ全世界を驚かせたのは、フランス革命政府が世界史上最も恐るべき軍事政権の一つであることがすぐに明らかとなったことである。一七九二年九月にプロイセンとオーストリアの侵略軍を破ったフランス革命軍はすぐさま現在のベルギーを占領した。

事ここに至り、イギリスも対抗せざるをえなくなった。ベルギーの港湾やスヘルデ川の河口は、戦略上イギリスの最も重要な輸送路の対岸に位置しているからである。かつてスペインのネーデルラント攻撃を食い止めるべく懸命に踏みとどまっていたオランダの叛乱軍を救援すべくエリザベス一世が兵を送って以来、イギリスのヨーロッパ大陸にたいする勢力均衡政策の主要な柱の一つは、ベルギーを強力な敵国の手に渡さないことであった。イギリスを第一次世界大戦に参戦させたのも、一九一四年のドイツのベルギー侵攻がきっかけとなる。

一七九二年十一月にフランスがベルギーを占領して以降、イギリス――その国内では多くの者がフランス君主制の崩壊を早くから歓迎していた――は革命勢力にとって最も手ごわい敵であった。

翌九三年初めイギリスは第一次対仏大同盟を結成した。対仏大同盟はその後も繰り返し組織されたが、〔一八一五年の〕第七次でやっと最終的な勝利を収めることとなる。この間フランスは、ナポレオン・ボナパルトが登場するや、すぐにその見事な指導の下、イギリスの海洋国家システムにたいしてかつてない挑戦に出た。

オランダ版とイギリス版、いずれのヴァージョンの海洋国家システムも、ヨーロッパ大陸において勢力均衡が成立していることがその前提にあった。ルイ十四世がその力を強め、武力侵攻でオランダ本国を脅かしたとき、オランダはもはや海洋国家システムにとって決定的に重要なシー・パワーを維持することができなくなっており、海洋国家システムの主導権はイギリスの手に渡った。その後に続く数々の戦争で、イギリスがグローバルな優位性を保持しえたのは、フランスが常にその周りを大陸国家《ランド・パワー》に囲まれているがゆえに、すべての資源を海軍に集中的に投入することができなかったためである。イギリスがフランスと戦って敗れた唯一の戦争は、フランスが陸に不安を感じていなかったときである。

ナポレオン指導下のフランスは、ヨーロッパの勢力均衡を体系的に破壊した。ベルギーの征服はほんの手始めにすぎなかった。一七九〇年代は時に退却することもありはしたが、大国フランスの勢いは氾濫した川の濁流が土手を乗り越えて辺り一帯を水浸しにするかのように拡大していった。機能不全に陥っていた総裁政府を打倒したナポレオンが自ら第一統領《プレミア・コンスル》に就任した一七九九年までにフランスはネーデルラントとベルギーを征服し、ライン川両岸にまたがるドイツ西部の大半の地域を占領し、イタリア〔北部〕にいくつもの衛星国を建設していた。

シー・パワーは依然として決定的に重要であった。ナポレオンがエジプトに侵攻したとき――明らかにそれはインドのイギリス勢力に挑戦するための第一歩であった――イギリス海軍は〔一七九八年の〕ナイルの海戦でフランス艦隊を撃破した。〔同じ年〕ナポレオン軍はエジプトを征服し、〔翌九九年〕パレスチナにまで侵攻したが、海軍の支援を失ったため作戦は無意味となった。イギリス海軍に制海権を握られた地中海を大軍とともに渡ることができなくなったナポレオンは〔側近とともに〕ひそかにフランスに帰還し、〔霧月《ブリュメール》十八日の〕クーデターを起こして第一統領に就任したのである。

フランス軍は〔一八〇〇年の〕ホーエンリンデンの戦いでオーストリア軍を撃破し、ヨーロッパにおける一連の勝利は続いた。一八〇二年、英仏両国はナポレオンの広大な征服を承認する〔アミアンの〕和約を締結する。〔これによって第二次対仏大同盟は破綻した。〕しかしその翌年再び戦争が勃発し、一八〇四年十二月二日にはノートルダム大聖堂にローマ教皇〔ピウス七世〕を連れてきてナポレオン自ら戴冠式を挙行した。〔その後一八〇八年にナポレオン軍は教皇領に侵入、翌〇九年これをフランスに再併合し、ナポレオンと激しく対立していたピウス七世は幽閉される。〕

イギリスは今や新たな事態に直面することとなった。ヨーロッパ大陸を支配する一大大陸国家が出現したのである。

ナポレオンは皇帝となるまでにすでに大国の活力《ダイナミズム》について彼以前の誰よりも知悉していた。フランス革命戦争の初めから立て続けに二度の大同盟がフランスの前に立ちはだかった〔第一次：一七九三～九七年、第二次：一七九九～一八〇二年〕。いずれの大同盟も破綻したとはいえ、そのたびにイギリスの金《ゴールド》がフランスに敵対する国々の財政を立ち直らせ、戦場で失ったその国の兵の補充を助けた。またイギリスの卓越した生産力は同盟国に武器弾薬を提供した。対仏大同盟はギリシャ神話のヒドラのようであった。ナポレオンは次から次へとその頭を切り落としたが、獣の心を持つイギリスが生きているかぎり、頭は幾度も甦った。さて、いかがすべきか？

ナポレオンは当初イギリス本土侵攻を計画していた。一七九八年から九九年にかけて、フランスは絶えず不満を抱えている「ケルト外辺人《ケルティック・フリンジ》」〔主にスコットランドとアイルランドの住人〕に叛乱を唆す常套手段を使い、兵器と軍隊を送ってウルフ・トーン率いるアイルランド人の叛乱を支援した。例のごとく、いくら支援したところで、訓練が不足し装備も貧弱な叛乱兵には、イギリス政府を困らせ悩ませる以上のことはできなかった。一八〇三年に戦争が再開されると〔＝アミアンの和約が破綻〕、ナポレオンはより大胆な企てを試みた。ブーローニュに侵攻軍を集結させ、イングランド海峡を越えて彼らをイギリス本土に運ぶための輸送船を建造したのである。

ナポレオンはヨーロッパ西部で利用可能なあらゆる資源を動員し、スペインの力も借りて仏西連合艦隊を編成した。この艦隊によってせめて一時でもイングランド海峡の制海権を握ることが彼の望みであった。それはかつてドゥ・グラース提督〔率いるフランス艦隊〕がアメリカ東岸沖の海域で一時的にであれ優勢を維持したことが、敵将コーンウォリスを降伏に追い込み、アメリカ独立戦争を終わらせるのに十分効果があったからである。

これはイギリスの海洋国家システムがかつてなく大きな試練を迎えた瞬間であった。艦隊の陽動と索敵、海上封鎖を経て、ネルソン提督率いるイギリス艦隊（二十七隻）はトラファルガーの海戦で仏西連合艦隊（三十三隻）を撃破した。〔一八〇五年のことである。〕この海戦でネルソンは戦死した。仏西連合艦隊は三十三隻のうち大破・拿捕で二十二隻を失ったが、イギリス艦隊は一隻の軍艦も失わなかった。

一八〇一年にイギリスのジョン・ジャーヴィス海軍卿は貴族院でこう演説していた。「諸卿、わたくしは『フランスは攻めて来ない』とは申しません。しかし『フランスは海からは攻めて来ない』ということだけは申し上げられます」と。

確かに、フランスは海からは攻めて来なかった。トラファルガーの海戦前からすでに、ナポレオンの心は海洋帝国を打ち負かすための第二の計画に向けられていた。それはヨーロッパを一丸にまとめ、統一ヨーロッパの総力でもってイギリスに経済戦争を仕掛け、かの国を跪《ひざまず》かせるというものであった。ナポレオンは彼が戦ったなかで最も見事な勝ち戦に数えられる一連の圧倒的な戦い（ウルム、アウステルリッツ、イエナ、アウエルシュタット）でオーストリア、ロシア、プロイセンをまたもや打ち負かし、第三次、第四次の対仏大同盟をそれぞれ一年も経たないうちに粉砕した〔第三次：一八〇五年八月〜十二月、第四次：一八〇六年九月〜〇七年七月〕。一八〇六年十一月二十一日、ナポレオンはベルリン勅令〔＝大陸封鎖令〕を発表した。ヨーロッパ諸国の対英貿易を禁止することで、イギリスの貿易すなわちその国力を干上がらせようとする試みである。

それは恐るべき脅威であった。当時のヨーロッパ大陸はナポレオンのフランス帝国とその同盟国（不本意ながら同盟を組んでいた国を含め）でほとんど埋め尽くされていた。イギリス経済はすでに産業革命の急激な変化と成長を遂げつつあったが、主要な外国市場をすべて失えば、経済は混乱をきたし、今のところ華々しい成果をほとんど上げないまま長引いているフランスとの戦争を続けていく政府の能力が先細りする可能性が高かった。

〔イギリス本土〕侵攻に失敗した後、ナポレオンがイギリスの海洋国家システムに取って代わるものと考えた大陸封鎖体制《コンティネンタル・システム》は、イギリスの抵抗を終わらせる大いなる希望の持てる唯一の戦略であった。イギリスを征服しないかぎり、ナポレオンのヨーロッパ大陸帝国《ランド・エンパイア》は安泰でなかったからである。イギリスの世界規模の貿易とその急速に拡大し工業化が進む経済は、対仏大同盟を幾度も結成できるほどイギリスを豊かにした（もちろん外国市場に悪影響が及ばなければの話であるが）。イギリスが立ちはだかっているかぎり、フランスはいつまでも消耗戦に釘づけにされ、ナポレオンはその権力を強化することも、フランスの覇権の下で安定したヨーロッパの秩序を創建することもできなかった。一八〇六年以降、ナポレオンの大戦略は、イギリスを完膚なきまで叩きのめし、自らの広大な新帝国を永遠に磐石ならしめるという彼の最大の願いを叶えるべく大陸封鎖体制を維持することにあった。

だがそれには大きな犠牲がともなうことが分かった。ヨーロッパ人は世界との貿易、特にイギリスとの貿易（というのもヨーロッパから世界市場への販路はイギリスに支配されていたため）を強く望んでいた。〔それゆえ対英貿易が禁じられるとかえって〕組織的密輸が増え、さらにはますます常態化していった。ベルリン勅令が自らの懐を直撃した多くの国のエリートたちは、フランスとの連携政策を〔続けるべきや否や〕再考しはじめた。しかし大陸封鎖体制がうまく機能するには同盟国が一致して勅令を守る必要があることから、ナポレオンは自らの支配にたいする支持が揺らぎ出すにつれ、ますます必死になって大陸封鎖令を執行させようとした。

大陸封鎖体制はまた、最終的に自らを敗北させることとなる二つの戦争にナポレオンを引きずり込む。スペインとポルトガルで戦われたイベリア半島戦争とロシアへの遠征である。

陸続きの大国スペインからの侵略に脅威を感じ、世界各地に広がる帝国の領土をフランスやオランダなどの略奪国家から守ろうとしている弱小国ポルトガルは、十七世紀と十八世紀を通じてイギリスに助けを求めた。英葡貿易関係は緊密であり、両国の商人は世界中で協力し連携した。ポルトガルはナポレオンの大陸封鎖体制に参加したいとは思っていなかった。しかし自らの大陸封鎖体制にそうした巨大な隙間が生じることにナポレオンは我慢がならなかった。

ヨーロッパの片隅にある孤立した貧しい王国ポルトガルは、軍事的観点からみればナポレオンの敵ではなかった。しかしそれがイギリスの貿易相手国となると話は別である。ナポレオンはポルトガルを彼の大陸封鎖令に力ずくで従わせることに決めた。それはナポレオンがその生涯で下した最も致命的な二つの決断のうちの一つであった。

初めのうち事は順調に進んだ。一八〇七年十二月までにナポレオン軍はリスボンとポルトガルの大半の地域を占領した。だがその後、計算が狂いはじめた。ポルトガル王室がイギリスの助けを得て国外に脱出し、ブラジルから戦争を継続したのである。（後年セント・ヘレナに流されたナポレオンは自らの人生を振り返り「これが余に破滅をもたらした」と語っている。）マヌエル・デ・ゴドイ――〔スペイン王カルロス四世の〕王妃マリア・ルイサ・デ・パルマの愛人で、一七九五年に「平和公爵《プリンスィペ・デ・ラ・パス》」の称号を受けた――の非力で無能な政府がクーデターで転覆させられ、スペインの不安定な政治状況は混乱に陥った。どうにかしてこれを立て直そうと考えたナポレオンは、この機を捉えてスペイン王室（退位させられたフランス・ブルボン王家の親戚）を倒し、兄ジョゼフ・ボナパルトを〔ホセ一世として〕スペイン王に就けた〔在位一八〇八～一三年〕。

スペイン人は無能なブルボン王家の支配者のことが好きでなかったかもしれないが、さりとて外国の軍隊が自国の支配者の首をコルシカ出身の成り上がりの独裁者の傀儡にすげ替えるという発想も嫌った。たちまちスペイン各地でフランス軍に抵抗するゲリラ戦が勃発した。ポルトガルとスペインの混乱に乗じて、イギリスはイベリア半島に軍隊を上陸させ、ここに「半島戦争《ペニンスラー・ウォー》」が開始された〔一八〇八～一四年〕。多くの犠牲者を出して長く続いたこの戦争はフランス軍を何年間も半島に釘づけにした。〔イギリス軍を率いて参戦した〕アーサー・ウェルズリーはこのときの経験を活かし、後にワーテルローの戦いで最終的にナポレオンを打ち破る。

半島戦争は厳密な軍事的見地からすれば、まったく不要な戦いであった。ピレネーにわずかな兵力を置いておけば誰がスペインを支配しようとフランスを守ることはできたであろうし、ともかくもナポレオンがポルトガルとの戦争でイベリア半島の情勢を不安定化することがなければ、平和公爵は寝取られ王《ロイヤル・カクルドゥ》カルロス四世の心優しき無関心によってスペインの親仏政策を長く続けられていたかもしれない。

ナポレオンをかかる窮地に陥れたイギリスの商業力とシー・パワーを打倒することが戦略的に必要とされた。これと同じ必要性がロシア遠征という破滅的決断を導いたのである。

ナポレオンの反英戦略にとって、ロシア皇帝アレクサンドル一世を大陸封鎖体制に引き込むことは決定的に重要であった。歴史的にロシアはエリザベス時代からイギリスと経済的結びつきの強い重要な貿易国であったが、単にそれだけではなくロシアの軍事的・外交的な影響力は他のバルチック諸国から大陸封鎖体制への支持を取りつけるためにも必要であった。実際、ロシアが一八〇七年のティルジット条約後に大陸封鎖体制に参加〔＝第四次対仏大同盟から離脱〕したとき、ナポレオンはこれを喜んだ。スウェーデンが大陸封鎖体制への参加を拒むと、〔ナポレオンとアレクサンドル一世はエアフルトで会談し、そこで交わされた密約にもとづき〕ロシアはスウェーデン東部（現在のフィンランド）に侵攻、これを占領し、スウェーデンを屈服させた〔一八〇八〜〇九年、フィンランド戦争〕。

しかし大陸封鎖体制はロシアでは非常に不人気であった。〔ロシアにとって〕対英貿易は利益をもたらした。少くともフランスが危険なほど強大化するなか、まだしも阻止しようと思えばそれができる国〔＝イギリス〕に比してフランスの力を強めるような外交政策には多くのロシアの愛国者があまり利点を感じなかった。

アウステルリッツの戦い〔一八〇五年〕とフリートラントの戦い〔一八〇七年〕におけるロシア軍（前者は露墺連合軍、後者は露普連合軍）の立て続けの敗北で、全ヨーロッパを席捲するフランスに対抗できる大陸の同盟国がいなくなったことから、アレクサンドル皇帝はナポレオンと同盟〔＝ティルジット条約〕を結ばざるをえなくなった。しかしながらナポレオンの影響力が東方に拡大し続ける──疑似独立国ポーランドが再建され〔＝傀儡国家ワルシャワ大公国の建設〕、バルト海沿岸地域の諸領邦〔＝プロイセン王国〕が巨人国《コロッソス》フランスに併合される──とともに、アレクサンドル皇帝はナポレオンの野望を前にしては講和《ピース》が何ら安全を保障するものではないことを実感した。ロシアの船舶はイギリスとのあいだの非公式貿易を秘密裡に再開した。そしてロシアはボナパルトの国に対抗して何らかのヨーロッパ統一戦線を再構築する方法を探った。

ナポレオンが史上最大規模の陸軍を擁してロシア遠征に乗り出したのは、そうした反抗の芽を摘み取るためであった。百年以上の後にヒトラーを魅惑し、破滅に至らせたのと同じ論理の鎖に縛られて、イングランド海峡の横断を企てながら挫折したナポレオンは破滅的なロシア侵略へと突き進んでいった。

半島戦争とフランス陸軍の壊滅（ロシアに遠征した総兵力八十万のうち帰還できたのはわずか二パーセント程度）は、ナポレオンの失脚とその追放〔一八一四年のエルバ島配流〕につながった。だがそれ以上に重要なのは、ナポレオン戦争の結果、イギリスが比類なき威信と力を持って現れたことである。それに匹敵する国は、二十世紀の戦争で同様の勝利を上げたアメリカだけであろう。国民に不人気なブルボン復古王朝の数十年におよぶ統治下で道徳的に堕落し、財政的に破綻し、国力の衰退したフランスには、もはや海洋国家システムに対抗する強大な敵対者《グレート・アンタゴニスト》の役割を果たす力は残されていなかった。ヴェルサイユ宮殿から追い出されたサタンに次の住処《すみか》が見つかるのは、ヴィルヘルムのドイツが台頭し、ヨーロッパの勢力均衡をかき乱しはじめる十九世紀後半になってからである。

長き戦争のあいだにイギリスの世界貿易は繁栄したが、その敵対者たちの貿易は海からの妨害と脅威にさらされ続けた。それのみならず、イギリスは戦争のたびにそれに乗じて世界中から数少ない選りすぐりの拠点と植民地を選び取るのを常とした。さらにまた戦争中、イギリスの近隣諸国にたいする経済的・技術的優位は高まった。フランス革命からナポレオン戦争にかけての時期（一七九一～一八一五年）にイギリスの経済的優位はかつてないほど他国を大きく引き離した。産業革命はイギリスに新たな試練を与え、最終的にはブリタニアの頭上から世界支配者の王冠を必死に奪い取ろうとする新たな敵対者の欲望を強めることとなる。ただ少なくともナポレオン戦争直後には、イギリスの産業とイギリスよりも機械化が遅れ非効率な大陸諸国の産業とのあいだの格差は急激に拡がり、地政学的なイギリスの威信は一段と高まった。

一世紀余りにわたってほぼ絶え間なく続いた地球規模の戦争（そのほとんどは自国よりも人口が多く、経済規模が大きく、天然資源が豊かな国々との戦い）の末、イギリスはより強く、より豊かとなり、地政学的にも経済的にも支配的な海洋国家システムの中心にあってより安定した国に成長した。一世紀後、イギリスは海洋国家システムの支配的地位を新興国アメリカに明け渡すこととなる。しかし今日に至るも、オランダが発明し、大ピットが世界最大の帝国を築き上げ、小ピットとその同志がナポレオンから守り抜いたこのシステムは世界の歴史を推進し続けている。

アングロ－アメリカ人はヨーロッパやアジアにおいて幾度となく手ひどい敗北を喫した。しかしながら彼らは、資源を敵の手に渡さないため――そしてまた破綻した同盟に代わる新たな同盟を構築するのに必要な資源を手に入れるため――グローバルなシステムを操る自分たちの能力を幾度となく発揮した。

アングロ－アメリカ人の敵は次第に行き詰まっていった。いくら陸上戦闘で勝利しても形勢を変えられるようには決して思えない。ナポレオンはモスクワからマドリッドに至るヨーロッパを征服した――しかし大国イギリスの心臓部を突くことはついにできなかった。海外貿易から毎年もたらされる富の力で、イギリスは弱った同盟国を支援し、最後の勝利を上げるまで戦争を続けることができた。ヒトラーの軍隊は開戦当初三年間イギリスとその同盟国の軍隊をすべての戦場で打ち負かした――が、電撃的で歴史的な勝利の三年間を過ぎると、敗戦のことを案ずるようになるのはチャーチルではなく、むしろヒトラーの方であった。一九四四年のバルジの戦いでドイツ軍がアメリカ軍陣地に奇襲をかけたとき、アメリカの一兵卒のもとへ本国の家族からチョコレートケーキが送られてきているのを見た一人のドイツ人将校は自分たちが戦争に負けたと悟った。ドイツ兵が一滴の燃料、一握りの食料を求めて必死に戦っているのにもかかわらず、アメリカ兵は十分な食料と十分な輸送能力があり、一兵卒のもとにバースデーケーキが海を渡って届けられていたのである。

ウィンフィールド・スコット将軍が南北戦争において同様の戦略を考案したとき、アメリカの報道はそれを「アナコンダ計画」と呼んだ。北軍《ユニオン》のシー・パワーは南部と外国との貿易を遮断する一方、北部の国際通商を保護した。南北戦争が終わるまでに南部の通貨は価値がなくなり、南部の経済は崩壊し、南部連合軍は戦場で武器、衣類、食料の不足に見舞われた。南部とは対照的に、北部は開戦時よりも終戦時の方が豊かになっていた。

ジョージ・ケナンは冷戦期に古典的な海の王者の戦略《シーキング・ストラテジー》を復活させ、それを「封じ込め《コンテインメント》」と呼んだ。米英両国のシー・パワーはユーラシア大陸におけるソ連の影響力を封じ込める一方、ヨーロッパではNATO加盟国を、アジアでは日本を支援し、それらの諸国は西側同盟を重視した。

小ピットがフランス革命とナポレオンに対抗するために用いた手段が同盟戦略《コーリション・ストラテジー》である。フランスは連戦連勝し、次から次へと同盟を打破していくうちにその力を消耗し、疲れきった挙句、イギリスとその同盟国に降参した。

すべてこれら多くの戦争を通じて大陸国家同士が途方もなく破滅的に金銭《かね》のかかる陸上戦闘で疲弊しているあいだに、アングロ－サクソン人は大国の戦略上最も重要なことに専念した。すなわち戦っている敵の植民地を掠め取ることによって、グローバルなシステムのなかで従来にもまして堅固に身を固めたのである。イギリスはこうしたやり方で、インドと北米からフランスに手を引かせ、ケープ植民地をオランダから奪った。イギリスはナポレオン戦争に乗じて米州大陸のスペイン帝国領を壊滅させた。また第一次世界大戦ではアフリカからドイツ人を、中東アラブ地域からトルコ人を追い出し、第二次世界大戦ではイタリア人にその番が回ってきた。イギリスが奪い取った土地は、時に敵の領土であったところもあれば、時にはなんと同盟国の領土であったところもある。だがいずれにせよ、イギリスは長い時をかけて敵の植民地帝国を根底から解体した。

ヨーロッパの植民地帝国に常々憤慨していたアメリカではあるが、冷戦時代には自らもそれと同じことをしていた。イギリスのインド支配にたいするアメリカの頑強な反対は、第二次世界大戦後にイギリスがインドからの撤退を余儀なくされた理由の一つである。アメリカはマーシャルプランによる援助打ち切りの可能性を伝えてオランダを脅し、同国に現在のインドネシアから手を引かせた。一九五六年のスエズ危機では、アメリカがイギリスとフランスにナセルのエジプトにたいする攻撃をやめさせたことで、中東における英仏の帝国支配は終焉した。

しかしアメリカ自身は、第二次世界大戦後にイギリスを真似て新たな植民地帝国をつくることはしなかった。その代わり、南米諸国がスペインやポルトガルの支配から脱するのを手助けしたときのイギリスのやり方に倣った。アメリカは旧植民地で起こった独立の動きを支持し、次いでその新国家にアメリカが建設中のグローバルな経済システムに入ることを認めた。帝国《エンパイア》の短所は、これまで常にそうであったように、まず最初に他国を征服し、次にそれらの国々を抑えつけておかなければならない点にある。一方、秩序《オーダー》の長所は、自分たちがどこに帰属するのかを人びとが自由に選べる点にある。

秩序か帝国か、それは単なる縄張りの問題ではない。それは通商ルートであり、市場シェアであり、金融市場であり、関係《リレーションシップ》の問題である。戦争が終わり、アングロ－アメリカ以外の諸国が世界市場に戻ってきたとき、それらの国はアングロ－アメリカ国家がかつてより安定した状態にあることに気づく。かくしてアングロ－アメリカ国家はそれぞれ一つ前の戦争で獲得した戦利品《スポイルズ》で身を固め、勝利への態勢をより整えて次なる大きな国家間紛争に突入してきた。

それは単純な方式ではあるが、ちゃんと機能している。少なくとも四百年前にオランダが最初にそれを考案して以来ずっと機能し続けてきた。

〔本章の原文の章題は「フレンチトースト（French Toast）」である。このうち「トースト（toast）」には、俗語で「破滅、おしまい、迷惑・厄介（な存在）、大きなトラブル（メーカー）」などの意味がある。〝He is toast!〟と言えば、「彼はもう終わりだ」とか、「彼は厄介な奴だ」といった意味になる。そこで翻訳では、章題を「フランス、この厄介な国」とした。〕

第六章　世界は彼らの牡蠣であった
——英語文化圏としてのイギリス帝国の拡大

一八一五年、再起を期して低地諸国に進出を図ったナポレオン軍をウェリントン率いる軍勢がワーテルローの戦いで最終的に打ち負かしていた頃、大西洋の彼方にあってイギリス帝国の流れを汲む巨大な国家アメリカは、イギリスの海洋国家システムのなかで働くことの利点を徐々に理解しながら、急速な成長と工業化の道を進んでいた。十九世紀後半になってイギリスの技術的・経済的優位に翳りが見えはじめてからも、怒涛のごときアメリカの進歩と発展によって英語圏は諸列強と世界の出来事の最前線に立ち続けることとなる。

イギリスは世界で唯一の真に産業化されたグローバルな大国であり、イギリスの資本とイギリスの貿易が先鞭をつける形で広大な非西洋世界をグローバルな資本主義経済へと大規模に引き込みはじめた。イギリス人移民がカナダ、オーストラリア、ニュージーランドに入植する一方、イギリスの征服者、行政官、投資家はインドを変革し、イギリスの商人と海軍は中国の壁——中国人はその壁の内側で旧套を墨守しようとした——を突き崩した。新世界では〔本国を逃れてきた〕ポルトガル王室がブラジルに新国家を建設し〔＝一八一五年にポルトガル・ブラジル・アルガルヴェ連合王国が成立〕、ラテンアメリカの広大なスペイン帝国領はイギリスの影響によって破壊されていった。ポルトガル、スペインいずれの支配地域でも、旧宗主国の力が衰えるにつれ、イギリスの投資、イギリスの貿易、イギリスの政治的影響力がますます重要性を増した。イギリスの宣教師は世界の至る所、キリスト教を広めるのが最も困難に思われる土地で布教をはじめた。キリスト教が今日世界宗教であるのは、このときにはじまった布教の取り組みがかなり寄与している。

言い換えれば、今日われわれの知る世界の基礎はこの時期に完全に築かれたのであり、イギリスはワーテルロー以後につかんだ機会をうまく活かし、文化的・経済的・政治的な流れを切り開きはじめた。そしてその後の世界情勢は概ねその流れに沿って進み続けている。十九世紀におけるアメリカの西方拡大、人口増加、経済発展という物語は、アメリカ人にとっては耳馴染みかもしれない。しかしその物語は、海洋国家システムの力と範囲の劇的な拡大というもっと大きな文脈のなかに位置づけるべきである。海洋国家システムにとってアメリカの発展はきわめて重要な要素ではあった――だがあくまでも一部の要素にすぎなかった。

ナポレオン戦争が終わると、現代の政治に深い影響を与えている二つの相互に関連する歴史的な動きが見られた。一つは、ブリテン諸島からアメリカ、カナダ、オーストラリアおよびニュージーランドへと大量の移民が流出したことである。もう一つは、世界のますます広い地域――拡大するイギリス帝国の境界の内と外――に未曾有の投資ブームが巻き起こり、経済的・政治的関係が一段と緊密化したことである。これら二つの動きが相俟って、重要性を持つ新たな地政学的現実が出来《しゅったい》し、世界に広がる海洋国家システムが強化された。アングロスフィア――人口の大多数が英語を母語とし、社会的価値観と文化が概ねアングロ-サクソン人の価値観によって形づくられている国々の集まり――は未だに国際政治における重要な存在である。カナダ、オーストラリアおよびニュージーランドは二つの世界大戦中、終始イギリス側に立って戦った。冷戦ではすべての英語圏諸国が同じ側に立って戦った。特にオーストラリアは朝鮮戦争とベトナム戦争、さらに二度のイラク戦争に派兵し、アメリカ側に立って戦った世界で唯一の国である。

イギリス人はアメリカ独立革命を招来せしめた轍を再び踏まぬよう意識的に努めた。イギリス本国政府はカナダを手始めに、海外で発展する英語話者の植民地にたいして、かつてアメリカ植民地人が求めながら拒まれた権利を付与する計画をまとめた。本国から派生した英語圏の社会を武力による独立へと追い込むような事態は二度とあってはならないからである。こうしてその後一世紀半にわたって、イギリスは危険に際してこれらの諸国からの支援を当てにすることができたのである。

グレート・ディアスポラ

ナポレオンがイギリスの戦略的要衝である絶海の孤島セント・ヘレナに配流となったとき、ブリテン諸島以外で英語を話す人びとの数が多かった唯一の国――ナポレオン戦争が最終局面にあったのとちょうど同じ頃、いわゆる「一八一二年の戦争」でイギリスと干戈《かんか》を交えていた国――それがアメリカであった。〔一八一二年の戦争は六月四日にはじまり、一四年十二月二十四日のヘント（ガン）条約締結まで続いた。ただし条約締結の報が伝わっていなかった米英両軍はその後も戦闘を続け、翌一五年一月八日にはアンドリュー・ジャクソン率いるアメリカ軍がニューオーリンズでイギリス軍の攻

撃を撃退した。〕

イギリス帝国がかつて「白人自治領《ホワイト・ドミニオン》」と呼んだ国々——カナダ、オーストラリア、ニュージーランド——はまだ存在していなかった。ケープ植民地（イギリス帝国がその後南アフリカに所有することとなる植民地の中核）はオランダから奪い取ったばかりであり、その住民は、肌の色に関係なく、片言の英語も話せなかった。インドにおいては土着の英語圏社会の基盤がまだ整っておらず、インド住民のほとんどはインド亜大陸に新自治領を建設するために新たにやって来た帝国の侵略者の言葉を知らなかった。

これらの地域を含む世界のあちこちで、英仏戦争（一六八九～一八一五年）が終わってから英独戦争（一九一四～四五年）がはじまるまでの長い休息のあいだに驚くほどの進展が見られた。しかし世界史のありきたりな物語では、これから話すことは、それとは無関係の、さして重要でもない同時代のヨーロッパ帝国主義にまつわる挿話《エピソード》と一緒くたに語られることが多い。まさしくマーク・トウェインが言うように、「稲光と蛍の光」を混同するようなものである。〔トウェイン曰く、「正しい言葉とほぼ正しい言葉の違いは、稲光《ライティング》と蛍の光《ライティング・バグ》ほどの違いがある」と。〕この時期、ドイツ人、ベルギー人、イタリア人はいくつかの植民地を建設し、フランス人は彼らよりちょっぴり多くの植民地を（といっても、さほど多くはないが）建設した。一方、イギリス人は新たな世界を建設した。

イギリス帝国が同時代の他の諸国によるとりあえずの冒険《テンタティヴ・ヴェンチャーズ》と最も大きく異なるのは、自治権を持つ英語話者の植民地が台頭した点である。独立した北米十三植民地のように、十九世紀のイギリスの植民地はそれぞれの辿ってきた歴史も建設された目的も異なっていた。しかしピルグリム・ファーザーズがマサチューセッツ湾に上陸してからほぼ二百年後に襲来したこの第二の植民地化の波は、フランスとの戦争の末に世界の指導的大国に上り詰めたイギリスがその影響力を長く残すために続けた一つのやり方であった。

アメリカ独立革命の最中および直後に約九万人の王党派がアメリカからカナダの沿海植民地に大挙して押し寄せ、その大半が定住した（全員が定住したわけではなかったが、「遅れてきた王党派《レイト・ロイヤリスツ》」の入植は一八一二年頃まで続いた）。彼らアメリカからの政治難民たちは英語圏《イングリッシュ》カナダの発展に弾みをつけた。しかしイギリスからカナダへの大量移民は、ナポレオンの没落によって海の安全が回復したあとにようやくはじまった――とはいえ、産業革命にともなう経済的混乱から逃れて新天地で一旗あげようと意気込む多くのイギリス人がやって来るのは、だいたい一八三〇年以降である。イギリス人移民のうちアメリカでの生活を続ける者も少なくなかったが、移民の大きな流れはカナダへと向かい、その行き先も従来のケベックやモントリオールから内陸部のオンタリオ（現在でも英語圏カナダの心臓部）へと移った。

十九世紀半ばにオーストラリアでゴールドラッシュが起こるまで、カナダはしばしば「第二のイギリス帝国」と呼ばれ、植民地のなかで最も急速に成長した。こうした背景に加え、多民族・多人種からなる人びとのあいだから時おり不満が爆発しそうな不穏な兆候が見られたことから、カナダ問題はイギリスが海外への入植を組織する新たな方法を真剣に考えるきっかけとなった。一連の叛乱〔＝一八三七年にアッパー・カナダとロウアー・カナダで起こった小規模の叛乱〕の後、〔その原因究明のため〕一八三八年にダラム伯がカナダに派遣された。ダラム伯に同行したのは、エドワード・ギボン・ウェイクフィールドという人物であった。ウェイクフィールドは遺産相続目当てで乙女〔＝ウィリアム・ターナー自由党下院議員の一人娘で当時十五歳のエレン〕をかどわかして駆け落ちした件で懲役三年の有罪判決を受けた犯罪者であった。二人の結婚は議会法によって解消され、ウェイクフィールドは投獄された――彼は過去にも同様の罪を犯している。ヴィクトリア朝社会の高い道徳的気風の下ではウェイクフィールドの経歴は公にすることが憚られる忌まわしいものであるが、その彼がダラム伯のカナダ派遣団の一員に加わり、次世代にわたってイギリスの対カナダ政策の指針として大きな影響力を持つこととなる『ダラム報告書』に自らの考えをうまく忍び込ませた。ウェイクフィールドとあまり目立たない共同執筆者のチャールズ・ブラー、そしてダラム伯は、責任ある政府を持たせることがカナダ人を平和裏に帝国内に踏みとどまらせるための策であるとイギリス本国政府に進言した。目的はそれだけではなかった。〔インド生まれの〕イギリス人であるＮＡＴＯ事務総長イスメイ卿の言葉を捩《もじ》って言えば、それはイギリス系カナダ人を繋ぎ止め、アメリカ人を締め出し、フランス系カナダ人を抑え込むためであった。※

※一九五二年から五七年までＮＡＴＯの〔初代〕事務総長を務めたヘイスティングス・ライオネル・イスメイ卿は、ＮＡＴＯ創設の目的は「アメリカ人を繋ぎ止め、ロシア人を締め出し、ドイツ人を抑え込むため」であると述べた。

イギリスはこれら三つの目的のすべてをかなりうまく達成した。一八六七年までにカナダは自国の問題に次第に責任を持つようになり〔＝一八六七年憲法採択〕、英語話者《アングロフォン》が支配する親英の連邦国家《フェデレーション》として姿を現しはじめていた。イギリス系カナダ人の帰属意識《アイデンティティ》や文化は当時も、そして今も、イングランド、スコットランド、アイルランド、アメリカ、オーストラリア、ニュージーランドの人びとの帰属意識や文化と類縁関係にあることがそれとすぐに分かる。

イギリス帝国は英語文化圏《アングロスフィア》となりつつあった。

ウェイクフィールドの影響力は、新生の英語圏諸国のなかで最も小さく、かつ最も遅れて誕生した国の発展にも及んだ。ダラム伯がカナダにおいてインディアンやフランス系カナダ人、アイルランド系カナダ人の叛乱者の怒りを鎮めようと努力していた一八三八年頃、現在のニュージーランドには三〇〇人以上のヨーロッパ人入植者が住んでいた。〔ジュディス・バセットらの調べによると、マオリ族から「パケハ」と呼ばれたヨーロッパ人入植者は一八三〇年代に三〇〇～三三〇人であったが、四〇年代になると二千人にまで増加したという。〕ポリネシア系先住民のマオリ族は彼らの土地の相当部分〔の所有権〕と政治的権利をイギリスに認めさせようと激しく抵抗し、なんとかこれを認めさせた。〔一八四〇年にイギリス王と多くのマオリ族酋長とのあいだに結ばれたワイタンギ条約によってニュージーランドの主権《ソヴリンティ》はイギリス王に譲渡され、土地、森林、水産資源などにたいするマオリの所有権《ポゼッション》はイギリス王によって保障された。ただし英語版とマオリ語版の条約文の齟齬から、これ以後も土地をめぐる争いは続く。〕一八四〇年代に時おり衝突が起こることもあったが、入植地の建設は続いた。特にクライストチャーチとオタゴの入植地は、植民地にイギリス文化を移植するというウェイクフィールドの考えにもとづいて建設された。クライストチャーチはオクスフォード大学のあるコレッジの校名に由来する名前で、主教《ビショップ》が常駐するイングランド国教会のモデルタウンとする狙いがあった。それと同様の狙いでスコットランド教会がオタゴに入植した。不幸にも主教が早々に帰国したこと以外は両入植地とも繁栄し、今も当時の面影を何ほどか留めている。一八五二年になると、英語を話せる住民はまだ少なかったにもかかわらず、すでに「自治権《ホーム・ルール》」を要求するまでになっていた。この要求は認められ、ニュージーランド人もカナダ人と同様、最終的に独自の議会、独自の法律を持ちながら、その後も広大な英語圏の一員であり続けた。

オーストラリアにおける英語話者社会の形成は、アメリカ独立革命の影響をある程度受けている。大西洋の植民地はいったん独立してしまうと、もはや囚人の捨て場として利用することができなくなった。法律上死刑に相当する犯罪が二〇〇件以上にのぼったこと、また路頭に迷い、往々にして始末に負えない貧民人口が増え、すべての罪人を収容できるだけの刑務所を建設、維持することが困難となったことから、イギリス当局は「流刑」宣告を受けた罪人を国外追放する新たな場所を探し求めていた。ブリテン諸島からできるだけ遠くにあるオーストラリアほど彼らを送るのにうってつけの場所が他にあろうか？　入植地を南太平洋におけるイギリスのシー・パワーの拠点にするのは二の次である。受刑者七三〇人を乗せた最初の船団は一七八七年五月にロンドンを出発した。一八三〇年までにさらに五万八千人の受刑者が輸送され、そのうち八千人が女であった。

続々と送られてきた受刑者は常習犯と政治犯（アイルランドの叛乱や労働騒擾に関与した者）であったことから、初期のオーストラリア人の生活と統治は、辺境社会の基準に照らしても野蛮で苛酷であった。「バウンティ号の叛乱」で有名なバウンティ号の艦長ウィリアム・ブライは〔オーストラリアのニューサウスウェールズ〕総督に就いた。「監獄のなかの監獄」と呼ばれたノーフォーク島は地球上で最も恐ろしい場所の一つであった。

当初は苛酷で夢も希望もなかった地は、また一つの新たな、責任ある政府を持つ自由社会へと成長する。本国政府が受刑者を船で運ぶのをやめる前からすでに、イギリス議会はアメリカを失った轍を繰り返すまいとの決意から、オーストラリアの地方議会に一層の自治権を与えようとしていた。ここでもウェイクフィールドの考えが実を結び、家族単位での組織的植民によって南オーストラリアの広い地域に人びとが住みついた。十九世紀半ばには、ゴールドラッシュの波に乗って世界中から渡り者や一攫千金を夢見る輩が金鉱に殺到し、オーストラリアの経済、人口、犯罪率が高まったことで、家族思いのオーストラリア人の生活の一面が覆い隠されてしまうおそれがあった。しかし責任ある民主的自治と自治警察によって（警察が金鉱採掘のための集団脱走をやめさせると）ほどなくして秩序が回復し、オーストラリアは世界で最も民主的で平等な社会の一つとして完全な自治への道を小生意気《チーキー》にも歩み続けた。

海洋国家システムの力と富にとって英語話者の流れを汲む社会の存在がいかに重要であるかを把握するためには、アメリカ、カナダ、オーストラリアおよびニュージーランドがかつても今も提供している戦略的縦深性《ストラテジック・デプス》と資源について考える必要がある。加えてこれら広範囲にわたる巨大で豊かな国々が海洋国家システムにもたらす資源と貿易についても考える必要がある。十八世紀はアメリカの材木、ピッチやタール〔＝船の防水に使用される〕がイギリスの艦船に利点をもたらした。アメリカ、オーストラリア、カナダおよび南アフリカの黄金《ゴールド》は、これらの諸国を長期間経済的優位に立たせるほどにまで英語圏の銀行制度と資本市場を発達させた重要な要素であった――その経済的優位が与える影響は今日も依然として感じられる。アメリカ南部の綿花、カナダとアメリカ北部の小麦、オーストラリアとニュージーランドの羊肉と羊毛――こうした豊富な資源と〔それらの市場〕機会はそれに驚く英語圏の住人の上に注がれ、これらの諸国に未曾有の豊かさをもたらす力となった。

これらの国々が海洋国家システムに果たした貢献はこれだけではない。それらの諸国がイギリス本国の不満分子の受け皿となったことで、イギリスは国内の安定が脅かされる事態を免れることができた。その半面、最も有能かつ有望な（それゆえ場合によっては最も危険な）人物たちが新たな植民地に飛び出していった。彼らは新天地でしばしば社会の柱石となり、ひいては海洋国家システムを支える頼もしい逸材となった。一八一二年から一九一四年までのあいだに二千万人を超える人びとがブリテン諸島をあとにした。その大多数はアメリカに入植し、残りの多くは白人自治領に向かった。[1]

さらにまたここ二世紀近く、世界中で最も有能かつ勤勉で進取の気象に富む人びとの一部は、新天地に夢を馳せ、故国をあとにし、英語圏に新たな居を構えた。大勢のドイツ人、ロシア人、ポーランド人、イタリア人、ギリシャ人、ノルウェー人、スウェーデン人、ポルトガル人、メキシコ人、アラブ人、アフリカ人、インド人、パキスタン人、中国人、日本人がこれまでも、そして現在も英語圏に集まって来ており、彼らの才能と野心は〔英語圏の〕共通の蓄え《コモン・ストック》を豊かなものとしている。世界中から多数の移民を歓迎し、彼らを同化させる英語話者社会の力は今日に至るまでアメリカ（およびその他の英語圏諸国）の持続的な強さの主要な要因となっている。

ハプスブルク王朝、ブルボン王朝、ナポレオン帝国にたいするイギリスの勝利がこれを可能とし、英語圏をかつてないほど最も豊かで最も強力な政治的・経済的・軍事的勢力とならしめたのである。また英語圏がそうした勝利によってもたらされた富と機会を手中にするようになるにつれ、海洋国家《シー・パワーズ》はさらに強く豊かとなり、そのグローバルな地位はますます羨望の的となり――しかもより盤石となった。

無論そこには多くの犠牲者がいた。オーストラリアとタスマニアのアボリジニ、アメリカとカナダのインディアン、また彼らに比べればまだしも幸運であったとさえ言えるニュージーランドのマオリが、海象と大工にケント州の浜辺から絶対に立ち去らないでほしいと願うのもむべなるかなである。

飢饉に襲われたアイルランド人や土地・財産を奪われ、飢餓に苦しむ農民など夥しい数の人びとがヨーロッパ全土から追い立てられ、あるいは駆り立てられて海外に移住し亡命した。だが移住や国外脱出の道のりは現実には常に危険と隣り合わせであったにもかかわらず、今ではそうした面は覆い隠され、むしろ薔薇色に輝く郷愁と神話で塗り固められている。われわれはかかる郷愁や神話に誑《たぶら》かされて、モントリオールやエリス島、シドニーやオークランドに上陸した移民たちが味わった搾取や苦難の経験から目を背けてはならない。またこれら伝説の土地《フェイブルドゥ・ランド》にやって来たアジア人から公平な機会を奪った差別や排斥についても忘れてはならない。

確かに、白くきらめく街《アラバスター・スィティーズ》は英語圏のあちこちに見られるが、それらの都市を「美しきアメリカ(America the Beautiful)」とか「涙で濁ることなき(undimmed by human tears)」という言葉で表現することは難しい。〔「アメリカ・ザ・ビューティフル」はアメリカ第二の国歌と言われ、ひたすらアメリカを讃美する歌詞からなる。〕

もう一つのイギリス帝国

イギリスの帝国とヨーロッパ諸国が十九世紀に継ぎ合わせてつくった帝国とは、「稲光」と「蛍の光」ほどの違いがある。その最も明白な違いは、後者にはイギリス自治領《アングロフォン・ドミニオンズ》に相当するものがなかった点にある。たとえわれわれが、大西洋や太平洋の彼方に誕生したそれら新たなアルビオンではなく、十九世紀に比較的よく使われていた帝国の富と成功を測るための形態を基準にするとしても、イギリス帝国に対抗する大陸諸国の帝国は「稲光」とは程遠いちゃちで見掛け倒しのものにすぎなかった。

イギリス帝国に対抗した帝国のなかで最も頑強で長く持ちこたえたのは、ご想像のとおり、フランスの帝国であった。長き戦争でイギリスに敗北し、外洋から追い出されはしたが、それにもかかわらずフランスは地中海を跨いで北アフリカに根をおろし、特に植民地アルジェリアにおけるフランスのプレゼンスは長く続き、影響力も強く、その根を引き抜くことは容易でなかった。その後フランスは西アフリカやとりわけインドシナの征服地にしっかりと根を張った。フランス人は閣僚から学童に至るまで、地図上に爽やかなギャリックブルー（フレンチブルー）で塗られた地域が広がっていくのを満足げに眺めた。しかしその範囲、豊かさ、戦略的重要性の点で海外のフランス帝国領の輝きを打ち消し、それを凌駕する国があった。ピンク色で塗られたイギリスである。

イギリス帝国はその絶頂期――それは第一次世界大戦後に到来したが、打ち負かした敵（ドイツとオスマントルコ）から選りすぐりの領土を手に入れるというイギリスの伝統的なやり方はこのときが最後となった――には、地球の陸地の四分の一以上、世界の人口の四分の一以上を占めた。何よりもまず、イギリスは広大なインド亜大陸（今日のインド、パキスタン、バングラデシュ、スリランカ、ビルマ諸国を含む）を支配した。サー・トーマス・ピットがリージェントのダイアモンドをフランス王室に売ったとすれば、それとほぼ並ぶ巨大なダイアモンドであるコ・イ・ヌールは、イギリス軍に降参したパンジャブのシーク王国〔のランジット・シン〕からイギリスの手に渡った。イギリス軍の司令官はそれをさっと小箱に入れてポケットに突っ込み、本国に持ち帰ってからヴィクトリア女王に献上した。女王はそのダイアモンドを彼女の戴冠用宝玉に加えた。

イギリスはロンドンからインドに至る主要航路に近接する陸地を支配した。ナポレオンの敗北によってイギリスが手に入れた現在の南アフリカは、伝統的な喜望峰回り航路（ケープルート）の戦略的要衝であった。またイギリスはジブラルタルからアレグザンドリア、スエズに至る地中海沿いの一連の海軍基地も確保した。スエズルートは運河掘削前からすでにケープルートを凌ぐ勢いで利用されるようになっていたことから、イギリスはエジプトとその属領スーダンおよびアラビア半島とペルシャ湾岸へと急速に勢力を拡大した。

同様にインド洋から南シナ海、さらに太平洋へとつながる重要な航路にあるマラッカ海峡も地図上に頼もしいピンク色で塗られている。一八一九年〔二月六日〕にサー・トマス・スタンフォード・ラッフルズが貿易拠点として築いた戦略的港シンガポールは、その後すぐにインドと中国を結ぶ主要な中継貿易港となり、現在に至っている。（イギリス人がこの地に入植をはじめてから当初数年間、現地で最善の対策がとられたにもかかわらず、およそ一日に一人の割合で人食い虎の餌食となった。）

徳義上の問題はあるにせよ、紛れもなく効果的であったアヘン戦争〔一八四〇～四二年〕によってイギリスは〔清朝〕中国から香港を奪い取った。香港はアヘンその他の商品の貿易を通じてイギリスと中国の商館に厖大な富をもたらしたことから、双方にとって等しく価値のある地であることがはっきりした。

アフリカにおけるイギリス帝国の建設は無計画に進められた。しかしここでもイギリスの領域は対抗する諸勢力の領域よりもたいてい勝っていた。エジプトはアフリカ大陸最大の人口を擁する国であった。英領南アフリカは最も良質な金とダイアモンドが採掘できる鉱山やヨーロッパ人が入植するのに最も適した土地があった。ザンジバルはアフリカ東海岸の戦略的要衝であった。ナイジェリアは肥沃で豊かな油田に恵まれた西アフリカの国であり、今日サハラ以南のアフリカ人の四人に一人がナイジェリア出身である。イギリスは第一次世界大戦でドイツ領東アフリカ〔南部〕の植民地〔タンガニーカ（現タンザニア）〕を獲得し、喜望峰からナイル川河口に至る一連なりの陸地を支配した。〔十九世紀後半、スコットランド人宣教師デイヴィッド・リヴィングストンはアフリカ探検中に突然消息を絶った。彼の探索を依頼されたニューヨーク・ヘラルド紙のイギリス人特派員ヘンリー・スタンリーは一八七一年十一月にリヴィングストンをタンガニーカ湖畔の村で発見した。その後二人はタンガニーカ周辺部を探検した。」

見えざる帝国

旧イギリス帝国領を旅する旅行者たちは今でもダーバン（南アフリカ）やナイロビ（ケニア）などの地にイギリス人が建設した巨大な植物園にたびたび足を運び、そのたびに驚嘆している。ふだんから草花が美しく配置され、細かなところまで手入れが行き届いているそれらの植物園は、イギリス人がガーデニング好きであるという話やチャールズ・ダーウィンらの自然科学者たちが自ら探検に赴くほど旺盛な科学的好奇心の持ち主であったという話を立証するためだけにあるのではない。有用な植物の栽培はイギリス帝国の特徴の一つであり、実際にその繁栄の鍵となったのである。

砂糖はたばこ以上に十八世紀のイギリス帝国とその植民地の繁栄の大きな原動力となった。七年戦争で敗北したフランスは、カナダを返還するかそれともマルティニークとグアダループの砂糖諸島を返還するかの選択を迫られたが、そのときフランスはほぼ迷うことなくカナダを返還する方を選んだくらい当時の砂糖諸島は世界経済にとって非常に重要であった。

イギリス帝国の植物園には、帝国の隆盛にとって大きな役割を果たしたもう一つの植物があった。ケシである。清王朝下の中国で鎖国状態にあった消費者は、イギリス人が売りつけようとした消費者向け製品には目もくれなかった——しかしアヘンだけは瞬く間に市場に浸透し、イギリス人はすぐにそれを用意した。海洋の支配が彼らに与えたグローバルな視野と力とをもって、イギリス人は最初のうち現在のトルコでアヘンを調達し、それを喜望峰回りで中国に海上輸送していた。やがて中毒性のあるケシの花をインドで栽培するようになり、輸送期間は数カ月短縮され、トルコのケシ栽培者は市場から締め出されてしまう。

アヘンに比べれば罪は軽いが、イギリスの植物学的知識は現在のビルマ－インド国境沿いの丘陵地に茶の木が自生している事実をつかんだ。ほどなくしてイギリスが所有するセイロン（現スリランカ）の茶園は世界市場で中国の茶生産者に太刀打ちできる力をつけた。

商業用のゴムの木であるパラゴムノキは、その学名「ヘベア・ブラジリエンシス」から分かるとおり南米原産である。しかし今日世界中の天然ゴムの約九割はアジアの農園で栽培されている。ゴム市場がブラジル繁栄の鍵であった当時、ヘベア・ブラジリエンシスの種子をブラジル国外に持ち出したのは、ロンドンにあるインド庁の命令で活動していたイギリス人植物学者たちであった。彼らはまずキュー王立植物園《ロイヤル・ボタニック・ガーデンズ》でそれを栽培した後、セイロンとシンガポールの植物園に送った。マラヤのゴム園は一九六三年にマレーシアが独立するまでイギリスの繁栄にとって重要な源となる。

地球上の全気候帯を網羅する領域を世界で最も多く所有し、世界最高の金融・貿易システムを統合し、世界一級の科学者や才気煥発な企業家など多くの優秀な人材を揃え、ご機嫌で羽振りのいい海象は、ナポレオン没落後の世紀において、世界は実にイギリスの牡蠣であるということを悟った。

イギリス人がヘベア・ブラジリエンシスの栽培と用途、特にその注目すべき樹液について理解するのに絶好の位置につけていたのは偶然ではなかった。コロンブス［が一四九三年からの第二次航海の途上上陸したプエルトリコとジャマイカで、原住民たちがゴムボールで遊んでいるのを見て驚いた］

よりもはるか前から、アステカ族その他のインディアンはパラゴムノキの樹液をさまざまな用途に使用していた。その特性について詳細に報告した最初のヨーロッパ人は、スペイン継承戦争とオーストリア継承戦争のあいだに南米を訪れたフランス探検隊の隊員たちであった。一七三六年に探検家シャルル＝マリー・ドゥ・ラ・コンダミーヌがパラゴムノキの樹脂の見本をヨーロッパに送り、この物質の新たな用途が次第に発見された。いつも二番手止まりで、決して先頭に立てなかったフランスであるが、この熱帯産品を誰にも邪魔されずに独占できれば当初のリードを広げることができていたかもしれない。が、事はそううまく運ばなかった。

彼らの次に二人のブリトン人がやってきた。一八二〇年にトーマス・ハンコックは大判のゴムシートを製作する道具〔＝天然ゴムの素練り機〕を考案した。また〔その二年後に〕スコットランドの発明家チャールズ・マッキントッシュはゴムの層を二枚のウールで貼り合わせる技術を開発した。〔彼はのちに生地をウールからコットンに改良した。〕防水コート「マッキントッシュ」と近代ゴム産業はこうして誕生した。

当時イギリスとブラジルとの関係は、何ごともなければそれ以上に良くなることはなかったかもしれない。ところが一八〇七年後半、ナポレオンは大陸封鎖体制の拡大を図り、〔十月にスペインと連合してポルトガルに侵攻し、翌十一月〕ポルトガル王室は海外に脱出した。当時ナポレオンの支配が大西洋に及んでいたため、イギリス海軍がこれを護衛した。一八〇八年初めにリオに到着した国王ジョアン六世はブラジルをポルトガル帝国と対等な地位に昇格させると宣言し、ブラジルの港をイギリスとの通商に開放することでイギリスへの恩義に報いた。イギリス仕様に書かれた条約は、ブラジルに輸入されるイギリス産品の関税率をポルトガル産品のそれよりも低く定めており、しかもきわめて異例なことに、「本条約は有効期限を設けず、また本条約に明示又は示唆された義務及び条件は恒久かつ不変のものとする」[2]という条件が盛り込まれていた。

リオへの旅は快適とは言いがたかった。ヨーロッパからジョアン六世を乗せた船のなかは蚤がひどく、王妃も含めて女は全員ペスト予防のために髪を切らなければならなかった。[3]それでも王室にとってリオは神の救いであった。ジョアンは本国への帰還を引き延ばしていたが、ポルトガルで政治問題〔＝一八二〇年の自由主義革命〕が発生したのを受け、一八二一年に急遽帰国することとなった。彼は息子ドン・ペドロを摂政としてブラジルに残した。ポルトガルの立憲議会《コルテス》はブラジルを元の植民地の地位に格下げし、さらに重大なことには、イギリスを含む諸外国と貿易するブラジルの権利を制限しようとした。そのためペドロ王子はリスボンへの帰国命令を拒否し、次いで父とイギリス政府の暗黙の支持を得て、ブラジルが独立した帝国であり、自らその皇帝（ドン・ペドロ一世）であることを宣言した。イギリスとの恒久不変の条約は残された。

ウルグアイの独立問題（ブラジルとアルゼンチンからのウルグアイの独立をイギリスが支援した）から奴隷貿易に至る問題をめぐって諍いはあったものの、英伯両国の経済的・政治的関係は依然として強く、イギリス企業とイギリス資本はその新生の南米帝国〔＝ブラジル帝国〕に深く根をおろしていた。

それと同様、ラテンアメリカ全体でもイギリスの影響力は急速に高まった。スペインはイギリス商人、いや実際すべての外国商人を常に疑いの目でみていた。ナポレオン戦争中にスペインの力が失墜したとき、イギリス商人はスペイン帝国が貿易規制を押しつける力を失いつつあるこの機会を機敏に捉えた。英米両国の商人ともラテンアメリカで商売の手を広げたが、とりわけイギリス商人は——より経済力があることに加え、ブラジルの国土が東側〔＝大西洋側〕に張り出しているおかげで赤道以南のラテンアメリカ主要都市により近い場所にあることから――この地域で最も有力な貿易相手となりうるきわめて有利な立場にあった。

第十代ダンドナルド伯トマス・コクランはイギリス海軍の提督であった。パトリック・オブライアンの海洋冒険小説オーブリー&マチュリンシリーズ〔やセシル・スコット・フォレスターのホーンブロワーシリーズなど〕は彼を一部モデルとしており、その活躍ぶりを描いている。コクランはナポレオンが退位したとするデマにかかわる一件で、一時イギリス海軍の士官名簿から外されていた。〔これは、いわゆる「大証券取引所詐欺事件」と呼ばれる事件である。一八一四年二月にナポレオン死すとの噂が流れ、平和回復の期待が高まり、イングランド証券取引所で株価が急騰する。しかしまもなくナポレオンが生きていることが分かり株価は下落する。この間の株価の変動を利用して大儲けした共謀者の一人としてコクランの名前が挙がり、裁判で有罪となった。〕コクランは〔一風変わった名前のチリ独立の英雄ベルナルド・オヒギンス率いる〕チリ革命政府に招かれ、スペインと戦う同政府に助太刀した。オヒギンスとコクランは西沿岸部のスペイン海軍基地を攻略し、チリとペルーの独立を成功に導いた。コクランは次にポルトガルからの独立をめざして戦うブラジルの海軍を指揮し、これを助けた。さらに勇猛果敢なこの提督は一八二八年まで続いたオスマントルコからの独立をめざすギリシャの戦闘（イギリスが支援）にも加勢した。その後コクランは名誉回復を果たし、一八三二年には士官名簿に再び登録され、一八六〇年に亡くなった後、ウェストミンスター寺院に葬られた。

一方、ハンコックとマッキントッシュがゴム製品の製法を改良していたのとちょうど同じ頃、スペイン・ブルボン王家（ボルボン王家）は、復位した親戚のフランス・ブルボン王家の助けを借りてスペイン帝国の旧アメリカ植民地を取り戻そうとしたが、イギリス政府がこれを認めない意志を明確に示したことから、ラテンアメリカ諸国の独立は確実となった。アメリカ人たちはモンロー主義に賛同したが、パリやマドリッドが頼りにしたのはイギリスの発言力であった。ナポレオン没落後十年足らずで、イギリスはスペインとポルトガル――ナポレオン戦争のときはいずれもイギリスの緊密な同盟国であった――に取って代わってラテンアメリカの支配的勢力となった。次の世紀〔＝十九世紀〕にはイギリス資本がラテンアメリカの広い地域で鉄道建設、産業振興、資源開発を率先して行うこととなる。今日でもイギリスの影響力の痕跡はくっきりと残っている。

　十九世紀にイギリスが保持していたもの、そして現在のアメリカが保持しているものは、力《パワー》と影響力《インフルエンス》とを複雑に融合させたものである。ブラジルはかつて一度たりともイギリス帝国の正式な属領となったことはなく、両国の利害が衝突したときにはイギリスの政策に反対することも時々あった。イギリスがブラジルへの商業的、政治的あるいは知的な影響力を独占したことはなかった。フランス思想の影響〔＝一八五〇年代にブラジルに紹介されたコントの実証主義が青年将校のあいだに浸透した〕やフランス企業の活動がブラジルにおいて活発化する一方、ドイツはブラジル南部のより温暖な県への移住を弾みとして、第二次世界大戦が勃発する頃にようやくそのプレゼンスを高めた。だがいずれも、イギリスの地位に及ぶべくもなかった――その後、大国イギリスの衰退が避けられなくなると、新興勢力のアメリカがブラジルとアングロ－サクソン世界との結びつきを深化させた。

　イギリスの見えざる帝国《インヴィズィブル・エンパイア》はラテンアメリカのみならず、世界のより広い地域を覆った。ロンドンを中心とする投資と貿易のネットワークは地球全体に広がり、北京、コンスタンティノープル、テヘラン、バンコクなどにおけるイギリスの大使や財界人の発言力はきわめて強かった。ブラジル以上にイギリスの影響力を脱した政府もあれば、イギリスの影響力をより強く受けた政府もある。しかしイギリスの世界的影響力に匹敵する力を持つ国はなかった。

世界に広がるこの帝国の存在感は、イギリスの外国投資統計からも窺える。一八一五年から八〇年までの期間にイギリスの投資家は約六十億ポンド（二〇〇六年現在の米ドル換算で約三千五〇〇億ドル）を海外に投資した（インドを含むイギリス帝国内に投資されたのは、そのうち約六分の一にすぎなかった）と言われている。[4] イギリスはヨーロッパへの重要な投資国であった。それのみならず、十九世紀を通じてイギリスは北米（アメリカ合衆国を含む）、アフリカ、アジア、ラテンアメリカおよびオーストラリアへの主要な投資国でもあった。

イギリスの影響力を知ることのできる事例は他にもある。一八四七年、ユダヤ系ポルトガル人のデイヴィッド・パシフィコは反ユダヤ主義の暴動でアテネの邸宅を焼かれたが、警官は黙ったまま暴徒を制止しようとしなかった〔＝ドン・パシフィコ事件〕。パシフィコは英領ジブラルタル生まれであったことから、イギリスの市民権にもとづく訴えを起こし、ギリシャ政府への賠償請求にあたってイギリスの支援を求めた。

時のイギリス外相パーマストン卿は議会演説〔＝外相解任動議への弁明〕で、パシフィコを断乎擁護し、聖パウロが獄中において自分たちはローマ市民であると堂々と主張したように〔使徒言行録第十六章三十七節〕、イギリス市民は世界のどこにいようとも「わたくしはイギリス市民である（*Civis Britannicus sum*）」と主張できるはずだと述べ、「彼はいずこの地にあっても、イングランドの厳しい監視の目と逞しい腕力とによって、不正や不当な行為から自らが守られているのだと自信を持ってよい」と述べた。

イギリスの知識人と政治家の多くはパム〔＝パーマストン〕の大言壮語に目を丸くしたが、イギリスの力と誇りを堂々と訴える彼の主張を国民は大いに評価した。ヨーロッパの勢力が均衡し、アジア、ラテンアメリカ、アフリカがヨーロッパの技術や政治組織に大きく後れを取り、北米が未だ悲観的《ハーフ・エンプティ》な状況にあるなか、イギリスはかつてローマが地中海一帯で保持していたのと同様の力を地球規模で間違いなく手に入れた。

イギリスの統治者たちは全能ではなかった。むしろ全能からは程遠かった。イギリスは十九世紀の大半の時期を通じてヨーロッパの勢力均衡を維持することはできた。だがヨーロッパ諸列強にあれこれと指図することはできなかった。日本の台頭はイギリスを脅かす対抗勢力が極東に出現したことを意味した。海象は西半球の諸問題をますます大工の自由裁量に任せるようになった。ナポレオン没落から第一次世界大戦に至るまで長き平和な世紀が続いていたとき、ヨーロッパその他の地域ではロシアとドイツが大国イギリスにたいしていよいよ本格的な挑戦を突きつけてきた。二十世紀になる頃には、イギリスのグローバルな覇権は過去のいかなる時期よりも脆弱に見えはじめていた。

それでも海洋国家《シー・パワー》は戦いに勝ってきた。イギリスは二百年にわたって敵対する大国を寄せつけなかった。しかしイギリスの力ではもはや海洋国家システムを維持することが難しくなったとき、アメリカがその役割を引き継いだのである。

第七章　力の源泉

――英語圏における公信用と私的信用の制度的基盤・イングランド銀行

一六九二年、イギリス庶民院はフランスとの長き戦争とそれにかかる厖大な戦費への対応に迫られていた。当時フランスはヨーロッパ随一の富裕国であり、人口も経済もイギリスをはるかに凌いでいた。イギリスは金《かね》を必要としていた。それも多額の金を。だがそれを調達するのは容易なことではない。その時代の政府財政はきわめて原始的で不安定であった。財政記録は木の棒に刻み《ノッチ》を入れる方法で行われており、金細工職人《ゴールドスミス》が銀行家にいちばん近い職業であった。ウィリアム三世の革命政府は、彼が打倒したばかりのジェイムズ二世を王とするステュアート朝に昔から忠誠を誓うジェントリーたちと一触即発の状態にあった。十七世紀の最も重要な歳入源は土地税であったが、主な土地所有者はそのジェントリーたちであった。それゆえ彼らの多くが未だに正統な王と仰ぐジェイムズとの戦いの資金を捻出するために、すでにして過重な税負担をさらに重くするのは賢明な策とは思えなかった。不人気な戦争にたいする国民の支持が増税でもって高まるとは考えにくいからである。

他方、ロンドンの多くの商人たちは豊富な現金を保有しながらも、安全な投資先を見つけられないでいた。当時の株式市場は乱高下が激しく、安心して投資できるところではなかった。より安全な投資先はたいてい流動性が低く、すぐに現金に換えることができなかった。財政危機に直面したヨーロッパ各国政府は、貸し出しは義務であるという白々しい口実で商人たちから金銭《かね》を巻き上げることを常套手段としていた。ヘンリー七世治世のイングランドの大法官ジョン・モートン〔一七二四～七七年〕は、今日「モートンのフォーク」と呼ばれる両刀論法で商人を串刺しにする手法を完成させた。モートンは、羽振りが良く、豪勢に客をもてなし、派手な衣服を纏い、多くの召使を抱えている商人のもとを訪ね、「お見受けするところ、貴殿はたいそう裕福に暮らしておられるご様子。どうかその有り余るお金を国王陛下にお貸し願いたい」と告げる。次にモートンは質素に暮らしている商人のもとを訪ね、「お見受けするところ、貴殿はたいそう多くの貯金がおありのご様子。どうかその有り余るお金を国王陛下にお貸し願いたい」と告げる。〔「モートンのフォーク」とは、二股になったフォークの先でどちらも突き刺すこと。またチェスの戦法で、一つの駒によって二つ以上の駒を同時に攻撃することを「フォーク（両取り）」と言う。〕

　こうしたやり方にたいする商人たちの受けが良かろうはずはなく、チャールズ二世が政府債務の支払いを一年間延期したこと――一六七二年の国庫支払い停止――がきっかけでイギリス史上初となる近代的な金融危機に突然見舞われると、政府の信用はがた落ちした。ジョン・モートンの時代に話を戻そう。ヘンリー七世は星室《スター・チェインバ》庁裁判所の力をもって国内の不満分子にたいし王の要請に従うのが賢明であると分からせることができた。しかしながら星室庁もすでに〔一六四一年に〕廃止され、王位未だ磐石ならず、政治的に脆弱な外国人の王ウィリアム三世は、商人たちに自らへの支援を強制するだけの力がなく、それゆえ何とかして彼らを説得しなければならなかった。

政府の指導者たちは一計を案じた。酒類に特別物品税を課税するのである。政府はそこから得られる新たな税収を専ら特別公債の利払いに充てることを約束した。商人たちはこれに納得し、一〇〇万ポンドが国庫に納められた。郷士《スクワイア》たちは歓び、陸軍と海軍は給料と装備の支給を受け、商人たちは比較的安全で流動性のある投資から十パーセントの利子が得られることを喜んだ。

一六九四年、議会は膨らむ国の債務を管理・整理する特権をイングランド銀行に与えることを承認した。（イングランド銀行は、西インド諸島の冒険など波乱に富んだ経歴の持ち主であるスコットランド人〔ウィリアム・パターソン〕――彼は自分を宣教師だと称していたが、海賊だと言われている――の発想にもとづいて創設された。）公債に資金を供給した者はイングランド銀行の有配株を受け取る。イングランド銀行は政府に資金を貸与する一方で、為替手形の割引をはじめ商業銀行として各種サービスを提供する。イングランド銀行が国の商業活動において果たす役割は年を追ってますます大きくなり、ついには最初の巨大中央銀行へと発展した。〔一般的には、一六六八年に設立されたスウェーデン国立銀行《リクスバンク》が世界最古の中央銀行であるとされる。〕

その発足当初から、イングランド銀行が可能なかぎりの国債を引き受けることについては最大限の警戒心をもって受け止められていた。歴史家トーマス・マコーリーは百五十年先をも見通す洞察力でもってこう書き記している。イギリスの国債は「絶えず賢明な判断力を狂わせ、政治家と哲学者の面目を潰した」と。

> 国債が増えるごとに国家は苦悶と絶望に等しい叫び声をあげてきた。国債が増えるごとに識者は破産と破滅が間近であると深刻な声を上げてきた。しかしそれでも国債は増え続け、だが相変わ

らず破産と破滅は起こらなかった。

イングランド銀行はルイ十四世と戦うための資金を調達する目的で設立された。ルイ十四世が世を去るまでに、当初一〇〇万ポンド台だった国債は五千万ポンド以上にまで膨れ上がっていた。マコーリーは人びとが国債に苦しみ悲嘆に暮れるさまをこう伝えている。

単に無教養な大衆だけでなく、単に狐狩りに興ずる郷士《スクワイア》やコーヒーハウスで熱弁を振るう輩だけでもなく、物事を深く鋭く考える御仁もまた、国債は国体《ボディ・ポリティック》から永遠に自由を奪う重荷《インカムブランス》であるとみなした。

だが、すっかり破滅してしまうということはなかった。国家はこの未曾有の、自らの身動きを奪うほどの重荷を背負いながら、それと必死に戦うことで、「貿易は栄え、富は膨らみ、国家はますます豊かとなった」とマコーリーは書いている。

次にやってきたのは一七四〇年のオーストリア継承戦争である。この戦争で債務は八千万ポンドにまで膨らんだ。さらに七年戦争でも巨額の戦費がかかり、債務は一億四千万ポンドとなった。今度こそ、間違いなく終わりの時が迫っていた。マコーリーは、名高き哲学者であり歴史家でもあったデイヴィッド・ヒュームがこの債務の山について述べた言葉を簡潔にこうまとめている。ヒューム曰く、かくも莫大な債務を背負い込んだイギリスの指導者たちの狂気は、聖地を征服すれば救いが得られると考えた十字軍戦士たちの狂気よりも凄まじい、と。結局のところ、聖地の征服が救いをもたらさないことを証明するのは不可能となった――しかし、とヒュームの主張は続く。

国家を破滅に向かわせる道が国債であることを数値で証明することは可能であった。ただ、今となっては、その道を云々するのも詮無きことである。なぜならもうすでにわれわれはその道を進み、目的地に辿り着き、万事休したのだから……一億四千万〔ポンド〕の債務を背負うくらいなら、プロイセンとオーストリアに征服されていた方がまだましである。

スコットランドの著名な経済学者サー・ジェイムズ・ステュアート――彼の著書を深い敬意と関心を払って読んだ一人にドイツの哲学者ゲオルグ・フリードリヒ・ヘーゲルがいた――は、一七六七年にその著書で次のような痛烈な警鐘を鳴らしている。

公債の増大に歯止めをかけられず、ただ徒に累積するにまかせて、公債計画が論理必然的にもたらす結果に国民の精神が辛抱強くつき随うことができるなら、すべての財産、すなわち所得は、ついには税金によって吸い尽くされること必定である。[1]

ところが実際には、一文無しとなって、この破壊的な債務の重みに呻吟するどころか、豈図《あに》らんや、イングランドは未曾有の繁栄をみせたのである。マコーリーはその繁栄のさまをこう描いている。

都市は増え、耕作地は広がり、市場《いちば》は商売人と買い物客がひしめいて手狭となり、港は商船で満杯となり、内陸の主要な産業地は人工河川で主要な港湾と結ばれ、街路は以前よりも明るくなり、各家庭には家具や調度品が揃い、風格のある店の販売用陳列棚には豪華な商品が並び、整備された道を馬車が颯爽と走っている。

この逆説が分からず、恐れ慄くジョージ三世の政府は、この途轍もなく破滅的な債務の重圧を減らす方法を思案した。解決策は明らかであるように思えた。アメリカ植民地が繁栄を謳歌しつつあるのなら、入植者たちに課税し、彼らに債務を分担させればよいではないか？

国債への愚かしい恐怖心が大きく働いて下されたこの決定は、アメリカ植民地の喪失を招いたばかりか、アメリカ独立革命の戦いで惨憺たる敗北を喫したことによって、ただでさえ人びとからもうこれ以上は無理と思われている債務にさらに一億ポンドの債務を加えた。結果的に課税すべき植民地を失って縮小した帝国は、二億四千万ポンドの債務を背負い込むこととなる。間違いなく終わりの時が近づいていた。

またしても破滅の到来が予想された。だがまたしても破滅は到来しなかった。そこでまた新たな戦争、かつてよりも深刻な戦争に直面する。フランス革命政府、それに続くナポレオンとの戦争はおよそ一世代にわたって〔一七九三年二月の参戦から一八一五年六月のワーテルローの戦いまでの約二十年余り〕続き、終わってみれば国債残高は八億ポンド近くにまで膨れ上がり、イギリス政府に衝撃を与えた。破滅と破産の叫び声がまたもや頂点に達したが、またしても実に不思議なことが起こった。マコーリーはこう書いている。イギリスはこの未曾有の債務の重さで崩壊し、疲弊し、消滅してしまうどころか、

それまで窮乏に陥っていることに不満を言い続けてきたことが莫迦らしく思えるほど豊かさを示す数々の証拠が現れた。物乞いに身を落とした人びとや破産した団体が債務を履行できる能力を示しただけでなく、債務を履行しつつますます豊かとなって勢いよく成長した。その成長ぶりは

ほとんど誰の目からみても明らかであった。どこの州《カウンティ》でも荒地が真新しい庭園に生まれ変わった。どこの都市にも新たな街路や広場や市場が出現し、以前よりも街灯が煌々と輝き、水がふんだんに供給された。どこの大工業中心地の郊外にも住宅《ヴィラ》が急増し、どの家もライラックやバラの咲く華やかな小庭に囲まれていた。

国債について心配していた人たちの予想は外れたかもしれない。だが彼らが懸念するのも分かる。歴史家ニアール・ファーガソンは、フランスとの戦争中にイギリスの国債残高が国内総生産（GDP）に占める割合は現代のわれわれでさえ衝撃を受けるほどの水準に達したと見る。アメリカ独立革命が終わった時点でイギリスの国債残高は対GDP比で二二二パーセントにまで上昇した。それがピークに達した一八二二年には、対GDP比で二六八パーセントにもなった。[2] この重荷に耐えつつ、それと同時に繁栄するというイギリスの能力は世界に数ある不思議の一つであった。

かくも天文学的水準の債務を抱え、その利子を支払える能力がなければ、イギリスはフランスとの長きにわたる一連の戦争に勝利することはできなかったであろう。一六八九年から一八一五年までに戦費は爆発的に増加した。スペイン継承戦争によってイギリス政府の年間支出は三倍に増えた。[3] アメリカ独立革命のときまでに戦時下の政府の年間支出はさらに増えて四倍となった。歴史家ジョン・ブルーアが言うように、「十八世紀のほとんどの戦争はその主役たちが財政的枯渇に近づいた段階で終わった。[4]」財政赤字はこの時代の風土病とでも言えるものであった。フランス政府は一六六二年から七一年までの期間を除き、一六一〇年から一八〇〇年まで毎年財政赤字であったと考えられている。[5] もしもフランスが政府の財政運営や公債の取り扱いにおいてイギリス並みの技量を持っていたとしたら、戦争に勝利したのはイギリスではなく、フランスであったろうことはほぼ疑いない。ナポレオン戦争後に復位したルイ十八世のブルボン朝政府は、著名な経済学者ジャン＝バティスト・セイをイギリスに派遣した。彼の任務はイギリスの強さの理由を探ることにあった。セイは本国への報告書の書き出しで、イギリスの強さの主たる理由はその軍事力にではなく、その富と信用にあると述べている。[6]

イギリス財政がうまくいった秘訣は、ただ単にその借り入れ能力にあるだけではない。イギリスは課税技術の点でも対抗勢力に優っていた。これを聞くと一部のアメリカの保守主義者は驚くかもしれないが、イギリスがフランスに勝利を収め、今日まで続く世界秩序の基礎を据え、世界を一変させる産業革命をはじめた世紀を通じてイギリス人はフランス人よりもかなり重い税を課せられていた。イギリスの公債制度はその多くをオランダに負っていた――それは長らく「オランダ流の財政《ダッチ・ファイナンス》」〔＝トーリーの側からの非難語〕と呼ばれた――が、その歳入制度はイギリス独自のものであった。イギリスの税金はオランダやフランスよりも税率が高く、より統一的に課税され、中央政府による専門的な徴収と管理が進んでいた。

一六八八年の名誉革命は、自由を求める革命であっただけではない。それは税金の急激な上昇を招く契機ともなった。それというのも〔ピューリタン革命以降〕久しく続いてきた議会と王との抗争が無事決着し、最終的には議会がより多くの資産を王室に譲与することに異存を示さなかったからである。総じて国民所得に占める税金の割合は十七世紀中頃のチャールズ二世の下で三・五パーセント程度であったものが、十八世紀初めのアン女王治世下で十六パーセントへ、さらにアメリカ独立革命期には二十三パーセントへと上昇したと見られている。とはいえ最高三十五パーセントにまで達したナポレオン戦争当時と比べればたいしたことはない。[7] これらの税負担の水準は同時期のフランスの約二倍であった――名誉革命前、ロンドン政府の税収はヴェルサイユのルイ十四世が得た税収の約二十パーセントであったと見られている――にもかかわらず、フランスの税制は制度設計が貧弱で管理も行き届いていなかったことから、実際の税収額はロンドン政府よりも少なかった。イングランド銀行のように信頼できる専門的な国家財政の制度を築けなかったフランスは、財政状況が一層悪化した。

ジョセフ・アディソンは一七一一年、イギリスの財政制度について描いたエッセイをスペクテイター紙に発表した。同紙は個人のエッセイや意見を掲載した定期刊行物であり、当時それが果たした役割は、現代におけるある種のインターネットブログに相当する。一つの夢物語として綴られたそのエッセイのなかで、アディソンは知らぬ間に自らが大広間にいることに気づいたときの様子を語っている。そこでは、イングランド銀行の行員と重役たちが忙しく働くかたわら、銀行家の代わりに一人の美しい乙女が黄金の王座に腰掛けていた。乙女の名は公信用《パブリック・クレディット》と言い、マグナカルタや新たな法律《アクト》な(限定的な信教の自由やプロテスタント君主制について定めた法律、国債の神聖《サンクティティ》さを保証した法律など)の写しが、ふだんは絵画や地図が飾ってある壁にかけられていた。王座の後ろに「どっさりと山積みになった現金入り袋」は今にも天井に届かんばかりであった。床一面を覆う金貨が彼女の左右両脇にピラミッド状に堆《うずたか》く積まれていた。夢のなかでアディソンが聴いた声によると、彼女には金儲けの才があり、望むものすべてを黄金に変える力があるという。

公信用は富と能力を兼ね備えてはいたが、とても臆病な生娘であった。彼女のいいなりに働く行員たちのもとには世界中の最新情報を伝える至急電が届いていた。彼女は行員たちが話すことには何でも熱心に耳を傾け、何か危険を知らされるとすぐに青ざめ、意気阻喪した。

アディソンは夢のなかで、六人の人影が二人ずつ三組で広間に入って来るのを見た。〈専制《ティラニー》〉と〈無秩序《アナーキー》〉、〈〔宗教的〕偏狭《ビガトゥリー》〉と〈無神論《エイスィイズム》〉、若僭王（チャールズ・エドワード・ステュアート）と「共和国《コモンウェルス》の気風《ジーニアス》」——オリヴァー・クロムウェルの共和国への回帰を望む人びとの精神——である。彼らを見た公信用は「その光景に意識が朦朧となり、気を失った。」現金入り袋はみるみる縮み、床の上で黄麻布のぼろ切れとなり、堆く積まれた黄金は台帳と会計帳簿に変わった。

幸運なことに、この六人とはまったく別の六人の人影が広間に入って来た。〈自由《リバティ》〉、〈君主制《モナキー》〉、〈節度《モデレーション》〉、〈宗教《リリジョン》〉、ハノーファー選帝侯ゲオルク（のちのジョージ一世）、そして「グレート・ブリテンの気風」である。彼らが姿を現したとたん、それまで気絶していた公信用は目を覚まし、袋のなかは再び札束でいっぱいとなり、台帳と会計帳簿は山積みの金貨に戻った。

アディソンの寓話はイギリスの財政制度がいかに機能しているかを端的に示している。イングランド銀行が成立しえたのは、イングランド社会が長いあいだに確立してきた自由と法の伝統を基盤としたからである。政府がこしらえた債務を履行するために政府によって課税されることに国民が全体として同意するのは、議会制政府《パーラメンタリー・ガヴァメント》が正統性を持ち、国民の意見によく耳を傾けてくれると感じられたからである。だが専制はこの政府と国民とのあいだの絆を破壊するものであり、横暴な支配者がたとえ財政制度を維持しようとしたとしても、正統性なき政府の債券は投資するには危険が大きすぎる。

一方、イングランド銀行は、単に民間の投資家から資金を吸い上げ、それをイギリス政府に戦費として譲与するだけではなかった。イギリス政府の債務はイングランド銀行の資産となった。政府は必ず債務を履行するものだと国民によって信じられたからこそ、民間の投資家は国債や銀行債を資産として保有したり、またたとえば別の借り入れや投資の担保として使用したりすることができたのである。イングランド銀行は信用度の高い会社の為替手形を割り引き、企業が将来の期待収益にもとづいて資金を調達できるようにすることによって、私的信用《プライヴェート・クレディット》の流れを助長した。安定的な資金調達を可能とする国債は、適切な投資・商業活動を促進した。イギリスの長期借り入れ制度は経済をより繁栄させながら、引き続き政府に資金を供給した。増税や債務の増大、度重なる戦争にもかかわらず、イギリスのGDPは名誉革命からワーテルローの戦いまでのあいだに三倍になったと推計されている。[8]

それだけではない。イングランド銀行はその制度と価値観を中心に国家を統一した。イングランド銀行の存立、またその健全性を促した条件にたいするいかなる脅威も、金融恐慌や莫大な損失をもたらすであろう。具体的に言おう。イングランド銀行の創設者たちやアディソンには自明のことであったが、イングランド銀行が存続するためには、ジェイムズ二世とその後継者たちを王位から排除し続けられるかどうかが鍵であった。そもそもイングランド銀行が設立された目的はジェイムズ二世との戦争を続けることにあったため、もしもジェイムズが王位に返り咲けば、その目的による借り入れの返済を王が拒否するのは明らかであり、そうなればイングランド銀行の銀行株や銀行券はただの紙切れと化してしまうであろう。イングランド銀行が破綻すれば、その経済的影響はイギリスのほぼすべての重要な金融関係者に及ぶ破滅的なものとなるであろう。時が経つにつれ、銀行株や銀行券を有利な投資対象とみる投資家が増えるとともに、イングランド銀行の成功（ひいては一六八八年の革命を基盤とする政治体制）に経済的利害を有する人びとの輪は広がり続け、彼らはますますその影響力を強めていった。

歴史的に弱さの原因であった国債は、強さの手段へと転換したのである。イングランド王ウィリアム三世と彼のあとを継いだ女王アンは、借り入れをすればするほど戦争のための軍資金を増やすことができ――それを後ろ盾として、かつてない繁栄を見せたこの国を統一した。イングランド銀行の設立を承認する法律は土壇場で修正が加えられ、王が議会の承認なくイングランド銀行から資金を借り入れることは禁止された。そのため、これ以後いかなる王も庶民院の承認を経ずしてイングランド銀行の資金力を統治のために利用することができなくなった。

アレグザンダー・ハミルトンは第一合衆国銀行を構想した際、イングランド銀行と同様の政治的・経済的影響力を発揮できるような機関を意図的に再現した――そしてその制度はイギリスでそうであったようにアメリカでも効果的に機能した。〔ジョン・C・カルフーン、ヘンリー・クレイとともに雄弁で鳴らした十九世紀前半のアメリカの政治家〕ダニエル・ウェブスターは、アメリカがいかに多くを〔イギリス〕本国に負っているかを表立って認めたがらない多くのアメリカ人と同様、ハミルトンについて次のように述べた。

彼が天然の岩を打ち砕くと、大量の水が勢いよく噴き出した。彼が公信用の亡骸《なきがら》に手を触れると、それはがばと跳ね起きた。神話のなかでユピテルの頭から誕生したミネルウァのように、アメリカの財政制度ほど突然に、あるいは完璧な姿で現れたものはまずない。それはアレグザンダー・ハミルトンの構想から突如として生まれたのである。[9]

実のところ、アメリカの財政制度がハミルトンの頭から突如として生まれてからすでに約一世紀を閲《けみ》した。

アディソンとマコーリーにとって、この制度は効率的であると同時に道徳的でもあった。それは道徳がなければ機能せず、道徳は力によって報いられた。そのためアディソンは、〈宗教〉と〈節度〉を「善」の幽霊とし、〈無神論〉と〈偏狭〉を「悪」の幽霊としたのである。〈無神論〉は商業道徳さえも傷つけ、〈偏狭〉は内輪もめと不協和音をもたらすとアディソンは見た。

マコーリーの考察はアディソンのそれを基礎としている。新たな資金調達制度《ファンディング・システム》がイギリスをいかにして強くしたかを描いたマコーリーは、「その強さ――幾度もの大戦争に決着をつけてきた強さ――は自《おの》ずから然《しか》らしむるところにより、蛮行と不正、専制と無秩序のもとから飛び去り、文明と美徳、自由と秩序のあとに従う」と指摘した。公信用は傷つきやすい存在である。それゆえ公信用が姿を現し、縦横無尽に活躍するには、それなりの環境が整っていなければならない。だがその環境が整っていれば、安定した資金調達制度と力強い中央銀行はいかなる敵をも寄せつけない力を発揮するであろう。

現実の問題としてイギリスがフランスに勝利することができた大きな要因は、イギリスが信用と貿易のわざを自由自在に使いこなせたことにあった。外国の観察者たちは、十八世紀の戦争が――当時イギリスよりも大国であり、基本的に豊かな国であった――フランスを窮乏に追い込み、その財政を破綻させた一方、イギリスの繁栄はいや増すばかりであると言って驚いた。特にイギリスの優越した制度と慣行がいかにして大国イギリスの基盤を強固ならしめたのかを理解したヴォルテールは、苦々しく思いながらもこう称讃した。

この一小島は、それ自体では少量の鉛、錫、漂布土《ひょうふど》、粗悪な毛織物しか産出しないのに、その商業によってなかなかの強国になって、一七二三年には三つの艦隊をそれぞれ同時に遠く世界の果てにまで派遣したのを、後世の人たちが知ってさぞびっくりすることであろう。その艦隊の一つは、武力によって占領し維持していたジブラルタル前方の海域に、別の艦隊は、スペイン王が西インド諸島の巨万の富に手を触れるのを断念させる目的でポルトベロに、第三の艦隊は、北欧の列強諸国が戦火を交えるのを阻止するためにバルト海へと、それぞれ派遣されたのであった。[10]

（中川信訳を一部改訳）

ヴォルテールはスペイン継承戦争中のある出来事――イギリスと同盟を組む〔オーストリア・〕ハプスブルク家に仕えたオイゲン公子率いる軍隊がアルプスを越え、フランスの攻撃からトリノを守ったこと――について悔しさと称讃の相半ばする思いで語っている。補給物資を仕入れ、敵を包囲攻撃するのに必要な資金に事欠いていたオイゲン公子は、近在のイングランド商人たちに手紙を書き送った。それからわずか九十分のうちに五〇〇〇万ポンドが用立てられた。これによってオイゲン公子はフランス軍を撃破し、トリノを救出することができたのである。イングランド銀行がイギリスにもたらした商業の繁栄がなければ、商人たちがこれほどの資金を用立てられたとはとても考えにくい。イギリス政府の誠実な財政運営とその財源にたいする厚い信頼がなければ、商人たちはオイゲン公子の求めに応じる気持ちにはならなかったであろう。

七年戦争が終結した際、〔戦争中オラニエ公ウィレム四世を資金援助し、彼がベルヘン・オプ・ゾームでフランス軍を打ち破るのを手助けしたユダヤ系オランダ人〕アイザック・ドゥ・ピントは、「(イギリス国債) の利払いは常に遅滞なく期日どおり実行されており、議会による保証はヨーロッパ中が驚愕するほどの額を借り入れられるまでにイギリスの信用を築き上げた」[11]と書いた。

　国家の債務は、健全で活気ある私的信用制度の発達を促す国家の資産に変わったのだ。イギリス〔名誉〕革命体制の安泰と存続は、支配層の繁栄と国家の利益とに不可分に結びついていた。議会と王のあいだに新たに生まれた力の均衡は、新たな制度がつくり出した巨大な力を王族が濫用しようとする試みをうまく防いだ。こうした予防装置のおかげで、当時のヨーロッパにおいて決して最も大きいわけでも豊かなわけでもなかった経済の国イギリスは、対抗勢力を揺さぶり、世界征服を可能とした幾多の戦争の費用を賄える比類なき立場を得たのである。黄金の王座に腰掛け、頬を紅潮させ、今にも気絶しそうな乙女は、ルイやナポレオンを打ち破り、自らの海洋国家秩序を打ち立てるための手段をグレート・ブリテンに与えたのである。

私的信用

　イングランド銀行は英語圏における公信用と私的信用《プライヴェート・クレディット》の制度的基盤を担った。そしてその舵取り役はフランスとの戦争を経て、二十世紀に入り、アメリカの連邦準備制度に取って代わられるまで続く。その制度を土台として発展し、未だに発展を続けている体系――英語圏の資本市場と商業・消費者金融業からなる――は、今日に至るも英語圏の最も強力な防波堤であり、手段の一部となっている。イギリス経済の発展、世界経済の支配的地位へのアメリカの台頭、英米の力と影響力の世界的な拡大、その他諸々を経て、アングロ‐サクソン人の財政金融制度《フィナンシャル・システム》は今日われわれの生きている世界を形成してきた。そして今も形成し続けている。

　もともと多くの点でオランダの制度に範をとり、やがてそれに取って代わったアングロ‐サクソンの財政金融制度は、イングランド銀行の設立以前からすでに〔官民の〕融合《コーアレス》がはじまっていたが、同行の設立によって民間の金融制度は安定と後ろ盾を得て、誰も予想しえないほどに隆盛を極めた。

イギリス人が構築した世界的な金融制度には原理的に新しいものは何一つない。彼ら以前に、ローマ人、中国人、アラブ人、イタリア人、ドイツ人、オランダ人の銀行家たちがすでに大陸間の金融制度を運営しており、それによって商人たちは本国から何千マイルも離れた場所で商売をすることができたのである。特にイタリアの銀行業が優位にあった時代の深い痕跡はイギリス本国に残されていた。かつてイタリア人〔＝ロンバルド人〕の銀行家たちが頻繁に往来していたことに因んで名づけられたロンバード・ストリートは、二十世紀後半までロンドンの金融センターとなっていた。確かにそれら旧来の金融制度は広範囲にわたり、冒険心に富むものではあったが、アングロ－サクソン人の金融に匹敵するほどの洗練さや柔軟性、規模を持つものはかつて存在しなかった。音楽にとってバッハ、ベートーヴェン、ブラームスを生んだドイツがそうであるように、また絵画や彫刻にとってミケランジェロ、ラファエッロ、ダ・ヴィンチを生んだイタリアがそうであるように、金融にとってロンドンとニューヨークは切っても切れない関係にある。金融規律の複雑さや緻密さを理解するその道の人たちからすれば、三百年にわたる洞察や発明、不断の努力を経て、人間が持つ創意工夫の才が結実した金字塔は、他のいかなる国のいかなる規律も比肩しえないものであるのかもしれない。この制度を生み出すために共に取り組んだ銀行家、会計士、投資家、貿易業者、企業経営者は、同時代のほとんど誰よりも、世界を根底から変革したのである。

財政金融の核となる機能は、効率的な資源配分にかかわっている。現代財政金融の分野でアングロ－サクソン人が優位に立っているということは、アングロ－サクソン世界が世界史上かつてないほど最大限効率的に資源配分を行っていることを意味する。イギリスはその優れた国家財政によって、フランスとの軍事的争いで決定的に有利な立場に立てた。英語圏はその優れた民間金融によって、近代史のほとんどの期間ほぼすべての商業分野において優位な立場に立てた。この優位性の政治的・軍事的な強みは数字では表せない。だがそれは今日でも世界の歴史に影響を与え続けている。

アングロ－アメリカ人の財政金融とそれが産業や政治のあらゆる領域に波及的に及ぼす影響というテーマは厳密に考えれば考えるほど複雑であり、その歴史的な研究と省察には一生を要するであろう。無論それに一生を費やすことは意義深く、それだけの価値もある。ただし本書の目的上、われわれはこのテーマにあまり深入りすることは避け、ざっと表面をなぞる程度で我慢しなければならない。

国家財政の世界を民間経済と結びつけることに手腕を発揮したのが一部の巨大金融会社である。モルガン商会やベアリングズ銀行などの会社が、ある段階では主権国家の活動を商売にした。十九世紀初め、〔ロンドンの〕ベアリングズ商会〔とアムステルダムのホープ商会〕はアメリカがルイジアナを購入するための資金を融資した。それのみならずパリ駐在のアメリカ公使〔ロバート・リヴィングストン〕も〔フランス側との交渉で〕ベアリングズ銀行がこの取引を扱える額にまで提示価格を引き下げさせた。[12] 一八七一年の普仏戦争でフランスが大敗を喫した後、モルガン商会はシンジケートを組んで新生の共和国に五千万ドルを融資し、フランス新政府の安定化に力を貸した。[13] アメリカの中央銀行のような役割を非公式に果たすようになっていたモルガン商会は、一八九五年と翌九六年に〔アメリカの国債を引き受けて政府に〕資金を供給し、〔代金を金《きん》で支払うことで〕ドルの金本位制を守った。セオドア・ローズヴェルトはパナマ地峡にあるフランスの資産を購入するための資金四千万ドルをモルガンに仰いだ。その後、パナマ地峡にはアメリカの旗の下で運河が建設される。[14] モルガンは一九一五年に五億ドルのシンジケートを組んで英仏両国に融資した。この資金援助がなければ、両国が第一次世界大戦を戦い抜くことは非常に難しかったであろう。[15]

しかし資本家たちが雲をつかむような話に首を突っ込んで各国政府の首脳たちと対等な立場で交渉していたとしても、彼らの両足は民間経済という大地をしっかりと踏みしめていた。銀行が国家財政を管理運営できるだけの資金力と名声の両方を手に入れられたのは、商業銀行家《コマーシャル・バンカー》と資産運用管理者《インヴェストメント・マネジャー》としての資本家たちの活動があったればこそである。また銀行とその銀行に活動の場を提供している国家とにこれほどの影響力を与えたのは、資本家たちが国内外を問わず民間の商業と投資を活発にすることに成功したがゆえである。

一六九四年のイングランド銀行設立当時、イギリスの金融市場は未だ原始的状態にあったが、投資家と企画家《プロジェクター》（投資意欲のある人びとに起業や新事業への投資を提案する専門家）がより洗練され、経験を積むにつれて急速に進歩した。近代的な株式企業《コーポレーション》のルーツであるジョイント・ストック・カンパニーはかつては珍しい存在であったが、その後より一般的となり、ゆっくりと時間をかけ、幾度も蹉跌を来たしながら、より安全な投資手段《ヴィークル》へと成長した。証券法、株主権、開示要件、証券市場規制などの近代的な枠組みが一歩一歩少しずつ段階を経て、その都度問題を克服しながら次第に確立されてきた。最新の金融技術が導入されると、思いも寄らぬ形でそれが使われた。結果的に新たな悪用が〔それに対処する〕新たな改革を急がせたのである。

大規模な国際投資は十九世紀初頭にはじまる。当時、英米に共通する法制度と文化的遺産《ヘリティッジ》は、両国の経済活力《ダイナミズム》を結合させ、かつてなく複雑で体系的な形の経済的相互依存へと発展することとなる両国の関係を構築した。アメリカ人は手つかずの資源を蔵する巨大な大陸を開発しながら、慢性的な資金不足に見舞われていた。一方、イギリスの投資家は産業革命とその世界的な貿易体制から存分に利益を得て、その利益を本国の市場よりも高い儲けが期待できるところに投資しようと考えた。この流れが生まれたのは、イギリスの投資家が第一合衆国銀行、第二合衆国銀行の株式を率先して購入したときからである。実際、合衆国銀行のもたらす多大な利益をイギリスの投資家がかっさらっていくことへの危惧は、銀行の認可更新を阻止すべく反対派議員が訴えていた理由の一つであった。

多くの民間企業を（州政府さえも）債務不履行に陥らせた一八三〇年代のアメリカの金融危機後、ベアリングズを筆頭としたイギリスの銀行は、アメリカの証券と証券会社の実績の監視に一層積極的に取り組むようになった。それと同時に、アメリカに根をおろす新世代の資本家たちはロンドンに事務所を設立した。世界の金融センターであるロンドンでの商取引から利益を得つつ、急成長するアメリカ市場にイギリスの資本を呼び込むのに好都合だったからである。このように大西洋を股にかけて活躍するアメリカ生まれの銀行家たちのなかで傑出した人物、それがジョージ・ピーボディである。マサチューセッツ州東部の中流家庭に生まれたピーボディはアメリカ人最初の大物慈善家で、大西洋両岸の慈善団体に八〇〇万ドル（当時としては莫大な金額）を寄附した。ピーボディに実子はいなかったため、パートナーである銀行家のジューニアス・スペンサー・モルガン（ジョゼフ・モルガンの息子）に会社を譲り、ジューニアスは当時の商慣習にしたがって〔ピーボディ・モルガン商会から J・S・モルガン商会に〕社名を改めた。〔息子のジョン・ピアポント・モルガンは父の会社のニューヨーク代理店としてJ・P・モルガン商会を設立する。〕モルガン商会はアメリカ史上のみならず世界史上最も重要な金融会社の一つに成長した。

英米系銀行の商業・投資事業は大いに成功した。英米両国の急速な工業化と経済発展は差し迫った資金需要と数多くの有利な投資機会をもたらした。頻発するスキャンダルやパニックにもかかわらず、イギリス資本は十九世紀を通じてアメリカ経済に流れ込み、鉄道や製鋼所を建設し、電信や電線を敷設した。ベアリングズ銀行は一八六五年から一八九〇年までのあいだに三千四〇〇万ポンド以上のアメリカの鉄道証券を発行した。モルガンからの働きかけを受けたベアリングズ銀行は、アメリカ電話電信会社（AT&T）の前身会社［ベル電話会社］とその子会社であるニューヨーク電話会社の最初の社債発行でも主導的な役割を果たした。[16]

モルガンとベアリングズとの関係はその後さらに重要な発展を遂げる。アルゼンチンやブラジルなど、イギリスが投資しているその他の国とは異なり、アメリカには技術《スキル》、文化的価値、法律が揃っており、それゆえアメリカの会社や機関はイギリスの会社や機関と対等なパートナーとして活動し、ついには世界の金融市場において対等の条件で競争できるまでになった。

十九世紀末までにイギリスからアメリカへの投資は驚異的な水準に達した。一八九〇年代にイギリス市民は年間約一億六千万ポンドを貯蓄し、そのかなりの部分がアメリカに投資された。大手投資ファンドは多くの資金源から調達した資金を海外のさまざまな冒険的事業《ヴェンチャー》に共同で投資した（投資先の企業一社当たりの資本金に占める出資額の割合はしばしば制限されていた。）

金融産業のその他の業種も成長し、銀行業の発展とともにより複雑化した。とりわけ保険業は世界的に強い影響力を持つようになった。保険会社もまた、リスク管理によって企業に自社のより正確な将来予測を可能とさせる保険料《プレミアム》を徴収し、それを最大の利益《リターン》が得られそうな対象に投資する投資家兼資金運用者《ファンド・マネジャー》として洗練された。今日、保険業は三兆三千億ドル規模のグローバル・ビジネスとなっている。銀行業と同様、保険業もアングロ－サクソン世界で産声を上げてから長い歴史を持つが、それのみならず、これまた銀行業と同様、その近代的な規模と範囲は十七世紀ロンドンの新興金融市場に負っている。一六六六年のロンドン大火後に火災保険の需要が高まり、最初の近代的な損害保険市場が生まれたと一般に言われている。イギリスの海上貿易は発展し、一六八八年の革命の年にロンドンのコーヒーハウスで海上保険会社が設立されるに至った。一六九一年、コーヒーハウスの経営者エドワード・ロイドは彼の店をロンバード・ストリートに移転した。ロイズ・オヴ・ロンドンは今日でも世界最大の海上保険会社である。世界最大の保険市場が北米であり、全世界で発行される保険証券全体の九パーセント以上が世界の総人口の一パーセントにも満たないイギリスで依然として発行されている。

消費者信用

アングロ－アメリカ世界において財政金融の基盤をなすのは、政府や企業のニーズだけではない。二〇〇三年の調査によると、消費者向けクレジットカードの総発行枚数十三億枚のうち半数以上をアメリカ人が所有しているという。このことは、財政金融制度がかつてないほど個人や家庭の暮らしに浸透し、小企業の立ち上げを支援してきたことの一つの結果にすぎない。（同じく二〇〇三年の調査で、消費者向けクレジットカードの総発行枚数が世界第二位の国はイギリスであった。[17]）

近代的な家計金融《ハウスホールド・ファイナンス》の発展は十七世紀のイギリスにはじまった。法律の改正によって不動産の「継承的処分（settled）」が認められるようになり――基本的に譲渡が不可能となったのである。これがおそらく、皮肉なことに、土地を切り売りするのではなく、土地からの収入を担保にして資金を調達しようとする人びとの市場を拡大させた。子や孫のために結婚持参金を用意してやる必要のある地方の郷士《スクワイア》は、地代収入の一部を抵当に入れながら、将来に備えて不動産を保持することができた。〔当時の相続、とりわけ限嗣《げんし》相続（相続による土地の細分化を防ぐために相続人を限定した）については、オースティンの『高慢と偏見』に詳しく描かれている。〕

イングランド銀行が安定的な長期公債《ファンディッド・デット》を発行するようになると、家計金融の範囲はさらに広がった。商人や商店主たちは「国債に投機する《スペキュレイト・イン・ザ・ファンズ》」ことが可能となり、実際に投機に走った。南海泡沫事件《サウス・シー・バブル》と呼ばれる株式市場の熱狂によって個人投資家が手痛い損失を被っても、投資機会をうかがう市民の関心が弱まることはなかった。また流動性のある国債市場は、さまざまな金融商品のリスクを比較検討するための材料を提供し、個人はより確実でリスクを管理しやすい生命保険や年金保険を選んで購入することができた。リスクを嫌う投資家は低リスク低リターンの国債を購入し、そうでない投資家はできるだけ高リターンを求めて株式や民間債券を購入する。商売がそこそこ順調な中産階級の商店主たちでさえ安定した老後設計を考えられるようになるのはこの頃からである。

近代保険業はイギリスで発達したが、保険業が一般の人びとに普及したのは十九世紀のアメリカである。生命保険、火災保険、盗難保険、葬儀保険など、十九世紀が進むにつれ、かつてなく多くのアメリカ人が、貧しい人びとでさえ、万一に備えて保険に加入しはじめた。[18]

十九世紀初めの十年余りのあいだにさらに重要な動きがあった。一八〇七年、ニューヨークに最初の家具小売店カウパースウェイト・アンド・サンズが開店し、その五年後に家具の割賦販売をはじめたのである。「分割払い《ハイアー・パーチェス》」——家具の購入選択権付リース——のシステムは一八三〇年にロンドンにも導入された。[19]

目新しく、より手の込んだ作りで、値段は張るが、とても魅力的な商品が市場に出回るようになると、分割払いのニーズは高まった。消費者がそうした商品をどうにかして購入しようとする一方、製造業者や商人はどうにかしてそれを手頃な価格で製造し、販売しようとした。洗練された商業金融システムの存在によって、製造業者と小売業者は顧客が長期間かけて少額ずつ返済するという流れに対応してそれぞれのキャッシュフローを管理することができた。家計信用《ハウスホールド・クレディット》にもとづく大衆消費市場の環境が整いはじめたのである。

十九世紀の典型的なアメリカ人家庭は家族経営農家《ファミリー・ファーム》であった。レンドル・カルダーがその著書『アメリカンドリームへの融資——消費者信用の文化史』で指摘しているように、農機具やミシンは新たな信用システムの大衆化と画一化を促進した。一八五〇年代になると、農民たちはサイラス・マコーミックのヴァージニア刈取機を頭金三十五ドルで購入した（収穫後に残金九十ドルを支払い）。マコーミックが実施した割引サービスは現金購入者向けであったが、顧客の三分の二はクレジットで購入した。[20]

同じく一八五〇年代に都市と地方の家庭向けにミシンの割賦販売が行われるようになった。シンガー社は一八五六年にミシンの信用販売を開始した。ただちに売上は三倍に増え、シンガー社は十年も経たないうちに国内ミシン業界の覇者となった。ミシンは頭金五ドル、毎月三～五ドルの支払い（残高には利息を加算）で販売された。[21] 一八七六年までにシンガー社は二十五万台以上のミシンを販売した。これはミシンの総販売台数のおよそ半分を占める。[22] シンガー社の成功は他の製造業者や小売業者も注目し、消費者信用はますます拡大していった。一八九六年以降アメリカ人一人当たりの債務残高は年々着実に増大した。[23]それが爆発的に上昇した一九二〇年代には債務残高の総額が二倍以上に膨れ上がった。[24]世界恐慌で一時後退したものの、近代アメリカ経済は債務で資金を調達する《デット・ファイナンスト》という現在に至る消費者主導の成長軌道に乗りはじめた。その道を牽引したのが自動車である。アメリカでは早くも一九二六年には自動車の三台に二台がクレジットで購入された。自動車以外にも、当時の画期的な家電製品である冷蔵庫やラジオ、掃除機などが同様の役割を果たした。[25]公認の合法的な貸付会社が中小企業や勤労者世帯向けに伝統的な高利貸し《ローン・シャーク》などに乗り出すとともに、その他の形態の消費者金融も急成長した。一九一一年にニューヨーク市が行った調査によると、同市の（概して信用リスクが平均よりも低い）労働者のうち三十五パーセントが違法な貸付業者から金銭《かね》を借りているという。また全米の都市労働者のうち二十パーセントは年一回以上違法な貸付業者を利用していると見られた。[26]正規の小口貸付業が発達したことで、従来合法的な貸付会社から融資を受けられなかった大勢の人びとの状況が一変した。公認の貸付業者から家計と中小企業が借り入れた資金の総額は一九一六年の八〇〇万ドルから、一九二九年には二億五千五〇〇万ドルにまで増加した。[27]

信用調査機関《クレディット・ビューロー》——消費者の過去の信用記録について「概ね」信頼できる情報を貸付業者に提供することによって大衆市場への融資の拡大を促進する会社——は、われわれの歴史に深くかかわるもう一つのアメリカに特有の機関である。「生命保険の父」と呼ばれるエリザー・ライトと同様、ルイス・タッパンも熱心な奴隷制廃止論者《アボリッショニスト》であり社会改良家《ソーシャル・リフォーマー》であった。一八四一年初め、タッパンは奴隷制廃止運動に参加して〔南部の政情を偵察して〕いたスパイのなかから多数採用した調査員の全米ネットワークを組織した。（彼が採用した二千名の調査員のなかにエイブラハム・リンカンがいた。）タッパンの機関〔マーカンタイル・エイジェンスィ〕は、アメリカ国内にいる者なら誰であれその居場所を七日以内に探し出せると豪語し、その網にかかった個人の金融行動について詳細な報告書を保管した。アメリカ人にとって欠かせない言葉となった「ろくでなし《バッド・エッグ》」や「ごくつぶし《グッドゥ・フォー・ナッスィング》」などの新語をつくったタッパンのネットワークは、たった一年で七万人もの情報を収集する巨大企業であった。[28]

タッパンを草分けとし、今も大手信用機関がやっているように強力な組織力でもって他人の秘密をかぎ回るというのはあまり気持ちのいいものではない。しかし結局のところ、そうした信用調査機関は一般的なアメリカ人のクレジット利用を制限するどころか、むしろ促進している。しかも貸付業者がより的確な判断を下して損失を減らせるようにしたことで、貸し倒れリスクは軽減した。その存在の是非はともかく、信用調査機関がかくも広範囲にわたり、かくも早くから発達してきた流れは、消費者金融制度が英語圏において発生したことを如実に示す一つの証拠である。

住宅は当時も今もほとんどの勤労者世帯にとって一回の買い物としては最大のものである。ヨーロッパ人が入植してきた当初から家族経営農家が一般的であったことは、大方のアメリカ人が住宅所有者であることを意味した。しかし都会のアメリカ人はかなり早くからクレジットによる住宅の購入・建設をはじめた。最初の住宅組合《ビルディング・ソサエティ》は一八三一年にフィラデルフィアにおいて結成され、十九世紀末までに全米約六千の建築貸付組合《ビルディング・アンド・ローン・アソシエーション》におよそ一六〇万世帯が加入していた。通常これらの組合の会員は、住宅や土地などを購入する際に多額の融資を受け、それを長期にわたって月賦で返済する。この分割払いには、元金、手数料、組合費、利子などが含まれている。[29]こうしてごく普通にはじまり、その後発達したアメリカの住宅金融制度は、平均的なアメリカ人世帯にかなりの富をもたらし、大半のアメリカ人に彼らが所有する資産のうち最大かつ最も価値のあるものを提供した。またそれは不動産担保証券《モーゲージ・バックトゥ・セキュリティーズ》の洗練された流通市場が形成されていくなか、アメリカの資本市場を発達させるための資金を融通し、大勢のアメリカ人に郊外への移転を促し、アメリカンドリームに具体的な形を与えるのに一役買った。

バンク・オヴ・アメリカ

イングランド銀行の来歴がアングロ－アメリカ人の金融分野における功績がグローバルな海洋国家勢力の基盤をいかにして据えたかを物語っているとすれば、バンク・オヴ・アメリカの来歴はかかる海洋国家勢力の持つ財政金融の潜在的な力の爆発が世界中の消費者の生活と習慣をいかに変化させたかを物語っている。消費者信用や小口融資、中低所得者世帯一般への金融市場の開放、これら過去二百年にわたって大西洋の両岸で形成されてきた流れは、ある独特な金融機関――未だに世界最大級で、世界屈指の収益力を誇る銀行の一つ――において合流した。

イングランド銀行とバンク・オヴ・アメリカの起源と性格は著しく異なる。イングランド銀行はもともと薄汚れた冒険家の提案に発するものとはいえ、それを設立に導いたのは廷臣や貴族であった。イングランド銀行は設立当初からイギリスの支配層や王族との結びつきが強く、主な取引相手は老舗《しにせ》の優良企業であった。

一九三〇年以降「バンク・オヴ・アメリカ」と呼ばれるようになるバンク・オヴ・イタリーは、イタリア移民の子A・P・ジアニーニによって〔一九〇四年に〕創設された。〔ジアニーニは小学校卒業後、商業学校で五カ月間学んだだけで働きに出た。〕ジアニーニ七歳のとき、〔農場経営者の〕父が〔わずか一ドルの貸し借りをめぐる諍いで使用人の一人に〕射殺された。将来の大銀行家はサンフランシスコのノースビーチでイタリア移民の食料雑貨店主や人夫、小零細事業者たちのなかで〔義父の経営するスカテーナ商会で野菜や果物の〕仲買人として働きながら成長した。ジアニーニは長年かけて誠実さと信頼性で自らの名声を高めるとともに、自分の周囲の小零細事業者たちの性格について判断する力を養った。三十一歳のときに投資家たちを口説いて十五万ドルの資金を集めた。これを起業資金として興した銀行（一九三〇年にバンク・オヴ・アメリカに改称）は、彼が亡くなる〔一九四九年〕までに世界最大の銀行となる。

ジアニーニの構築したビジネスモデルは革命的であると同時にシンプルであった。ジアニーニは誠実さで高められた自らの名声を後ろ盾とし、猜疑心の強い移民たちを説得して彼らが蓄えていた金銭《かね》を彼の銀行に預けさせるのに成功した。ジアニーニはそうして集めた金銭を人柄と見識に信頼の置ける小零細事業者たちに貸し出した。大手の金融機関が自らが取引するには規模が小さすぎ、ほとんど利益にならないとみなした預金者と借り手を相手にして建てられたのがジアニーニの銀行である。

バンク・オヴ・イタリーの創業から二年後〔の一九〇六年〕にサンフランシスコで大地震が起こった。火災の恐れを心配したジアニーニは騾馬の引く荷車に乗って銀行に駆けつけ、金庫室から二〇〇万ドルの金貨と記録書類を荷車に積み込み、〔掠奪から守るために〕野菜を入れる木箱で金貨を覆い隠し、ひとまず郊外に退避した。サンフランシスコにあった他のほとんどの銀行とその記録書類は直後に起こった火災で焼失した。地震から数日後、ジアニーニは港湾の波止場で銀行を再開した。二つの酒樽を並べ、その上に平板を渡して即席の受付を開設した。顧客には再建費用を融資し、現金に窮する預金者には残高分の現金を手渡し、港湾の船長たちにも資金を貸し出した。船長らは北はシアトルやポートランドまで船を廻し、サンフランシスコの再建に必要な材木を買いつけてきた。

その後の四十年間にジアニーニと彼の銀行は、現代カリフォルニアの誕生を手助けする助産婦の役割を果たす。ジアニーニは映画産業をカリフォルニアに誘致するのに尽力した。当時、映画会社は銀行から融資を受けられなかった。銀行から資金を借り入れるには担保が必要である。だが映画会社が製作費を賄うためにいかなる担保を差し出せるだろうか？　ジアニーニはその答えを見つけた。日々映画を撮影したときのネガフィルムである。ハリウッドに新興する映画村《フィルム・コロニー》の関係者は、気安く資金を貸してくれるこの先見の明ある銀行家の周りに群がった。彼は長年のあいだに〔映画製作・配給会社〕ユナイテッド・アーティスツの発足、映画『白雪姫《スノー・ホワイト》』の製作、ディズニーランドの建設などに融資した。

だがジアニーニの最も重要な新機軸と功績は、ごく普通のカリフォルニア市民に金融サービスを提供することが成功への鍵だとする彼の核心的な洞察によってもたらされた。ジアニーニの銀行は返済期間三十年の自己償還型住宅ローンを世に広めた。この融資商品によって、アメリカの平均的な勤労者世帯が自宅を所有することができるようになり、連邦政府はこれを住宅政策のモデルとした。ジアニーニと彼の銀行は事実上、近代的なアメリカの郊外型ライフスタイルをつくり出した。それは最初カリフォルニアではじまり、次いで全米に広がった。三十年返済型の住宅ローンは消費者に自宅を与えた。またジアニーニは自動車のディーラーと購入者の双方に消費者信用を供与し、バンク・オヴ・アメリカはごく普通の労働者を相手に分割払い融資を率先して行った。バンク・オヴ・アメリカは新区画分譲のための道路・上下水道整備を目的とした市や町の起債計画とその実施に協力した。新たな造成地が三十年ローンで購入された住宅で埋まると、地価高騰によって〔増加した歳入から〕公債の利子が支払われた。

ハリウッドの映画産業《ドリーム・ファクトリー》は驚異的な成長を遂げた。郊外に住宅を持ち、自家用車を所有するという大衆のアメリカンドリームも広く実現した。これらはジアニーニの民主的金融《ディモクラティック・ファイナンス》という革命的な手法の賜物であった。革命はジアニーニ亡きあとも続く。バンク・オヴ・アメリカは消費者向けクレジットカードを発行した最初の銀行である。このカード（世界的に最も有名なクレジットカードであるVISAカードの前身）は、利便性と収益性の新たなフロンティアへと民主的銀行業《ディモクラティック・バンキング》を導き、今なお地球規模で拡大する動きのきっかけをつくった。

アディソンやマコーリーと同様――殊にこの問題では、ルイス・タッパンやJ・P・モルガンと同様――A・P・ジアニーニもまた、自分のビジネスは品性と道徳に根ざしており、自由で責任ある政府の下でなければ考えられないと信じた。預金者は自分のお金を預けた銀行が健全に経営されていると信じなければならない。一方、貸し手はローンの返済を約束できる個人を見つけなければならない。契約法《ロー・オヴ・コントラクト》――適法なものとして承諾・遵守され、かつまた相応に誠実で管轄権を有する裁判所で下される公正で相応に迅速な判決によって執行される――は、有名企業と取引する大組織にとってよりも、無数の個人消費者を相手にする大衆向けビジネスにとって一層重要である。

アングロ－アメリカ人が過去三世紀にわたって築いてきた財政金融の基盤は、英米両国をして度重なる戦争に勝利させ、世界の経済・政治状況を変える力を両国に与えた。またその基盤に立って、英語圏は国内の発展を促し、ひいては歴史開闢《かいびゃく》以来のいかなる文化をも凌ぐほどの深甚な文化的・社会的影響を世界に及ぼすことができたのである。

第八章　イートン校の運動場

――消費革命、交通革命、情報革命、大衆文化、スポーツの発展

想像してほしい。時は十九世紀半ば。それぞれよくできたネズミ捕り器《マウストラップ》のつくり方を発明した二人の農夫がいたとする。一人はコネティカットのヤンキーで、もう一人はビルマ人の米作農夫である。ヤンキーの農夫は自分の考案したネズミ捕り器を意匠登録し、会社を興して同じものをいくつも製造した。一方、ビルマ人の農夫は自家製ネズミ捕り器のつくり方を近所の人たちに伝授した。それから何年かのあいだに、ヤンキーのネズミ捕り器は、改良され、手直しされ、規格化された。ヤンキーは工場制度と鉄道輸送――国内各地からの原材料の低廉輸送――によってネズミ捕り器を安価に製造し、国内や海外の流通網に乗せ、必要な場合には分割払いで販売し、当時急成長していたマスメディアを通じて宣伝し、全米や英語圏、さらにはヨーロッパでも売り出した。この一連の工程にかかわるすべての企業は、世界で最も洗練された金融市場を利用して、必要最小限の資本を最も儲かる投資対象の組み合わせ《コンフィギュレーションズ》に投資することができた。

日の出の勢いにあるヤンキーの会社はやがて特許訴訟に巻き込まれることとなる。この裁判に勝て

ば、彼は一躍有名人になるかもしれない。農夫から成り上がったこのマウストラップ成金は、妻と娘たちを連れてヨーロッパ旅行に出かける。ヨーロッパでは、どこの馬の骨とも知れぬイタリア人の伯爵《コンテ》どもが娘たちに言い寄ってくる。ロンドン社交界のホステスたちはヤンキーの金銭《かね》に目が眩むあまり、彼の俗悪さには目を瞑ってちやほやする。

ちょうど同じ頃、ビルマ人のネズミ捕り器も手直しされ、新たな改良型が村伝い、家伝いに徐々に広まっていた。その発明者は最初こそ隣人たちから一目置かれていたが、その後は彼の家を訪ねる者もいなくなり、彼の名前はもちろん、男だったか女だったかも、たちまち人びとの記憶から忘れ去られてしまう。

数年後、ヤンキーの貿易商たちが汽船に乗ってビルマに到着し、ヤンキー製の安い標準型ネズミ捕り器を運んでくる。最新式のネズミ捕り器は、イギリスが建設し、イギリスが所有する鉄道によって運搬され、ビルマ国中の小売業者に販売される。手づくりの地元製ネズミ捕り器はやがて奥地の村や貧乏人のあいだでしか使われなくなるだろう。

改良や手直し、マーケティングに注ぐアングロ－アメリカ人の熱狂は、なにも金融市場や金融商品にだけ向けられるわけではない。新たな技術《テクノロジー》、新たな製品、新たな企業人事組織論、新たなマーケティング戦略、新たなメディア、新たな運輸・通信手段、研究の資金調達・組織化・管理の新たな方法――この三百年間にアングロ－アメリカ社会を中心に起こった地球規模の運動は世界を様変わりさせた。単に人びとの暮らしを変えただけではない。国際的な力と貿易の新たなパターンを確立したのである。それは、ネズミ捕り器の性能が向上したり、インターネットサーバーがより高速化したりといったことにとどまらない。アングロ－アメリカ人の資本主義はますます地球規模の広がりを持ちながら人間生活の物理的《マテリアル》条件を一変させ、それが引き起こした文化的・社会的変化は未曾有《みぞう》の真にグローバルな文化と共同体の創造を促している。

それだけではない。アングロ－アメリカ世界の革命的な資本主義社会は政治経済学における革命を成し遂げた。それは政治における民主主義の出現と同じくらい重要な、驚天動地の一大事であった。民主主義国において、政治権力は究極的には国民からの贈り物《ギフト》である。野望を抱く政治指導者は腰を低くして国民の信頼を勝ち取らなければならない。そのためには、国民の抱く価値観や願望、偏見や誤謬にさえもよく気を配らなければならない。

アングロ－アメリカ人の金融と急速に進歩する市場主導の技術革新とが結合することによって誕生した大量消費社会においては、富もまた国民からの贈り物である。多くの消費者の好みに合うような自動車を生産しなければ、その自動車メーカーの経営は悪化する。多くの犬の好みに合うようなドッグフードを生産しなければ、その会社と株主および経営者は損失を被る。現代世界では、ハリウッドスターから衣装デザイナーに至るまで、誰もが大衆《マス》に配慮しなければならない。

伝統的な君主制と寡頭制の下では、その嗜好に気が配られ、その偏見が大目に見られ、その気まぐれが重んじられなければならなかった相手は王侯貴族であった。

大量消費の力――市場を通じてその力を柔軟に取り込む才気溢れる者には経済的利益がもたらされる――は、人類にとって火の利用以来となる最も革命的な発見であるかもしれない。エリートの野望と大衆の願望、両者の結合によって生み出された、そして今後も生み出されるであろう変化は測り知れないものがある。政治的にみると、英語圏は過去三百年にわたって技術、製品、研究、文化の主要な源泉としての役割を果たすことで、海洋国家システムの構築と形成を推進してきた。

デイヴィッド・ランデスとダニエル・ブーアスティンらの歴史家はこの過程を丹念に調べ、優れた観察眼と技量でもって、そのさまざまな側面を描いている。本書よりも包括的で綿密な考察をお望みの読者は、ランデスの『諸国民の富と貧困』およびブーアスティンの『アメリカ人――民主主義の経験《ザ・ディモクラティック・イクスピアリエンス》』をご覧いただきたい。あくまでも本章の目的は、単純に次の二点を示唆することにある。第一に、アングロ－アメリカ人の歴史、経済史、技術史が相互に関連しているということ。第二に、すべてこれらのテーマをより深く理解することは、特に対外政策や大国の歴史について学ぶ研究者にとって重要かつ有益な洞察が得られるということである。

経済史、とりわけ諸々の小さな変化の歴史（長いあいだに人びとの日々の生活にもたらされた変化の積み重ね）には、戦闘や戦争について叙述した軍事史に見られるような劇的な出来事は存在しない。しかしそれらは間違いなく重要なものなのである。大国の興亡からなる近代の壮大な歴史は、喫茶の習慣やネズミ捕り器の歴史のようなごく普通の生活に根ざす小さな出来事の数々が土台となっているからである。

ピープスの一杯の茶

これから消費者主導の経済革命について駆け足で見ていくこととする。その出発点として最もふさわしい場所は、財政金融革命がはじまったのと同じ場所、十七世紀ロンドンのコーヒーハウスである。そこに集う客たちはイングランド銀行について論じていた。ロイズ・オヴ・ロンドンもそこから誕生した。コーヒーハウス（当時、紅茶はどちらかといえば、婦人の飲み物であるとされていた）は、財政金融革命の発火点であるとともに、イギリス人が一六八八年の名誉革命について談論風発し、ある意味その起点となった場所でもある。しかしそれだけにとどまらない。コーヒーハウスは消費者革命や情報革命に立ち会った証人であり、それらを推し進めた場所でもあった。ただしそれらの革命の影響が広がるまでには長い時間がかかりはしたが。

　コーヒーと紅茶は気晴らしのための飲み物である。それだけで生命を維持することはできないが、生命を高揚させることはできる。それらの飲み物を（やはり生きるうえでの必需品とはいえない）砂糖などの甘味料も加えて、飲もうと思えばいつでも飲むことができる社会の出現は重要な画期をなす出来事であった。それ以降、人間社会は生きていくのに必要なものを求めることによってというよりも、便利と娯楽を求めることによってますます形成されていくこととなる。

　これは必ずしも良いこととはかぎらない。特に砂糖は、だいたい十九世紀末までは最も過酷な環境の下で生産されていたからである（ブラジルの奴隷制廃止が一八八八年、キューバのそれが一八七〇年であった）。今日ですら、たとえばドミニカ共和国の砂糖農園で働く多くのハイチ人不法労働者はひどい環境の下で働いている。

　ジェイン・オースティンが描いているような上品に紅茶を嗜む淑女や教区牧師《ヴィカー》たちはその嗜好と選択を通じて世界を変えたのである。彼らがもたらした変化のすべてが素晴らしかったわけではない――が、それらの変化は間違いなく重要であった。歴史家フィルフリッド・プレストによると、イギリスが国内消費のために輸入した砂糖の量は一六六〇年から一七〇〇年までのあいだに倍増し、一七三〇年代までにさらに倍増し、その時点でイギリスはブリテン諸島の男女と子どもを合わせて一人当たり十五ポンドの量の砂糖を輸入していたという[1]。一七〇〇年の砂糖の年間輸入量は一万トンであったが、百年後には十五万トンにまで増加した。同じ百年間に紅茶（茶葉）の輸入量は十万ポンド弱から二千三〇〇万ポンドにまで増加した。[2]それまでイギリスの貿易品目全体に占めるコーヒーの割合は決して大きくなかったが、一七一〇年にはイギリス東インド会社の総収入の二十二パーセントを占めるまでになった。[3]コーヒー、砂糖、紅茶の貿易は地球規模に拡大し、それらの原料〔コーヒー豆、さとうきび、茶葉〕は世界中から輸入された。ロンドンのコーヒーハウスに集う紳士たちに飲み物を供するには、船荷主、販売業者、生産者、小売業者からなる非常に複雑なネットワークが必要とされた。

　イングランド人が紅茶を所望したいちばん古い記録として、一六一五年〔六月二十七日〕に日本〔の平戸の商館〕にいた東インド会社の駐在員〔リチャード・ウィッカル〕がマカオの同僚に宛てて上等の茶（chaw）をいくらか送ってくれるように依頼した手紙が残されている。[4]世界に冠たるイギリス海軍の組織・管理の土台づくりに尽力した官僚サミュエル・ピープスは、自らの私生活を驚くほどありのままに活写した日記（一六六〇年九月二十五日付）に、それまで彼が口にしたことのない「一杯の茶《ア・カップ・オヴ・テー》」について記している。[5]

　その十年前〔の一六五〇年〕、「ジェイコブ」なるユダヤ人の男が、記録に残るイギリス最古のコーヒーハウス「エンジェル」をオクスフォードに開いた。ロンドンに最初のコーヒーハウスが開店したのは一六五二年であり、一七〇〇年までにロンドン市内だけで「少なくとも」数百軒のコーヒーハウスが営業していた。同時期のアムステルダムにはわずか三十二軒しかなかった。[6]

　これらの商品の需要を満たすことで、その後二世紀にわたって世界の歴史に支配的な影響力を及ぼすこととなるイギリスの企業と帝国が建設された。イギリス東インド会社がインドにおいて優越的な地位を占めるうえでコーヒーと紅茶の貿易が果たした役割は大きい。イギリス東インド会社は自前の軍隊を持ち、これを訓練し、ある種の商業的企てとしてインドにおいてイギリス帝国の建設に邁進した。

たばこ貿易は帝国的見地からも財政的見地からも重要であった。一七〇三年から一七一八年までのあいだにイギリスに出荷されたたばこの量はヴァージニアとメリーランドだけで四億ポンド以上にのぼった。[7] 運送費は通常トン当たり七ポンドであったから、たばこ輸送によってイギリスの海運会社が稼いだ利益は八万二千ポンドであった計算になる。[8] 保険料（運送費と同様、入植者によって支払われていたが、植民地人にとっては不満の種であった）は実質的な追加料金であった——この安定的収入が初期のイギリス保険業の確立に大いに寄与した。

たばこ貿易のメリットはこれだけではなかった。イギリスに到着したたばこの約六十五パーセントがヨーロッパに再輸出され、さらなる利益、保険料、雇用をもたらした。イギリス政府はたばこ市場の振興に積極的に取り組み、ヴェニス、シシリー、墺領ネーデルラントなどの市場を外交的圧力でこじ開けた。[9]

たばこ貿易はヴァージニアなどの植民地を繁栄した社会に一変させた。ヴァージニアの農園主やさらに豊かなカリブ海地域の砂糖貴族に向けた製造品や奢侈品の輸出によって、イギリスの製造業者は販路を拡大することができた。彼らは十八世紀のその後の時期、戦時と平時を問わず、急速な経済成長を推進する役割を果たした。本国市場が大きかったことも、イギリス企業が多くのヨーロッパ市場で支配的な地位を確立することができた一つの要因である。一七二〇年代以降、イギリス人の好みがコーヒーから紅茶に変わったこともあって、イギリスのコーヒー貿易はヨーロッパ市場へのコーヒーの再輸出にますます重点が置かれるようになった。世界中でこうした貿易活動を続けた商船隊の経営者たちは、フランスと戦うイギリス海軍の軍艦に乗り組む水兵たち（彼らのなかには、進んで乗り組む者もいれば、嫌々乗り組む者もいた）を養成した。造船技師が身につけた技術と船長が貿易用に作成した海図や地図は、イギリスをかつてなく強大な海洋国家《シー・パワー》へと押し上げるのに一役買った――それと同時にイギリスはますます豊かな国になりつつあった。

輸入は輸出と同じく繁栄の表れであるとともに源でもあった。ウィリアム・デフォーは一七二五年に著した『イングランド商人大鑑』のなかで誇らしげにこう述べている。

イングランドはいくつかの国で生産・製造されたものを輸入し、それらの外国産品を世界のどの国よりも多く自国内で消費している。……その輸入品は主に砂糖とたばこである。綿、インディゴ、米、生姜、ピメント（ジャマイカ胡椒）、ココア（チョコレート）、ラム酒およびモラス（＝スコットランドの糖蜜から製造される蒸留酒）は無論のこと、グレートブリテンにおける砂糖とたばこの消費量たるやとても想像できないほどである。[10]

イギリスの繁栄がますます多くの国民に行き渡るとともに、輸入品目の数はひたすら増加していく。

消費革命の兆候が最も人目につく形で明白に現れた場所がコーヒーハウスであったとすると、その影響が瞬く間に広がっていったのが私的生活空間であった。十八世紀のイングランドでは、平均的中産階級から下層中産階級の家庭の自宅に置かれるテーブルや備え付けの家具、彼らとその子たちが身につける衣服の面で劇的な変化がみられた。人びとが遺品として残した家具調度品を調査した結果、一七二〇年代にはすでに中産階級の多くが陶磁器、ティーポット、コーヒーポット、ナイフ、フォーク、ガラス食器類などを所有していたことが分かっている。[11] 一世代の後、スタッフォードシャーで陶器の大量生産が開始され、斬新でより上質な料理用陶器がますます広く販売されるようになった。歴史家ポール・ラングフォードは、「一七六〇年代と七〇年代の多くの小売商や貿易商の家にある絨毯、壁掛け、備え付け家具、台所や客間の陶器は、彼らの親たちを驚かせ、祖父母たちを仰天させたことだろう」と書いている。ラングフォードによると、彼ら小売商や貿易商の生活水準は、貴族階級の家庭でさえそのほとんどが半世紀前にようやく享受できた生活水準をある面では上回っていたという。[12]

すでに十八世紀には、中産階級から下層中産階級までのイングランド人の家庭は、歴史上かつて誰も抱くことのなかった考え方を当たり前と感じるようになっていた。それは、どの世代も常に親の世代よりも目に見えて高い生活水準を享受するものだという考え方である。

台所はヴィクトリア時代の多くの家族にとって物質的進歩のフロンティアとなった。十九世紀初めまでイングランドのほとんどの家庭では、台所は不快で不潔な場所であった。台所に〔キチナーと呼ばれる〕箱型レンジが最初に登場したのは一八〇〇年頃であるが〔＝一八〇二年にジョージ・ボドレイが箱型レンジの特許を取得〕、当初それは比較的裕福な家庭にしかなかった。一八六〇年代までにレンジは設計が改良され、より多くの家庭で見られるようになった。〔床面・壁面に用いる建材の一つである〕リノリウムは一八六〇年に特許を取得し、やがて台所は以前よりもはるかに明るい場所となり、掃除がしやすくなった。[13] 一八七二年発行のガイドブック『ザ・モダン・ハウスホールダー』には、中産階級の家庭にとって必需品である「お買い得の台所家具」が列挙されている。それら多くの台所家具のなかには、前の時代であれば贅沢品だとみなされたであろうものも数多く含まれていた。

直火式レンジ、炉格子、炉辺道具／松材のテーブル一脚、松材の張り出し棚（必要なときに下げて使用する）／木製の椅子／キャンバス地の敷物／粗麻布（調理時の耐火用）／グラス・陶器を洗うための木製の桶／皿を洗うための大きな陶器製のトレー／手洗い用の小さなブリキの洗面器／洗濯用桶二荷／物干し綱／干し物掛け／パン生地や練り粉を混ぜるためのイエローボウル／木製の壁掛け塩入れ／小さなコーヒーミル／皿立て／まな板／大きく茶色い陶器製のパン焼き型／小さな木製の粉桶／鏝《こて》三本、イタリア製のアイロン、アイロン置き／アイロンかけ用の古毛布／錫《すず》製燭台二本、スナッファー（蝋燭《ろうそく》の芯切り鋏）、蝋燭消し／靴墨用ブラシ二本／タワシ一個／絨毯を掃くための箒《ほうき》一本／短い柄の箒一本／灰篩《はいふるい》、塵取り、漉《こ》し器、バケツ／蒸解釜（圧力釜に似たもの）／紅茶用ケトル／トースト用フォーク／パンおろし金／ボトル・ジャック（＝熱を逃がさないように設計された錫板製のロースターを火床の火の前に置き、金串の鉤に肉を刺して、ぜんまい仕掛けのボトル・ジャックで回転させながら蒸し焼きにする）／串一束／肉挽き機／バター炒め料理のための錫地金のソースパン（片手鍋）／水切りボール／鉄製ソースパン三枚／鉄製煮沸鍋一個／魚料理用鍋一個／粉振り器一個／フライパン一枚／焼き網一枚／塩・胡椒入れ／麺棒と捏《こ》ね台／菓子皿十二枚／大きな錫製皿一枚／天秤一台／パン焼き用の皿[14]

産業革命後、多くの専用製品が新興中産階級の家庭でも手が届くようになった。

電気の導入によって、気のきいた器具や道具の新たな波が平均的な家庭にも押し寄せた。一九一〇年までにトースター、アイロン、湯沸かし器が市場に出回った。[15] 一九一五年までに重さ四キロの電気掃除機がわずか二十五ドルで販売された。[16] 電気洗濯機は一九一七年には一般に販売されていた。最初の電気冷蔵庫と皿洗い機はすでに開発されていたが、当時はまだ裕福な家庭のおもちゃだとみなされていた。一九五〇年代までに標準的なアメリカの台所用品一式に「各種のミキサー、混合器、コーヒーグラインダーのほか、ストーブ、冷蔵庫、洗濯機、掃除機」がそろった[17]。一九七〇年代には皿洗い機とテレビが標準的な台所に備えられ、一九八〇年代には電子レンジ、電気蒸し器、電気フライヤーが調理台の上に所狭しと並べられた[18]。

機織《はたお》りと服づくりは長らくイングランドのお家芸であった。ある専門家（＝イギリスの経済・社会史学者ジョーン・サースク）によると、十七世紀末までにイギリスの消費者はある人が「無数の選択肢」と呼んだ麻織物のうちから好きなものを自由に選べるようになったという[19]。それでも、歴史的にみると、貧困者や中所得層の人びとが所有できる衣服の数はかなり限られていた。だがおそらく、労働者階級や商店主および店員たちのあいだでは、もっと多くの、もっと上質な衣服を求める欲求が沸々と煮えたぎっていたにちがいない。繊維産業は産業革命によって最初に変化した産業の一つである。衣服の品質、品揃えとも大幅に向上し、多くの人びとが入手できるようになった。繊維ブームがもたらした利益、技術革新、金融実務経験、組織・管理技術は、英米人が産業革命の成功段階にいち早く進むことを可能にした。

時には発達が遅れたものもあった。たとえば靴がそうである。十九世紀中頃まで、機械でつくられた靴だけが「ストレーツ」と呼ばれ、右足用の靴と左足用の靴が同じ形をしていた。技術とマーケティングが合体し、より履き心地の良い靴を求めるニーズに応えた「クロキッド（湾曲部のある）シューズ」が出回るようになるのは、ようやく十九世紀も半ばを過ぎてからである[20]。

大衆向けに既製服が提供されるようになると、技術上・デザイン上思いもよらぬ難題が生じた。

〔人間の体格は個人個人によってまったく異なると考えられていた当時、それぞれの着用者に合う寸法の服を大量生産できるのかということが問題となった。それを可能にしたのがアンスロポメトリー（Anthropometry）という学問である。〕アンスロポメトリーとは人体測定学のことである。〔これによって、人体の各部分の大きさには概ね一定の割合が存在することが明らかとなり、大部分の人びとに合う衣服を製造することが可能となった。〕こうして二十世紀初めには衣服製造業において「標準サイズ」という概念が誕生する。[21] この頃までには、〔かつて仕立て屋を雇っていた〕金持ちでさえ〔高級店で〕既製服を買うようになっていた。[22]

交通革命

消費革命に連動し、それに影響を与えたのが輸送革命であった。国産品や輸入品への需要が高まるにつれ、海上輸送や陸上輸送への投資が拡大した。小売業者や末端の消費者のもとに商品を送り届けるのにかかる費用と時間を節減できた者ほど市場競争を通じて多額の報酬を手に入れることができた。

造船技術の向上と船体の大型化は、遠距離の海上輸送にかかる時間を短縮し、費用を削減した。航海術の改良（特に正確な計時器の開発によって船乗りたちは初めて自らの現在位置を経度と緯度で特定できるようになった）は、海上輸送の費用を削減しつつ輸送効率を大幅に向上させた。沿岸海運と荷役においても同様に改善がみられた。河川の浚渫《しゅんせつ》や運河の掘削も進み、（蒸気機関車が発明されるまでは）人間が生み出したなかで最も速く最も信頼できるこの輸送手段をますます多くのイギリス人が利用するようになった。

それと同時に、イギリスは十七世紀後半から道路網の整備に乗り出した。特に国内に架かる橋の改良には強い関心が払われた。〔ハートフォードシャーのグレート・ノース・ロードに〕最初の料金所《ゲート》が建設された一六六五年以降「ターンパイク」と呼ばれる有料道路（通行人から徴収した料金で地方税収を補い、それを道路の建設維持費に充てる）が、イングランド全体に急速に広がった。[23] ウィリアム・デフォーは十八世紀半ば、「今やターンパイクの利点はとても大きいように思われる。そしてあらゆる地域の住民がそのことに気づきはじめている。というのも、ターンパイクが完全に整備された地方の商売にはすでに信じがたいほどの効果が表れているからである」[24] と書いた。輸送スピードは速くなり、一七六一年の時点でニューカッスル＝ロンドン間を「コーチ」と呼ばれる四輪馬車で五日（一日に進む距離は九十三キロ）かかっていたものが、一七六五年には三日（一五五キロ）、一七八五年には二日以内（二三三キロ以上）にまで短縮した。[25] 一七七〇年までには、イングランド国内でターンパイクから二十キロ以上離れた場所は数えるほどしかなくなり、ロンドン＝マンチェスター間の道路を一日二五五キロ以上もの驚くべき速さで進めるようになった。これは当時のフランスで最も速い輸送手段のほぼ二倍のスピードである。[26] イギリスの運賃はフランスの運賃よりも安かった。[27] 旅行の需要も高まり、バーミンガム発ロンドン行きのコーチの便数は一七四〇年には週一便だったが、一七八三年には週三十便にまで増加した。[28] 一八〇〇年頃までにイングランドにはフランスと並ぶ距離の良好な道路が整備されていた。（ただし道路の大きさはフランスの道路のおよそ四分の一程度であった。[29]）

しかも、デイヴィッド・ランデスの指摘によると、イギリスでターンパイク制度を可能にした地方の指導力を欠いていたフランスは、貧弱な路面を保護することによって政府の出費を抑えようとする誤った政策を追求したという。[30] すなわちコーチは厳しい速度制限が課され、路面にかかる馬車の重量を分散させるために幅広の車輪を使用することが義務づけられた——そのせいでコーチの速度は落ち、輸送効率も下がった。[31] 身に危険が迫るのを感じたルイ十六世とその家族が革命の都パリから逃亡を図って失敗した原因が悪路にあった。その悪路に悩まされてのろのろとしか進まないコーチに乗ったブルボン一家は、この貧弱な交通体系の管理に臍を噛むこととなる。

交通の動力として蒸気が畜力や風力に取って代わりはじめる頃までに、イギリスには約二万マイルのターンパイク、二千一二五マイルの可航河川、二千マイルの運河、一千五〇〇マイルの鉄道（馬が荷車《カート》を牽引）があった。[32] 他のいかなる国もこのイギリスが持つネットワークの密度と実用性に匹敵しうるものをつくることはできなかった。ナポレオン戦争が続いているあいだも、イギリスは交通にかかる時間と費用を比較的低く抑えることで、全国規模の市場《ナショナルマーケット》を形成していた。

十七世紀後半には蒸気船が初めて提案された。〔フランスから渡英した学者ドニ・パパンが一六八一年に船の動力として蒸気を使用することを提案した。〕機関技術の改良にともなって、蒸気船が次第に実現可能なものとなり、次いで実用化され、最終的に利益を上げるまでになった。ジェイムズ・ワットの蒸気機関の仕組みを利用して蒸気船を発明したダバン侯爵《マルキ》は〔一七八三年に〕人びとが見守るなかで実験を成功させたのち、さらなる実験を続けるためフランス政府に資金援助を求めたが、官僚やライヴァルたちの妨害でこの要請は拒否された。こうしてフランスで早くから試みられたいくつかの有望な実験は徒労に終わった。イギリスであったならば、ダバン侯爵は株式会社を設立し、政府が何と言おうと民間からの投資を呼び込むこともできたであろう。しかしフランスではそれは不可能であった。結局のところ、ダバン侯爵は事業の継続を断念せざるをえなかった。折しも革命が勃発し、フランスにおける蒸気船への取り組みはしばらく中断し、それが再開されるのは一八一六年になってからであった。[33]〔その年、フランスに帰国したダバン侯爵のシャルル・フィリップ号がセーヌ河で進水した。〕この間、〔アメリカ人の〕ロバート・フルトンらによる蒸気船がイギリスと北米の主要河川を定期的に往復するようになり、ミシシッピ川の貨客運賃は半減した。[34]

蒸気機関車の登場するはるか前から、イギリスでは車輪に溝の付いた荷車を動物が引っ張って動かせるようにするための線路が探鉱その他の場所に敷設されつつあった。それ専用の鉄製線路と車輪を設計し、大量に製造する技術はすでに十分発達していた。蒸気力の初期の用途はその多くが炭鉱作業で人力や畜力に取って代わることであったため、蒸気機関が炭鉱鉄道の動力として試されるようになるのは時間の問題であった。一八一二年には最初の蒸気機関鉄道が工業都市リーズと炭鉱とのあいだに結ばれた。[35]〔最初に走行したのが、マシュー・マレーが設計・製造したサラマンカ号であった。〕

そこから新たなシステムを利用して人間を輸送するようになるのは自然の流れであるように思われた。機関設計の進歩によって新たな輸送システムの安全性と信頼性が高まり、一八二五年にはストックトン・アンド・ダーリントン鉄道が開通した。工業都市の一大中心地であるリヴァプールとマンチェスターを結ぶ鉄道が商業的に成功するやいなや、鉄道は主要な輸送手段の一つとなった。発達する鉄道システムにたいする経済的・工業的ニーズは工業化を推し進める主要な役割を果たし、十九世紀初めに小規模だった企業が数十年後には巨大な会社や工場に成長した。

一八三〇年にイギリスの鉄道は総延長距離が約一〇〇マイルであったが、一八五二年までにその距離は六千六〇〇マイルにまで延びた。[36]イギリスに資本市場がなければ、これほど急激な鉄道網の拡大はなかったかもしれない。一八四四年に一〇四社あった民間鉄道会社の数は一八五〇年までに二〇〇社を超えた。[37]十九世紀末までにブリテン諸島の鉄道は総延長距離が約二万マイルとなり、そのほとんどは民間が出資し、建設したものであった。

世界においてイギリスを凌ぐほど鉄道熱が盛んに見えた国はアメリカであった。アメリカで初めてお披露目された商業用の蒸気機関車は一八二九年にイギリスから運ばれてきたスタゥアーブリッジ・ライオン号である[38]。その数年前〔の一八二六年に〕ボルチモア・アンド・オハイオ（B&O）鉄道が開通していた。アンドルー・ジャクソンは蒸気機関車に乗った最初の大統領であった〔一八三三年、B&O鉄道〕[39]。一八三一年にはすでに国家の将来的な鉄道輸送について下院で審議されており、陸軍は民間鉄道会社二十社の予定路線を調査するなど、鉄道建設の支援に関与するようになっていた[40]。

アメリカにおける鉄道網の建設は、イギリスの場合よりも強力な国家の支援が得られた。その主な理由としては、一つには、アメリカではイギリスのように狭い国土に人びとが寄り集まって暮らしているわけではなく、地形も山あり谷ありと決して平坦ではなかった〔それゆえ広い国土に鉄道を敷設する工事はおのずと大規模なものとならざるをえず、しかもそれにかかる費用も巨額にのぼる〕からであり、また一つには、鉄道を熱烈に求める世論のうねりと熱狂の高まり、その熱気を感じ取った政治家たちが〔鉄道建設に熱心な〕企業各社の熱望する支援を彼らに与えることを厭わなかったからである。それにともなって、〔利権絡みの〕スキャンダルが頻発したりもしたが、結果として広大な鉄道網が誕生した。一八六〇年までに全米に敷設された鉄道の総延長距離は三万マイルとなり、一九〇〇年までに二十万一千マイルもの驚異的な距離に達した[41]。

鉄道建設は長期にわたって巨額の投資が必要とされるプロジェクトである。そのための資金需要の高まりからアメリカの金融市場は、イギリスの場合と同様に大いに逼迫した。悪党や投機家が蔓延りはしたが、全体的にみれば金融市場は総額数十億ドルの資金をどうにか鉄道建設に振り向けることができた。イギリスの投資家だけで二十五億ドルをアメリカの鉄道に投資した。このアメリカの成長株〔＝鉄道〕には、ヨーロッパ中から資金が注がれた。一九一六年までにアメリカの鉄道に総額二一〇億ドルが出資された[42]。

アメリカの歴史上鉄道ブームの重要性はいくら誇張しても誇張しすぎることはない。鉄道網がなければ、北軍は部隊と補給物資を集中させることができず、南北戦争に勝利を収めることは不可能であったろう。また鉄道が可能にした工業化による経済的優位がなければ、北軍は戦争の経済的負担に耐えられなかったであろう。鉄道網は西部の広大な農地への入植を可能にした。その一つの理由として、鉄道がそれまでの幌馬車よりも多くの人びとをより迅速に輸送できるようになったことが挙げられる。ただそれだけではなく、鉄道がなければ、西部の農家は小麦作物や肉牛を東部の市場に運ぶことができずに自耕自給農業を細々と続けていくしかなかったであろう。世界市場を利用する機会が得られなければ、農家は大草原《プレーリー》を生産性の高い農地に転換するのに必要な大型農機具を購入することができず、また鉄道がなければ、製造業者は農家が必要とする数の農機具を割に合う価格で製造することもできなかったであろう。シカゴやセントルイスなどの都市があれほど急速に発展することもなかったであろうし、西部の鉱物資源も大半が無駄となっていたかもしれない。遠く離れたアパラチアやテキサスの油井から大都市中心部へ安く早く石油を運搬することができなければ、ジョン・D・ロックフェラーがアメリカの石油産業を興すこともありえなかったであろう。

鉄道網によって全国規模の市場《ナショナルマーケット》が急速に形成された。アメリカの全国市場はイギリスのそれよりも規模が大きく豊かであった。アメリカ全体が突如として製造業者にとっての一大市場と化したのである。シカゴの工場で生産された製品がサンフランシスコからボストンに至る全米で販売された。巨大小売店はこの商機を逃さなかった。

モンゴメリー・ウォードは一八七二年に初めて通販カタログを発行した。当初は製品と価格を掲載しただけの一覧表にすぎなかったが、それは瞬く間に成功し、競合他社も次々と通販カタログの発行に乗り出した[43]。カタログはみるみる分厚くなり、販売される商品もますます充実していった。掲載される広告の説明は詳しくなり、魅力的な商品も増えていった。シアーズ・ローバック・アンド・カンパニーが最初の通販カタログを発行したのは一八八八年である。同社はその後、一八九七年に三十一万八千部、一九〇七年に三〇〇万部以上を発行し、一九二七年までに全米で年間七千五〇〇万部のカタログを配布するまでになっていた[44]。

鉄道網は近代的な百貨店チェーンも生み出した。信頼できる配達によって、予め価格の分かった同じブランドの商品を数千マイル離れた系列店の棚に並べることが可能となった。ウォルマートなどの巨大《ビッグボックス》小売店が現在活用しているノウハウの多くは、鉄道時代に開発されたものである。こうした大型小売店が小売業務をより効率化するために現在採用している輸送や在庫管理の方法は、百貨店チェーンの黎明期にシアーズやモンゴメリー・ウォード、ウールワースなどの小売店が行っていたやり方ときわめてよく似ている。

十九世紀のアメリカ人が鉄道網にたいして示した反応は、二十世紀の終わりから二十一世紀初めにかけて彼らがインターネットにたいして示した反応と多くの点で共通している。シアーズやモンゴメリー・ウォードはさしずめ今日のイーベイやアマゾン・ドット・コムのような存在であった。たとえばダコタ平原の人里離れた農家にいながら通販カタログを見て商品を注文する体験は、小さな田舎町のアメリカ人たちがインターネットの出現まで目にしたこともない無数の選択肢のなかから初めて商品を注文するときの体験と大差なかった。インターネットが出始めの頃にネット株を推奨した連中は、鉄道時代の彼らの先駆者たちとあまり変わらず無節操であった。先駆者たちが鉄道株で経験したのと同じように、彼らはインターネット株で大儲けしたり大損したりした。さらにアメリカ文化はかつての鉄道と同様、インターネットを熱烈に歓迎した。アメリカ人は電子商取引の世界に飛び込み、日常業務そっちのけで株取引やグッズ販売、ウェブサイトの運営や設計にのめり込んでいった（その結果は人さまざまであったが）――それは、かつて鉄道が各地をまわる外交員、不動産開発者、雑誌出版者、旅行業者たちに新たな展望を切り開いたのと似ている。

アングロ－アメリカ世界は十九世紀の輸送革命が新たな社会的・経済的エネルギーを解き放った場所にとどまらなかった。そこは新たな技術の潜在的な力を最も自由に、最も急速に、最も完全に開花させた場所でもあった。新技術とその利用をめざす関連ビジネスの急速な発展を推し進める用意と熱意とを持った財政金融制度、新技術が導く急速かつ予測不能な変化を妨げようとするものがほとんどない社会的風潮、創造されつつある素晴らしき新たな世界に飛び込み、開かれつつある新たな可能性をうまく活かす方法を危険を顧みず探ろうとする幅広い自発的な国民の熱意――これら三者がすべて組み合わさって、アングロ－アメリカ世界は与えられた機会を最大限に利用した。

二十世紀に入っても、輸送革命のこのパターンは続いた。自動車、トラック、飛行機は世界中の人びとの暮らしを変えてきた――しかしいずれも、新技術の完全な影響が最も早く現れたところは英語圏、なかんずくアメリカであった。新たな可能性に跳びつくアメリカ人の機敏さ、そしてまた新たな技術や産業のニーズに対応するアメリカの政治制度や財政金融制度の能力は、たとえその新技術を発明したのがアメリカ人でない場合でも、たいてい発明者よりも大量にそれをつくり出した。

たとえば自動車を発明したのはアメリカ人ではなかったが、アメリカはその製造業、マーケティング、道路建設、財政金融制度の力によって自動車の本場となった。アメリカ初のガソリン自動車は一八九六年二月に発売された。[45] 一九〇八年にヘンリー・フォードのモデルTの最初の一台が工場から出荷されたとき、全米にはすでに五一五社の自動車会社が存在していた。[46] 一九一〇年までにアメリカの自動車産業は馬車産業よりも巨大となり、[47] アメリカは世界一の自動車大国に成長した。[48] 一九二七年までに、世界の自動車の八十パーセントはアメリカで登録され、アメリカ人の五・三人に一人が自動車一台を保有していた。国民の自動車保有率がアメリカに次いで高い国はニュージーランド、カナダ、オーストラリアであった。[49] 一八九五年に世界のほぼすべての自動車はドイツとフランスで生産されていたが、一九一二年のアメリカの自動車生産台数は、フランス、イギリス、ドイツおよびイタリアのそれを合計した台数に等しかった。[50]

アメリカに自動車が出現すると、道路とハイウェイの建設ラッシュが起こった。早くも一九二〇年代には車道とハイウェイの建設費が二番目に大きな政府支出となった。[51] アメリカの舗装道路網は鉄道網と同じく急速に拡大した。

自動車（乗用車）に続いてすぐに道路を走るようになったのがトラックである。トラック輸送は鉄道輸送に比べ、二地点間の配送能力に優れ、配達時間も早く、それでいながら運送費が（必ずしも安くはないが）同等であることから、多くの運送業者はトラックを魅力的な代替輸送手段であると考えた。特に家畜、野菜、果物などをより迅速に、〔貨物の特性に応じて〕柔軟な形態で運搬できるのがトラックの利点であった。実際、一九三一年までに家畜全体の約三分の一がトラックで輸送されるようになった。[52]

トラックが初めて実用的な代替輸送手段として使用されるようになった一九〇九年以降、トラックの台数は急増した——一九一五年には十五万八千台、一九三〇年までに三五〇万台にまで増加した。[53]一九二五年までにトラック製造業に三〇〇社以上の会社が参入したが、急成長する産業によくあるように、それらのうち長く成功し続けることができた会社はほんの一握りにすぎなかった。[54]

多くのアメリカ人にとって、トラックを所有することはビジネスをはじめるための手段であった。初期のトラック産業を中心的に支えたのは個人トラック運送業者であった。一九二〇年代後半にアメリカの道路を走るトラック三〇〇万台のうち三分の二は個人営業のトラックであった。[55]これを可能にしたのが、すでに見たように、小口の借り手や預金者のニーズに応じる独特の金融制度であった。一般の労働者でも、取り立てて資格はないが過去に借り入れをきちんと返済してきた実績だけはあり、運転免許を持っていれば、数百ドルの頭金を支払ってトラックを購入することができた。（残金はトラック運送業で稼いだ収入から分割で支払う。）

アメリカは航空輸送分野でも世界の先頭に立った。今日でも、世界で営業している一万五千カ所の空港のうち三分の一はアメリカ国内にある。[56]飛行機やジェット機についても、蒸気船、鉄道、乗用車、トラックと同様、アメリカは早くから熱狂的にこれを受け入れた。世界恐慌のどん底にあった一九三二年にアメリカの航空会社は九千五〇〇万ＲＰＭ〔有償旅客マイル＝実際に乗った旅客数×マイル数〕を記録した。一九三五年には二億七千万ＲＰＭ、一九三九年には六億七千七〇〇万ＲＰＭに達した。[57]一九七七年までに飛行機を利用したことのあるアメリカ人の割合は国民全体の六十三パーセント以上に達した。一九七九年のアメリカ航空業界の規制緩和は、格安航空会社の新規参入を促し、各社生き残りをかけた熾烈な競争が起こり、名だたる航空会社が倒産に追い込まれることとなった。航空業界の規制緩和が及ぼした多大な影響については（特に賃金、職の安定、年金の面で皺寄せを受けた航空会社の従業員たちのあいだで）未だ論争となっているが、二〇〇〇年までにはヨーロッパやアジア各国の政府とも、より低価格の運賃とより弾力的な航空輸送システムがもたらすより幅広い経済的便益は費用を上回るとの結論に落ち着きつつあった。ライアンエアーなどの格安航空会社が欧州連合（ＥＵ）において新たな航空旅行システムの導入に乗り出すと、航空運賃は急速に下がり、旅客数は増加した。同様の変化はその約二十年前にすでにアメリカで起こっていた。

情報

十七世紀のコーヒーハウスは現代世界を形成するうえでまた別の重要な役割を果たした。政治と経済の巨大な変化を経験した世代は、タイムリーな情報にますます高い価値を置くようになった。貿易商はメリーランドからたばこを運んでくる最新の輸送船団がフランスの私掠船に拿捕されずに無事入港したかどうかを確認する必要があった。入港したばかりの東インド会社の商船から陸揚げされた茶葉にはいくらの値がついたか？　イングランド銀行の本日の株価はいくらか？　アディソンの夢に出てきた公信用は絶えず落ち着きなく王座に腰掛け、世界中の情報を伝える新聞や電報が届くやいなやそれに飛びつかずにはいられなかった。そうした新たな情報にたいする女王の異常なまでの関心はロンドンの貿易商や投資家たちも共有していた。彼らの多くが最新の情報をつかむために集まった場所がコーヒーハウスであった。

それは一六六四年に〔ロンドンの〕ブレッド・ストリートではじまったようである。あるコーヒーハウスの店長が議会のニュースを知らせてもらう取り決めを庶民院の上級官吏と結んだ。店長は客から手数料を取ってそのニュースを提供するサービスをはじめた。[58] このやり方を真似た店が急速に増え、それから二年も経たないうちに国王チャールズ二世はコーヒーハウスをすべて閉鎖させるための方策を政府と協議した。あまりに多くのデマが出回るのを憂慮したためであった。効果的な対策は打てなかったものの、コーヒーハウスに集う賢者才人にニュースが伝わるのを防ぐため、一六八九年に庶民院は印刷業者にたいし議会の議決を記録したり配布したりすることを禁止した。かつてチャールズ二世は、すべてそうしたデマが野放図に流されたせいで、「下劣きわまりない非難が政府に向けられた」[59]と不平を漏らしていた。今では何処《いずこ》の政治家も認めていることであるが、名誉革命（一六八八〜八九年）を経てついにイギリス政府はもはや為す術なしと諦めた。ニュースの時代はすぐそこまで来ていた。

初めのうちそれはうまく制御されていた。ニュース刊行物が最初に世に現れたのは一六〇五年のことであるが、イングランド内戦までは星室庁裁判所によって発行人の活動は厳しく制限された。週刊の一枚新聞《ニュースシート》に掲載できるのは、海外のニュース、国王の宣言や布告、自然災害や犯罪の記事に限られた。一六四一年に星室庁裁判所が廃止された後、状況はやや緩和し、内戦を戦う双方とも、然るべく用意されたプロパガンダをニュースと一緒にして流すのが好都合だと判断した。

一六六〇年にチャールズ二世の王政復古が成り、活気溢れるコーヒーハウス文化が勃興すると、事態は変化しはじめた。国王の御用新聞オクスフォード・ガゼット（のちのロンドン・ガゼット）が一六六五年十一月七日に創刊された。議会は一六七九年から八五年までのあいだ印刷・出版物免許法〔一六六二年〕を更新することができず、この間に政府の〔事前〕検閲はほぼ不可能となり、同法は一六九五年に廃止された。早くも一七二〇年にはロンドンで発行されている新聞は計十二紙、全国ではその倍の数にのぼった[60]。ウィルフリッド・プレストによると、ロンドンでは一七六〇年までに日刊紙が四紙、週三回発行される夕刊紙が五、六紙あり、一七八三年までに日刊紙が九紙、週二、三回発行される新聞が十紙、ニュース週刊紙が四紙になったという[61]。新聞の発行時にきちんと税が納められたことを証明する印紙を一部につき一枚貼ることが形式上義務づけられていたため、納税印紙の売上枚数から「総発行部数」をおおよそ知ることができる。それによると新聞の総発行部数は一七六〇年に九五〇〇万部、一七七五年には一千二六〇〇万部であったと考えられる[62]。イギリス史上最も有名な二紙、ロンドンのザ・タイムズとマンチェスター・ガーディアンはそれぞれ一七八五年と一八二一年に創刊された[63]。

ブレッド・ストリートのコーヒーハウスに集う常連客が議会のニュースを調べることができたように、コーヒーハウスは客のために最新の新聞を置いておくことが便利なのだと分かった。コーヒーハウスには、特定の種類のニュースや活動に関心を持つ常連客が集まるようになった。ウイッグ派のコーヒーハウスとトーリー派のコーヒーハウス、文学好きのコーヒーハウス、ファッション関係者のコーヒーハウス、金融関係者のコーヒーハウス（たとえばロイズ）、貿易商のコーヒーハウスなど、一七二九年までにロンドンには五五一軒のコーヒーハウスがあった[64]。コーヒーハウスと新聞はアメリカでも大いに人気を博した。アメリカ最初のコーヒーハウスはパリに一年先がけてボストンで開店した〔これには諸説あり〕。アメリカ独立革命以前、当時まだ重くて扱いにくく高価であった印刷機を購入して動かせるだけの企業がある地域であればどこでも新聞を見ることができた。アメリカの国勢調査によると、一八四〇年までに新聞と定期刊行物を合わせると一千四〇〇紙（誌）あり、ニューヨーク・サンは一日に四万部を発行していたという[65]。万延元年第一遣米使節（一八六〇年）の一行は、

「日本では瓦版（新聞）の発行は月に一、二度だけであるが、西洋諸国では毎日発行されている[66]」と言って驚いた。一八四九年にアメリカを訪れたスウェーデンの作家フレドリカ・ブレーマーは、定期刊行物と大衆文学の全国規模の市場がすでにアメリカにあったことを指摘している。「この国の新聞、大衆の心を鷲づかみにするあらゆる書物、教訓的説話を集めた何百万部もの小冊子を通じて（朝露のごとく、あるいは天の豊かな恵み《マナ》のごとくに）国全体に降り注がれる宗教的な民衆文学、これらの大いなる普及はすべて本質的にその活力源たる流通《サーキュレーション》の一部をなしている[67]」と。ブレーマーはこの全国規模の情報市場における通信《コミュニケーションズ》の容易さについてその重要性を指摘し、「幾千艘もの川蒸気が往来する北アメリカの夥しい可航河川やさらにその数年後に全米各地に広がった鉄道網と電信網《テレグラフ》によってもたらされた自由な流通と通信[68]」を称讃した。

輸送網の拡大と加速、全国的な市場規模を持つ新たなメディアの誕生はまた別の重要な影響をもたらした。全国規模のブランド展開や流通の実現可能性が高まるにつれ、広告とマーケティングの重要性もますます高まった。アメリカの総広告支出は一八六七年の五千万ドルから一九〇〇年の五億ドルへと十倍に跳ね上がった。一九五〇年までにその額は年間五十五億ドルにまで増加した。その後も同じペースで、それどころかますます勢いよく増え続け、一九七二年には二二四億ドル、二〇〇四年には二千六三七億ドルとなった[69]。南北戦争後の全国版雑誌の隆盛から、二十世紀に入ってからのラジオ・テレビ（ケーブルテレビを含む）放送の普及を経て、二十一世紀のインターネットに至るまで、広告は新たなメディアや技術の発達に弾みをつけた——それとともに広告が溢れる環境のなかでますます洗練された消費者は、より急速な技術革新とさらに高品質・低価格の商品を製造業者に求めるようになった。

アメリカ社会全体の経済的・社会的活力《ダイナミズム》と広告との関係について巧みに表現した数少ない人物として、のちのアルゼンチン大統領ドミンゴ・サルミエントがいる。彼は一八四七年にアメリカを旅したときの感想をこう記している。

　彼ら〔アメリカ人〕の最大の特徴は、最先端の文明が人類にもたらしたすべての慣行、道具、手段、補助用具を自らの目的のために使用し、一般化し、大衆化し、維持し、完成させることのできる能力である。その点において、アメリカはこの地球上で唯一無比の国である。明白に改良されたものの受け入れを何世紀にもわたって拒むような頑固な習慣はなく、その一方、何でも試してみようとする傾向がある。たとえば新型の鋤の広告がある新聞に掲載されると、翌日には全米のすべての新聞に掲載される。その翌日には、あらゆる農園でその鋤のことが話題となり、二百カ所もの鍛冶屋と工場主がいっせいに新製品の生産を計画しはじめる。新たな機械が発売されると、一年後には全米で使用されている。同じようなことがスペインやフランス、あるいはわれわれの〔南〕アメリカで起こるには一世紀を要するであろう。[70]

タイムリーな情報の重要性と価値の高まりは、より速くより優れた通信と輸送にたいするアングロ・アメリカ人の執着《フェティッシュ》を強めたもう一つの力である。彼らのそうした関心はずいぶん早い段階から郵便配達の頻度と信頼性を高める動きとなって現れた。一六三五年にチャールズ一世は〔ヘンリー八世治世の一五一六年にはじまった〕ロイヤルメールを一般にも開放した。一六六〇年にはチャールズ二世が国民と政府の郵便を円滑化するために郵政省《ジェネラル・ポスト・オフィス》を設立した。各種の郵便路線が民間業者に貸与され、一六九六年にイングランド最初の「クロス・ポスト」——地方間の郵便が〔地方縦断道路《クロス・ロード》を通って〕ロンドンを経由せずに配達される制度であり、これによって都市の混雑にともなう郵便の遅配を避けることができた――が〔ブリストル＝エクスター間に〕設立された。一七二一年までに東部および南西部の州《カウンティ》では毎日、その他の地域では週三回郵便配達が行われるようになった。[71]〔さらに十八世紀末までには全国で毎日郵便配達が行われるようになった。〕

アメリカ最初の郵便サービスは一六三九年にボストンの居酒屋ではじまった。十八世紀までには十三植民地においてかなり信頼できる効率的な郵便サービスが提供されるようになった。入植者にとって郵便サービスがいかに重要であったかは、一七七五年に大陸会議が郵政長官に適任の人物としてアメリカで最も著名な科学者兼著述家のベンジャミン・フランクリンを任命したことからも明らかである。〔かつてフランクリンは一七五三年にイギリス植民地政府によって郵政長官代理に任命され、七四年に解雇されるまで約二十年間その職にあった。〕十八世紀の英語圏では質の高い情報を確実に入手することが経済的にも政治的にも必要であると考えられていた。正確な最新の情報なくして国民はいかにして事業を営むことができ、あるいは政府を監視することができようか？　合衆国憲法〔第八条七項〕は「郵便局および郵便道路を建設する」責務を議会に負わせている。アメリカの現在の郵便サービスは一七九二年に確立した。その後何十年ものあいだ、大半のアメリカ人にとって日常出会ったことのあるほとんど唯一の連邦政府職員は郵便配達人であった。

一八四〇年にイギリスは世界初の郵便切手とともに世界初の固定料金の郵便サービスを導入した。アメリカも一八四七年にこれに続いた。急増する郵便物の集配や仕分けをいかにするかは世界的に最も困難な課題の一つであった。英米両国とも、郵便当局者と外部協力者によって郵便物をより速くかつ安く届けるための新たな方法が絶えず提案・試行され、それらは概ね成功した。ロンドンやニューヨークなど主要都市の郵便配達は多くの点で今日よりも十九世紀の方が優れていた。手紙は通常投函されたその日に届き、たいてい一日に二度郵便配達が行われた。英米両国の新たな郵便制度が提示する料金は定期刊行物や新聞にとって魅力的であった。フレドリカ・ブレーマーが高く称讃した全国規模の情報市場は、郵便の効率性に負うところが大きかった。

郵便は輸送網の整備に取り組む企業家たちの収入源となり、ターンパイク、運河、蒸気船、鉄道、さらには航空機にとってのお得意様となった。しかし列車も伝書鳩も、飛行機でさえも、金融業界やグローバル企業が求めるほどのスピードと確実さでタイムリーな情報を届けることはできなかった。

世界初のテレグラフ（「テーレー（遠くに）」「グラーフェン（書く）」が語源）システムは、フランスのクロード・シャップが一七九二年に発明した視覚通信機であった〔＝正式に実験が成功するのは翌九三年〕。シャップの通信方式は、信号司令塔の回転アーム（腕木）をさまざまな位置に動かすことによって各種の文字や暗号を伝えた。それはきわめて単純な情報を遠方へ素早く伝達する旧来の狼煙《のろし》を技術的に洗練させたものである。シャップの通信装置――腕木通信機（セマフォア）――は多額の建設費がかかるうえ、腕木を一九六通りの異なる位置に操作するには熟練した操作員が必要とされ、〔視覚が遮られる〕夜間には通信ができなかった。それにもかかわらず、腕木通信機はフランス革命とナポレオン戦争の時代にうまく機能し、他のヨーロッパ諸国でも広く似たような装置がつくられた。シャップの兄イニャスは一八二四年に商品価格やその他の用件を伝達するための商業用装置の開発を試みたが、十分な関心と資金を集めることができずに挫折した。[72]

電線を通じて信号を伝える電信機は、一八三三年にドイツのカール・フリードリヒ・ガウスとヴィルヘルム・ヴェーバーによって発明されたと言われている。アメリカのジョゼフ・ヘンリーが少し遅れて〔一八三五年に〕プリンストンで継電器《リレー》を発明した。一八三八年二月、サミュエル・F・B・モールスは、マーティン・ヴァン・ビューレン大統領と閣僚たちの前で自作の電信機を披露した。一八四四年〔五月二十四日〕、モールスは電信機を使ってワシントンの最高裁判所〔現在の合衆国議会議事堂〕の一室からボルチモアまで三十マイル以上を結ぶ電線を通じてメッセージを送信することに成功した。いわゆる「モールス信号」で送られたメッセージは、聖書からの引用 What hath God wrought?（神は何を為し給ひしや）であった。

これ以降、電信機と電信線は北米とヨーロッパで爆発的に広がり、金融市場と新聞社を結び、商業と政治の動きを加速させた。ボルチモアへの電信実験の成功から二年後、電信線の総延長距離は数百マイルに延び、北はボルチモア、西はペンシルベニア州ハリスバーグまで達した。さらに四年後、ミシシッピ川以東で電信線の通っていない州はフロリダだけとなった。一八四八年にポーク大統領が議会で行った演説は電信機でセントルイスまで送信され、演説から二十四時間後にはセントルイスの新聞に掲載された。[73]

ほぼその直後から起業家や投資家たちが海底ケーブルサービスの計画を構想しはじめた。一八五一年にT・R・クランプトンらはイングランド海峡に海底ケーブルを敷設した。これによって投資家は同じ日のパリとロンドンの市況を比べられるようになった。[74] 大西洋を横断する最初の海底ケーブルは、一八五八年八月〔十六日〕にヴィクトリア女王からブキャナン大統領への祝電をもって開通した。世界を変革するこの技術を前に多くの伝道師や専門家たちが唱えた言葉を真似て、ブキャナン大統領は海底ケーブルのことを「宗教、文明、自由、法律を世界に遍く広めるために神がつくり給うた道具」と呼んだ。[75] これは少々先走りすぎた。最初の海底ケーブルは〔わずか数カ月後の十月二十日に〕通信が途絶えてしまい、安定した海底ケーブルサービスの確立は一八六六年まで待たなければならなかったからである。いずれにせよ、海象と大工は今や瞬時に連絡が取れるようになり、彼らは世界の変革がはじまることを望んだ。一九一四年までに世界の海底を走る電信ケーブルの距離は二十五万マイルとなり、そのうち七十五パーセントはイギリス人が支配した。[76] 早くも一八九七年には、即位六十周年（ダイアモンド・ジュビリー）を迎えたヴィクトリア女王は彼女を君主と仰ぐ四億人の臣民〔世界の四分の一の人びと〕に向けて海底ケーブルを通じてメッセージを送った。イギリスが一九一四年にドイツに宣戦布告したとき、これに真っ先に対応したイギリスの軍隊はオーストラリアのメルボルンに駐屯していた部隊であった。[77]

例によって、アングロ＝アメリカ人は新たな技術を熱狂的に受け入れた。一八四四年にワシントン＝ボルチモア間の電信実験として両都市の棋士のあいだでチェスの遠距離試合が行われた。同じ年、あるボルチモアの貿易商が自分宛に切られた小切手の振出人が信用できる人物かどうかを確かめるためにワシントン銀行に電報を打ったのが電信による信用調査の始まりである。[78] 一八四八年に〔ロンドンで出版された『電信こぼれ話』という小冊子によると〕ボストンの花嫁とニューヨークの花婿とのあいだで初めて電信結婚が執り行われた。この結婚は他の遠距離契約と同様、法的に有効であることが認められた。[79] 電信為替の送金が初めて行われたのは一八五一年である。一八七二年までにウエスタン・ユニオン〔当時のアメリカにおける支配的な電信会社〕は全米数百カ所の町のあいだで一件につき最高一〇〇ドルまで、特に〔指定された十五の〕大都市間では最高六千ドルまで電信送金が行える安全な新システムを開発した。[80] 一八七七年までにウエスタン・ユニオンは年間四万件近く〔約二五〇〇万ドル〕の電信送金を処理するようになった。[81]

電信線の拡張は猛烈な勢いで続いた。一八五〇年までにアメリカには一万二千マイル以上の電信線が敷設された（当時のイギリスは二千二一五マイル）[82]。ポニー・エクスプレスは一八六〇年四月に郵便配達サービスを開始し、ミズーリ州〔セントジョセフ〕とカリフォルニア州〔サクラメント〕のあいだの一千八〇〇マイルを馬にまたがったメッセンジャーが野を駆け山を越え、馬を乗り継ぎ、わずか十日間でメッセージを届けた。一八六一年十月に最初の大陸横断電信線が完成したことで、ポニー・エクスプレスは十九カ月足らずで廃業に追い込まれた[83]。一八七〇年にロンドン＝ボンベイ間の電信線が完成し、一八四四年当時、同区間のメッセージの往復は十週間もかかっていたが、その後三十年足らずで大幅に短縮し、わずか四分でそれが可能となった[84]。翌七一年、香港、〔上海、〕日本〔の長崎〕は〔ロシアのウラジヴォストークを経由して〕ロンドンと電信線で繋がった[85]。同じ年、電信線は〔シンガポール、ジャワを経由して〕オーストラリアまで延長された[86]。電信線の敷設ブームは投資ブームと連動した。総じて電信株、とりわけ海底ケーブル株は、当時最も儲かる魅力的な株式の一つとみなされた[87]。

一方、イギリスにおける年間の電報通数は一八五一年に九万九千二一六通であったが、一八六八年には六〇〇万通を超えた。競争と能力の向上によって料金も安くなり、電報一通当たりの費用は半額となった[88]。一八八九年までに電信システムは地球規模に拡大したが、イギリス人は他のヨーロッパ諸国の人びとよりも多く電信システムで繋がった。ある調査によると、一八八九年にイギリスでは国民一人につき一通の電報を受信したのにたいし、イタリアでは五人につき一通であったという。

電信よりも古い技術である郵便についても似たような対比がみられた。一八八九年にイギリスで国民一人が一年間に受け取った手紙や葉書は四十通であったのにたいし、フランスでは十八通、イタリアでは四通、ロシアでは一・三通であった。[89] イギリスで一年間に配達される手紙の数は一八四〇年には一億六千九〇〇万通であったが、一八八九年には十五億五千八〇〇万通にまで増加した。[90]

電話の起こりについては、電信と同様に諸説ある。イタリア人が発明したという説、ドイツ人であったという説、真の発明者はアメリカ人だという説、また同じアメリカ人でも別の人物の名前を挙げる説もある〔それぞれ、アントニオ・メウッチ（伊）、ヨハン・フィリップ・ライス（独）、イライシャ・グレイ（米）、アレグザンダー・グラハム・ベル（米）〕。いずれも信憑性のある説ではあるが、電話を世界変革の技術・産業に育てたのがアメリカの工学技術《エンジニアリング》、資本、マーケティングであったことは間違いない。興味深いのは、ベルの電話を一躍有名にしたのがブラジルの皇帝であったということである。電話は一八七六年に開催されたフィラデルフィア独立百周年記念博覧会の会場の目立たない一角に置かれていた。会場を訪れたドン・ペドロ二世（イギリスとの「恒久不変」の貿易条約を守ることで王位を確立した皇帝ドン・ペドロ一世の息子）は報道陣に囲まれるなかで受話器を取り上げ、「何てことだ！　喋ってるぞ！」と叫んだ。電話にたいする世間の関心の高まりを追い風にして、ベルは電話会社を立ち上げた。博覧会の翌七七年九月までに全米で一千三〇〇台以上の電話機が使用され、最初の長距離通話がボストン＝ニューヨーク間で試験的に行われた。[91]〔同区間の長距離電話サービスが本格的に開始されるのは一八八四年である。〕一八八〇年までにアメリカの電話加入者数は五万四千人、一九〇〇年には二〇〇万人近くにまで増え、一九二〇年には一千三〇〇万人を超えた。[92] ペドロ二世が電話の存在を知ってから十年後、英米両国の投資家は電話会社十二社を設立し、ラテンアメリカに電話を普及させた。[93]

大衆文化《ポピュラー・カルチャー》

かつてない新たな富裕層の出現、新たに生まれた技術やメディアがもたらした世界の変革、政治的検閲からはほとんど無縁な（ただし文化的・道徳的検閲からは決して無縁でなかった）文化のなかでの自己表現の機会――これらは英語圏における大衆文化の形成を促し、以来ずっと非英語圏の人びとを恐怖させるとともに、魅了してきた。

そのルーツはまたしても、コーヒーハウスに賢者才人の集うイングランドに仄見える。割安な印刷費、当局による検閲の廃止、新たな可能性が開かれた世界で生きる経験と自由に使えるお金《かね》を持った大衆の台頭は、各種の文学や娯楽にたいする欲求を生んだ。そうした欲求に応えたのが宗教冊子や旅行記などであった。ジョセフ・アディソンとリチャード・スティールの共同編集によるスペクテイター紙が果たした役割は、現代におけるインターネットの人気ブログのそれとよく似ている。〔一七一一年三月一日から翌一二年十二月六日まで毎日発行された後、一七一四年にアディソンによって復刊され、以後六カ月間週三回のペースで発行された〕スペクテイター紙はその後幾度も再版された。同紙の執筆者らはこの媒体を通じて個人的意見あるいは個人的見解というものを確立した。スペクテイター紙は執筆者独自の視点から幅広い話題――その多くは現代のわれわれが「ライフスタイル・ジャーナリズム」と呼んでいるものを含む――を取り扱い、特に読者を楽しませることを狙いとし、実際多くの読者がこれを読んで楽しんだ。文学が高尚で感銘深い作品たらんとする傾向が強かった当時、スペクテイター紙を初めとする数え切れない亜流の出版物はけれん味のある文章を好んで載せた。スペクテイター紙は饒舌で、小賢しくさえあり、肩肘張らない読み物であったが、一般の文学は重々しいものであった。スペクテイター紙は道徳的かつ宗教的ではあったが、信仰心や宗教原理を色濃く帯びるようなものではなかった。

アディソンの時代のロンドンはすでに多様な読者の好みを満足させることで身を立てようとする才人たち――その才能もピンからキリまではあったが――に溢れていた。彼らはバラッド、風刺、聖歌、教訓、小説、宗教論争、散文《エッセイ》、韻文、翻訳、歴史、伝記、そのほか執筆者や発行者が読者の好みに合うと思ったものなら何でも書いた。国民の半数、おそらく一般読書の多くは女たちであった。小説もノンフィクションも女ならではの見方や女たちの関心を強く引くような話題をより多く取り上げるようになった。男たちは腹の底では女は劣った生き物だという思いを抱き続けていたかもしれないが、執筆者の立場としては読者の気分を害しても意味がないと考えた。時が経つとともに、アングロ－アメリカの文芸文化における女たちの影響力と存在感は高まり、ジェイン・オースティンの時代から現代に至るまで、知的で、力強く、自信に満ちた女たちはますます、間抜けな男どもや彼らにちやほやされていい気になっているお莫迦な女どもの鼻を明かしていった。豊かな心の内奥にある美が文学界で長く主流をなすようになるにつれ、少なくとも小説の世界では、深い洞察力を持ち、憂いを湛え、繊細ではあるが、紛れもなく男らしい紳士が、貧しく、人並みの器量の女家庭教師《ガヴァネス》との情愛に溺れるようになるといったストーリーが描かれた。

アングロ－アメリカ世界の多彩な大衆文化が世界を席捲することを可能にした要因は、アングロ－アメリカ人が海洋国家システムを背景として世界の技術的・経済的・政治的発展にたいして強い影響力を及ぼすことができた要因に深く根ざしている。知的にも文化的にも開かれた社会、資本主義の発展と結びついた技術進歩と大衆富裕層《マス・アッフルアンス》、商品が試される機会を与え、当たれば莫大な利益をもたらす活力ある豊かな市場、将来有望な新発想を後押しする強い熱意とそれを経済的かつ効率的に実行する能力とを備え、高度な知識と優れた技能を持つ投資家や金融機関からなる金融制度——すべてこれらが組み合わさって、活気ある大衆文化を生み出す環境が整った。うなぎのぼりに増加する広告収入は、英語の出版物、後にはラジオ、テレビの各産業がそれぞれの新たな通信形態を発達させていく初期の段階において決定的に有利に働いた。急速な変化を体験した英語圏諸国の人びとは、新たな対象について斬新に考え、書き、歌い、行動するようになった。アングロ-アメリカ世界の「今日」が近隣諸国にとっての明日であるということはよくあることから、アングロ-アメリカ世界の大衆文化で称讃された経験はその他の世界の人びとにとっての指針となる。というのも、彼らからみると、たとえばアメリカの映画やテレビで描かれたり、論じられたりしている現実は、今まさに自分たちの世界がそこに向かって進んでいるように感じられるからである。一方、大衆文化の生産と流通にはより多額の予算とより厖大な時間とより豊富な財源が必要なことから、アメリカの映画会社がかつて大型工業計画に要したほどの巨額の資金を調達できたことは、製作費の面で外国映画が容易に太刀打ちできないほどの利点をアメリカ映画に与えた。

確かにこれらの条件は、アメリカの大衆文化が全世界においてその態度と期待を形成する能力——ついでに言えば、大金を稼ぐ能力——を補強するものではあった。だが結局のところ、かくも夥しいアングロ-アメリカ人の（文化的その他の）技術や製品がかくも多くの場所で大きな成功を収めることのできた最大の要因は、アディソンとスティールがオーディエンスたる読者にたいしてとった態度にあった。

資本主義の世界では消費者が王様である。事の成否は市場に役立つか否かによって決まる。有力な企業経営者や華麗なスターたちは腹の底ではオーディエンスたる消費者や観客を軽蔑しているかもしれない——しかし自分にとって何が得であるかが分かれば、彼らはオーディエンスにたいする軽蔑心を隠し通すであろう。アングロ－アメリカ世界の大衆文化はオーディエンスを喜ばせることをめざしており、そのための技術は何世紀にもわたる経験や試行錯誤、かつて世界が直面したことのない熾烈な経済競争をくぐり抜けるなかでじっくりと磨き上げられてきたものである。

オッカムの剃刀

さらにまた別の要因も働いた。十四世紀のフランシスコ会会士オッカムのウィリアムが哲学的な語りで実に見事に表現した英語圏の文化的傾向《バイアス》である。イングランドのサリー州に生まれ（＝ヨーク州との説もある）、オクスフォード大学で学んだウィリアムは傑出した哲学者であった。彼はいかなる現象もできるだけ単純に説明すべきであるという教えで最もよく知られている。必要でないものは削ぎ落とすべし、という彼の原理は哲学者たちのあいだで「オッカムの剃刀《レイザー》」と呼ばれている。

今日のアングロ－アメリカ哲学は未だに懐疑主義と無駄の排除（parsimony）というウィリアムの思想の強い影響下にある。より根本的に言えば、この考え方はアングロ－アメリカ人のビジネス、文化、エンターテインメントの最も強烈な衝撃《インパルス》の一つを表している。ハリウッドでは、「さっさと本題に入ろう（Let's cut to the chase）」という決まり文句がある。その意味するところは、ストーリーの背景説明や人物造形をすべて端折《はしょ》って、観客の心をつかむシーンからいきなり撮影しようということである。これはヨーロッパの映画界では常套句とはならなかったが、その結果は双方の興行成績がすべてを物語っている。

ファストフード産業も余計なものをカットしている《カット・トゥ・ザ・チェース》。ナプキン、皿、野菜など食事に附随するものをすべて取り払い、必要不可欠なものだけに絞り込み、可能なかぎり客の回転率を早めるやり方である。食べ物それ自体も、特にそのレシピが有史以来最も広範に広まっているマクドナルドのハンバーガーは、「食べる」という経験の本質を凝縮させたものの代表である。ハンバーガーは、辛味、甘味、酸味、塩味という人間の基本的な四つの味覚だけに切り詰めたものである。食べ物にたいするこのアプローチは、繊細さや微妙な違いといったものについてはまったく気にしない。ハリウッド映画と同様、マクドナルドもハンバーガーにかける時間と装飾を最小限に抑え、できるだけ多くの顧客にシンプルなメッセージを伝えている。

シンプルさへの熱情《パッション》とシンプルこそ力なりという信念、これらはアングロ－アメリカ人の生活に多くの面で影響を与えている。余計なものを省き、不要な装飾や虚飾を取り払って本質に迫るというやり方は、アメリカの哲学、映画、料理に顕著な特徴であるだけではない。それは、生産ラインをもっと低コストで、もっと高速に動かすことのできる新たな方法を発見するための想像力なのである。その想像力は、新製品を売り出すためのシンプルな宣伝文句を生み出しもする。商慣行から余計なものや伝統的なものを切り捨てることによって、ビジネスをまとめ上げる最も効率的な方法が見つかる。融資取引においては、〔融資先企業の〕事業計画の本質を容赦なく見抜く。

英文法においてさえ、アングロフォン（英語話者）は余計なものを削っている。すべての印欧語と同様、英語は元来高度に屈折した言語であった。古英語で書かれた叙事詩『ベーオウルフ』〔＝北欧の英雄ベーオウルフがデネ（デンマーク）の王フロースガールの救援に赴き、巨人グレンデルと戦う物語〕では、あらゆる名詞に性《ジェンダー》があり、文《センテンス》中の役割に応じて格語尾が変化する。形容詞はそれが修飾する名詞と文法的に「一致」する。動詞はさまざまな時制、態、法《ムード》における厳格な活用規則によって多様な形態をとりうる。

現存する印欧語のほとんどは、複雑な伝統的活用と語形変化が徐々に失われてきてはいるが、英語はそれらを取り払っている。ヨーロッパ映画の登場人物と同様、ヨーロッパ系言語の品詞よりもはるかに複雑な変化を見せている。

現在の英語《イングリッシュ》となったもともとの言語が急激に簡素化した原因としてノルマン人の征服を挙げる見方がある。アングロ＝サクソン人の貧しい農民たちは読み書きができず、それゆえ複雑な文法を習得することもできなかったからだというのであるが、これは奇妙に思える。ヨーロッパ各地でも同じように外敵の征服を次々と受けたにもかかわらず、読み書きのできない農民たちははるかに精緻な文法を持つ言語を維持した。いずれにせよ、十四世紀までにジェフリー・チョーサーの英語はすでに合理化され、洗練された言語となっていた。チョーサーからシェイクスピアを経て現代に至るまで、アングロフォンはオッカムの剃刀によって文法やレトリックから余分なものを取り除き、絶えず自分たちの言語を情報伝達手段としてより効率化している。何者かがこれを意図的に計画したわけではないが、英語は言語におけるマクドナルドと化している。その簡潔さ、シンプルさ、使いやすさ（綴りは別として）のおかげで、英語は世界のビジネス言語となった。

彼らのリーグ

十九世紀のイギリスは産業革命の初期段階で先頭に立ち、「世界の工場《ワークショップ・オヴ・ザ・ワールド》」として名を馳せた。そのイギリスは世界の運動場でもあった。チリの社会学者クラウディオ・ベリスが指摘するように、イギリスがスポーツの組織化に注いだ熱情は、グローバルな文化に消しがたい大きな影響を与えている。今日世界においてプレーされている競技、それを司るルール、それら競技やルールを管理・運営する組織、資金面でそれを支援する企業やビジネスの仕組み、全国大会・国際大会という発想〔社会のすべての人びとを各々の贔屓する選手やチームを応援する熱心なファンや熱狂的サポーターに変える〕は、すべて英語圏の消費文化から生まれてきた。

サッカー、バスケットボール、クリケット、アメリカンフットボール、ベースボール、ラグビー、ゴルフ、テニス、ホッケー、ラクロス、スカッシュ、ボクシング、水泳、陸上競技——今日これらのスポーツはいずれも北米かイギリスを発祥の地とするルールに従ってプレーされている。〔多くの卓上遊戯についても同じことが言える。モノポリーとスクラブルはいずれも世界のメジャーなボードゲームである。ポーカーとブリッジは世界の二大カードゲームである。すべてこれらの発祥の地もイギリスかアメリカである。〕

これらのゲームのうちいくつか〔サッカー、クリケット、そのアメリカ版であるベースボールなど〕は、伝統的にイングランドまたはヨーロッパの民間に伝わる遊戯が体系化され、標準化されたものである。〔なお以下に紹介される各スポーツの起源については異説もある。〕現代のゴルフは近代スコットランドの羊飼いたちが棒で小石を転がして穴に入れて遊んでいたのが始まりである。現代のテニスはリアルテニス〔あるいはロイヤルテニス〕と呼ばれる中世の王侯貴族の球技をもとに、オールイングランド・クローケー・クラブ〔のちのオールイングランド・クローケー・アンド・ローンテニス・クラブ〕が主体となって発案したものである。〔一八七〇年六月に第一回公式試合が挙行された。〕ラクロスとホッケーは、北米先住民のあいだで伝統的にプレーされていた球技がイギリス風にアレンジされたものである。ボクシング〔拳闘競技〕は『イーリアス』〔第二十三歌〕のなかにも出てくるが、現代のボクシングは十九世紀イングランドにおいてスポーツ好きなクイーンズベリー侯爵が一定の規則を設けたことにちなんで彼の名が冠せられたルール〔いわゆる「クイーンズベリー・ルール」〕に由来する。さらに遡って一七四三年の規則集〔＝全七章からなる近代ボクシング初のルールブック「ブロートン・コード」〕の改正〔＝一八三八年のロンドン・プライズ・リングルールズ〕を経て出来たクイーンズベリー・ルールは、一八六五年に〔ジョン・グラハム・チェインバーズによって起草され、一八六七年にクイーンズベリー侯爵が保証人となって〕公表された。水泳は有史以前からある運動であり、競技としての水泳もおそらくそれと同じくらいに古い。しかし標準化された近代的な水泳競技会の開催は、イングランド初となるアマチュアのスイミング団体〔＝メトロポリタン・スイミング・クラブ協会〕が設立された一八六九年にまで遡る。[94] クリケットのルールが最初に制定されたのは一七四四年であった。クリケットファンにとっての「法律」であるそのルールブック〔＝ローズ・オヴ・クリケット〕の初版が発行されたのは一七七五年である。[95] フットボール協会は一八六三年に設立され、以来今日までイギリスにおいてサッカーを管理運営している団体であり、そのルールは世界で最も人気のあるこのスポーツの世界基準となっている。[96] オールイングランド・クローケー・アンド・ローンテニス・クラブのテニス小委員会は一八七七年までに近代的テニスのルールをとりまとめる作業を完了した。[97] 近代最初の組織化された陸上競技会は一八四九年にウリッチの王立《ロイヤル・》陸軍士官学校《ミリタリー・アカデミー》で開催された。[98] バスケットボールは一八九一年にマサチューセッツ州スプリングフィールドで考案された。現在の形のベースボールは、一八三九年にニューヨーク州クーパーズタウンで初めてプレーされたと広く信じられている。[99] 一八五四年にサー・アルフレッド・ウィリスがスイスのヴェッターホルンに初登頂し、一八五七年にはロンドンで英国山岳会《アルパインクラブ》が発足した。ここに近代の組織化された登山がはじまったと考えられている。世界七大陸最高峰のうち六つを初登頂したのは英語圏の登山家であった[100]。陸上ホッケーのルールはイングランド・ホッケー協会（一八八六年設立）によって制定された[101]。ラグビーの組織化は一八七一年のラグビー・フットボール協会の発足まで遡る[102]。

フランスのピエール・ドゥ・クーベルタンが発起人となって古代ギリシャのスポーツの祭典を復活させた近代オリンピックのような行事でさえ、十九世紀のイギリスのスポーツを意識的に模していた。クーベルタンの伝記作家によると、このフランス人貴族はイギリス人だけが「真のオリンピックの伝統を固く守っている」と信じていたという[103]。

スポーツの世界的発展においてアングロ－アメリカ人が主導的力を発揮することができた要因のいくつかは、現代大衆文化の隆盛をもたらすうえでアングロ－アメリカ社会がより普遍的な役割を果たすことができた要因と同じであった。比較的裕福なアングロ－サクソン世界には、そうした遊戯を自ら楽しんだり、入場料を払って他人のプレーを観戦したりするだけの時間と金銭《かね》に余裕のある人びとが大勢いた。それと同時に、輸送革命で発揮された彼らの主導的力は、鉄道網を急ピッチに整備することによって、チームが地区大会や全国大会に定期的に遠征したり、より広域のリーグを結成したりすることを可能にした。また電信のおかげで、「ペニープレス」と呼ばれる大衆向け新聞を買えば誰でも、リーグ戦の劇的な戦いぶりや遠方で行われた試合の最新情報について翌日には知ることができた。

話はこれだけでは終わらない。運動の創造性というものをかくも激しく発揮した英語圏のアスリートやスポーツマンは、しばしば相反する二つの熱情を合わせ持っていた。競争する熱情と団結する熱情である。一連の新たなスポーツにおける競争はかつてよりも激しく徹底的なものとなったが、それらの原型である遊戯よりもはるかに厳しく管理・統制されている。組織運営者が意図的にめざしたのは、競争と興奮を刺激することであった。そのために競技ができるだけエキサイトするようなルールづくりが試みられた。時としてその動機は露骨なまでに商魂をむき出しにすることもあった。競技がエキサイトすればするほど、より多くの観客を引きつけることができるであろう。また時としてその動機は競争への愛であった。ルールの標準化によって全国大会、国際大会が開催できるようになり、共通のルールの下で争うことで勝者と敗者をはっきりさせることが可能となった。

新たなルールの狙いは、スポーツを制御することではなかった。たとえばボクシングのクイーンズベリー・ルール〔＝一ラウンド三分・休憩一分、グローブの着用義務など〕は、試合を長引かせることで、かえって脳を損傷する可能性を高めたかもしれない[104]。長いあいだに各種スポーツのルール制定機関が十八、九世紀のルールを改正してきたが、その際、ルール制定機関が絶えず細かく心を砕いているのは、観客にとってのスポーツの価値を高めることであり、かつまたチームやリーグの営利追求を抑制せず、促進するようなルールに改めることである。プロとアマのスポーツのあいだでかつて明確に引かれていた一線は、アマチュアリズムを聖域として守ってきたオリンピックにおいてさえ曖昧になってきている。クリケットの試合時間が短縮されたのは、現代のせっかちな観客にたいしてクリケットの魅力を高める意図があった。アメリカンプロフットボールのルールがプレー中に幾度もブレイクが入るように改正されたのは、テレビの試合中継中にＣＭの時間枠をスポンサーに販売するためであった。

実際、アングロ‐アメリカ世界は金融市場や経済活動を管理してきたのとほぼ同じようにスポーツ活動を管理してきた――そしてそれがもたらした結果もほぼ同じであった。英語圏の競争精神は、まるで格子に絡まる蔦のごとく、競争を抑制・阻害するのではなく、それを促進・維持しようとする管理の枠組みと結びついた。その結果は見てのとおりである。

今日世界の人びとはアングロ－アメリカ人が大まかに示したやり方に概ね従ってビジネスやスポーツを行っている。だからといって、必ずしも常に英語圏の人びとが勝利しているわけではない。アメリカや日本が参加して〔十六の国と地域のあいだで〕争われた最初のベースボールゲーム〔＝二〇〇六年のワールド・ベースボール・クラシック〕は日本の優勝で終わったが、その圧倒的な勝ちっぷりは日本の自動車会社がその後フォードやGMに勝利したときとほとんど変わらない。ワールドカップでイングランド代表チームが決勝戦まで勝ち進むことはめったにない。最近のクリケットの試合を見るかぎり、西インド諸島、インド、パキスタンのチームがイングランドチームを強敵と感じるようなことはほとんどなかった。

それにもかかわらず、スポーツであれ何であれ、非常に多くの分野で、今日の世界はアングロ－サクソンのルールに従ってアングロ－サクソンのゲームをプレーしている。ウェリントン公はかつて、ワーテルローの戦いはイートン校の運動場で勝ち取られたと言った〔とされる〕が、この言葉はそれを口にした当人が意識していたよりもはるかに深い意味を持っている。アングロ－アメリカ人がビジネスやスポーツにおける競争を組織化してきたやり方は、これまでもそうであったが、今も世界中の人びとの生き方を形づくる最も強力な要素の一つとなっている。

〔一八二五年頃、母校イートン校でクリケットを観戦中のウェリントン公が「ワーテルローの戦いはここで勝ち取られた」という言葉を口にしたと言われている。その後、この言葉が伝わるなかで表現等に多少の変化が見られた。またこの発言そのものがなかったとする説もある。その真偽はともかく、ウェリントン公の発言の趣旨は、ワーテルローの戦いを指揮してイギリス軍を勝利に導いた「自分の司令官としての素地は、イートン校で鍛えられた」というところにある。この言葉が広まった背景には、十九世紀イギリスの世界制覇があった。またイギリス国内に目を向ければ、貴族の子弟を集め、全寮制を敷き、スポーツを取り入れたエリート養成校であるイートン校がそのライヴァルであるハロー校に向けた競争心が挙げられる。以上、寺崎昌男編『教育名言辞典』（東京書籍、一九九九年）の堀内守氏の解説を参考。〕

第九章　ゴルディロックスと西洋
――資本主義という荒馬を御す英語国民の国

前章で紹介したアングロ゠サクソン人の数々の功績にもかかわらず、人びとが近現代世界の歴史について敢えて考えようとするとき、たいてい彼らのことが抜け落ちている。従来よく言われてきたのは、近代の大きなテーマはヨーロッパの興亡であるというものであった。西欧諸国が徐々に築き上げた世界帝国は、コロンブスの航海にはじまり、一六八三年のウィーン包囲戦でオスマントルコ軍を撤退させた後に勢いを増し、ヨーロッパ人が世界のほぼすべての地域を支配下に収めた一九一〇年に頂点を迎えた。

そこで潮の流れが変わる。二十世紀の二度の世界大戦でヨーロッパ諸国が力を消耗すると、第三世界における民族独立運動が旧帝国に次々と引導を渡していった。世界は今や多文化的な未来を待望しており、ヨーロッパとその所産が世界の文化と政治に及ぼした影響はやがて消滅する、というのである。

これは傾聴に値する教訓に満ちた素敵な物語である。それは第三世界にたいして彼らが今後強大となりうることを請け合いながら、自分たちの過去の栄光に浸ることができるという意味で、ヨーロッパ人の虚栄心をくすぐる。その物語は真実と真実らしさとを数多く含みながらも、ただ一つ重大な欠点がある。現代世界における最も重要な出来事を見過ごしにしているということだ。それは、王子の登場しない『ハムレット』の芝居、あるいはゴルディロックスの出てこない『さんびきのくま』のようなものである。〔ゴルディロックスについては、本章の終わりに解説。〕

無論これは、ヨーロッパ文明が一九一〇年の段階では、外部世界から羨望や畏怖の的となるほどには発展していなかったということではない。〔かつて栄華を誇った非ヨーロッパ圏の〕古代帝国の地からやって来た調査団は、ヨーロッパの中心都市、大学、陸軍士官学校、裁判所をくまなく調べ、その成功の秘密を明らかにした。十九世紀ヨーロッパの文化的・哲学的な成果は、ルネサンスや古典古代のそれに匹敵する。英語圏は同時代の大半の時期を通じて田舎根性と文化的劣等感につきまとわれた。だがそれも当然である。イングランド人は小説であれば世界中どこへ行っても胸を張れるが、イングランド人が国の宝とする音楽、絵画、建築、彫刻、哲学、歴史、神学――アメリカ人ならば、それらにもっと多くのものを加えてもよい――は、ヨーロッパのものと比べると、恥ずかしさのあまり赤面してしまう程度のものであった。フランス人やイタリア人の大富豪で、自宅に持ち帰るべき立派なオブジェを探しにわざわざ英語圏の豪邸や教会まで足を運ぶような変わり者は一人もいなかった。イングランドやアメリカの大邸宅をブロックに解体し、ロワールに運んで組み立て直そうとする奇特な御仁もいなかった。英語圏の大学は、テューービンゲン大学、ハイデルベルク大学、フンボルト大学ベルリンといったドイツの学問の府と比べれば見掛け倒しのものにすぎない。時代の生んだ偉大な科学者、哲学者、心理学者、神学者はたいていドイツ語圏出身者であり――これに尊敬すべき大勢のフランス人が加われば磐石なものとなる。文化の領域を見るかぎり、ヨーロッパの興亡という従来の歴史観は大いに納得のいくところではある。

しかしながら、グローバルな大国間政治《パワー・ポリティクス》となると、十九世紀のヨーロッパは前座の出し物《サイドショウ》と言っても過言でない。ドイツ帝国がヴェルサイユ宮殿で産声をあげたとき、アルザス＝ロレーヌの帰属は変わり、イタリアの教皇領は消滅し、春の到来とともに降り積もった雪が溶けて消えゆくようにバルカン半島のオスマン帝国領は縮小し、ハプスブルク家はロンバルディア平原から追い出された。これらはいずれも非常に興味深い話であり、騒乱の只中から生まれたナショナリズムや社会主義などの影響力は地球規模に拡大していくのであるが、それらの変化のほとんどは全体の流れのなかでは小事にすぎなかった。いくつかのヨーロッパの大国が台頭し、英語国民《アングロフォン》の秩序に挑戦した（そして失敗した）時期を除き、イギリスを除くヨーロッパで繰り広げられた大国間政治は、より広い世界で起こった大変革とはあまり関係がなかった。

過去数世紀にわたる大国間政治の物語全体を貫くただ一つの中心的な筋書き《プロット》があるとすれば、それはオランダからイギリスを経てアメリカへと中心を移動させながら長く続いてきた海洋国家システムの発展である。

問題はなぜそうなのかということである。五百年前まで、イングランドは決して世界の指導的国家ではなかった。ヨーロッパにかぎって言えば、ポルトガル、フランス、スペイン、ドイツの一部、低地諸国およびいくつかのイタリア都市国家の方がイングランドよりもかなり進歩しているように思われた。そのヨーロッパといえども、全体としては決して明瞭な形で「人類の行進《ヒューマニティーズ・マーチ》」の先頭に立っていたわけでない。オスマン帝国はその絶頂期にあって、古代都市コンスタンティノープルにかつての栄光を甦らせるとともに、多言語文化《ポリグロット》――そこでは宗教的・民族的マイノリティがキリスト教世界におけるよりもはるかに多くの権利を享受できた――のなかで生きる大勢の人びととの知識と活力を利用した。ムスリム（イスラーム教徒）の支配者たちは、インドの広大な地域に秩序をもたらし、ヨーロッパが蓄積したものを凌ぐほどの富を築いた。当時の中国経済が世界のＧＤＰに占めた割合は今日のアメリカ経済のそれを上回り、[1] 中国の商人、将軍、芸術家、学者はひょっとしたら世界で最も優秀であったかもしれない。日本人の文化、技術、技巧《クラフト》は、人間が到達した成果の極みを示した。米州のアステカ帝国とインカ帝国の富と力について考えていた観察者の誰一人として、スペインの征服によって両帝国に破滅が迫っているとはよもや思いもしなかったであろう。アフリカの権力者たちは、ヨーロッパからの来訪者や商人たちと対等の立場で取引していた。

「西洋」という相対的概念

英語圏勢力が成長し、力を獲得していくのを目の当たりにした世界の人びとは、敵味方を問わず、あることに気づいた。すなわち英語圏の社会は、ヨーロッパその他の社会と比べ、あまり伝統に縛られず、変化《チェンジ》を喜んで受け入れ、反対意見を許容するということ、とりわけ資本主義が創造し要求する変革がたとえ大混乱を招き、時として痛みを伴うものであったとしても、それを容認する社会であるということである。近現代を通じて英語圏勢力は人類の行進の先頭に立ち、民主的資本主義《ディモクラティック・キャピタリズム》の世界にますますのめり込んでいった。

もちろん、「西洋（the West）」というのは相対的概念であり、それをいつどこから見るのかによって正確な意味は異なってくる。アメリカ人の目から見れば、西欧は往々にして因習や伝統にとらわれているように映るが、東欧、アジア、アフリカの人びとの目から見れば、ぞっとするほど西洋的（Western）であると感じられる。上海で職を探すために国内を東に移動する中国の小作農たちは、上海に聳え立つきらびやかなタワーを目にするとき――あるいは上海における経済競争の浮沈と文化的自由を味わうとき、自分たちが西洋にやって来たのだと実感する。アメリカを東に移動するカリフォルニアの人びとは、ボストンやサバナのような伝統に縛られた都市に着くやいなや、ここはヨーロッパかしらと感じる。

「西洋」という概念の相対性は、政治的・文化的に興味深い影響を与えている。ベルリンにやって来たクルド人移民は、そこが西洋であることに何ら疑いを持たない。ドイツ人の多くは、ドイツ社会とトルコ社会との違いについて話すとき、ドイツ社会を西洋と同一視して話すであろう。しかしそれと同時に、同じドイツ人がアメリカ型近代化の行き過ぎと思われるものをしばしば拒絶する。一九四一年にアジアから来日した人びとの目には、東京は西洋的近代化の最先端を走っているように見えた。それはちょうど今日インドネシアやマレーシアの多くの地域からシンガポールを訪れる人びとが抱く印象と似ている。しかしベルリン、シンガポール、東京には、ドイツ、シンガポール、日本それぞれの社会が持つ独特の非西洋的で非近代的な性質の方が、忌むべきアングロ－サクソン世界の西洋よりもわが故郷を道徳的にも文化的にも奥行きのある豊饒なものたらしめていると躊躇せず語る知識人が過去にも現在にも大勢いる。

アメリカに目を転じてみれば、南部が北部よりもはるかに発展が遅れていた五十年前、多くの南部人が――金銭《かね》に憑かれた北部人の非人間的で攻撃的な社会に比べ――自分たち南部人の温かく人間味のある価値観を誇りにしていた。無論、それと同時に、北部人の富と成功をうらやみながらも、彼らが幅をきかせることに激しい憤りを感じてはいたが。

アメリカ北部では、中西部の人びとは、堅実で、思いやりがあり、誠実な自分たちに比べ、東海岸の人間はなんと冷ややかで計算高い連中だろうかと考えている。その東海岸では、ニューヨーカーがいかに冷たく、気取った連中かということが至る所で話されている。ニューヨークでは、クイーンズやスタテンアイランドの人びとが、温かい家族の暮らしと気さくな自分たちに比べ、マンハッタンの人間はなんと取っ付きにくい連中かと思っている——そのマンハッタンでは、自分の交友関係のなかで誰よりも出世欲が強く、周りから疎まれ、冷淡で、わがままな人間がいることを皆知っている。

裕福で自由だが、冷酷で非人間的——これが東洋から見た西洋の印象である。ヨーロッパ人はしばしばアングロ‐サクソン世界をそのように見ており、世界の多くの人びとはヨーロッパのことをそのように見ている。タイ農村部の住人はバンコクのことをそのように見ている。スイスはヨハネスブルクのことをそのように見ている。南イタリアはミラノのことをそのように見ている。そして今日、中東アラブの多くはアメリカのことをかなり強くそのように見ている。

それはオクシデンタリストが西洋を憎み恐れるときの見方であり、ワスポフォーブが英米の地球規模の力と影響力を非難するときの主張である。〔第三章の「ワスポフォーブの世界」を参照〕。

誰もが皆、アングロ‐サクソンモデルを喜んで受け入れたいと思っているわけではない。資本主義の歴史を通じて、アングロ‐サクソンモデルを受け入れる契約《バーゲン》は、ワーグナーの描く〔ニーベルング族の〕アルベリヒがラインの乙女たちから黄金《ゴールド》を奪ったときに受け入れた契約——愛を諦める者のみが黄金を所有できるという——のようなものだという感覚が広く行き渡っている。

世界中の社会批評家が何世紀も前から論じているように、資本主義社会は疎外された社会《エイリアネイティッド・ソサエティ》である。

たとえば先進国は途上国「より冷酷」であり、地方は都会よりも人の温もりが感じられるなどと指摘されている。

人類の行進のペースが速まるにつれ、自分たちが望むよりも冷たく、危険で、荒涼とした環境のなかにいることをますます多くの人びとが気づいている。北アフリカや中東からヨーロッパにやって来た夥しい数の移民は、新天地で求められることが自分たちの基本的な人間的価値観と激しく衝突することに気づく。ヨーロッパ生まれの人びとは、アングロ－サクソン資本主義という高く聳える山の頂から吹き下ろしてくる冷たい風を全身に受け、たじろいでいる。アメリカ人はと言えば――アメリカ経済を絶えず激しく厳しい競争場裡《アリーナ》にしている――グローバル競争の冷たい風に吹かれて、息苦しさに喘ぎながら、よりしっかりと身を包んで耐えている。

こうした世界像は単純化しすぎかもしれないが、海洋国家秩序の発展についてのわれわれの問いをわかりやすく言い換えたものであると言えよう。英語圏諸国はいかにしてグローバル・キャラバンの先頭に立ち、またいったん先頭に立つや、いかにしてそのまま先頭を走り続けてきたのか？　そもそもなぜ英語圏諸国は旅に出たのか、またいかにして冷たさに耐え凌げているのか？　その答えは次の二つの側面からなっているように思われる。まず第一の側面として、英語圏は近代黎明期に現れたある種グローバルなゴルディロックスであったということである。幸運にもというべきか――オリヴァー・クロムウェルならば、迷わず「神の摂理により」と言うであろうが――イングランドはちょうどよい時期に、ほどよく組み合わされた社会的・経済的条件の下で、ちょうどよい場所にいたということである。そして第二の側面は、こちらの方がはるかに複雑であるが、ヨーロッパの近代黎明期から二十一世紀の現在に至るまでゴルディロックスがいかにしてリードを維持し、温もりを保持することができたのかを説明している。

ゴルディロックスの冒険

今にしてみれば、初期近代《アーリー・モダン》（近世）の世界は一つの大きな革命――歴史の推進力としての資本主義の確立――を間近に控えていた時期であったことが分かる。社会システムとしての資本主義は、単なる自由市場《フリー・マーケット》にとどまるものではない。売り手と買い手は太古の昔から存在していたからである。資本主義において重要なのは、個々の経済的変化ではなく、生産・金融資源の大量蓄積である。伝統的な重商主義経済《マーカンタイル・エコノミー》では金融や金貸しは必要な熟練の技を要するビジネスであるが、成熟した資本主義経済では金融が制度の中核をなしている――たとえ冷酷で腹黒くはあっても、それが中核であることは多くの者が認めるであろう。

資本主義競争《レース》の賞金《ステークス》は莫大だった。この新たな形態の社会有機体《ソーシャル・オーガニゼーション》の手綱を捌《さば》き、成長著しい資本主義という荒馬を御す国は、競争相手にたいして圧倒的な優位に立ち、莫大な富を蓄積し、大国となることができるであろう。イタリア都市国家は、資本主義の活力《ダイナミズム》を示しはじめた最初の社会であったように思われる。ヴェニスとジェノヴァは大国となり、その他の都市国家は太古以来最も偉大な文化的栄華を支えられるほど豊かな国へと成長した。スペイン、フランスを相次いで撃退した小国《タイニー》オランダは、イタリア都市国家よりも大きく、その絶頂期には世界にまたがる帝国となった。

初期近代の世界は、多くの文化と文明が資本主義の成熟一歩手前で足踏みしていた。たとえば中国や日本などの国が自力で成熟した資本主義に移行できるかどうか、移行できるとしてそれはいつ頃かといったことが学者たちのあいだで何十年も議論されていた。低地諸国と北イタリアのほか、十六世紀には北ドイツのハンザ同盟諸都市が資本主義への跳躍の兆しを見せた。スペインの世界帝国は資本主義的な技術に長けたイタリアの銀行家たちに依存した[2]。宗教戦争による混乱がなければ、フランスが世界を形成する勢力となっていた可能性は十分にある。

イングランドは危険を冒して資本主義の道を進んだ最初の国であったわけではないが、行進の隊列を押し分けながらどうにか先頭集団に躍り出て、その先頭に立った。それがうまくいった理由の少なくとも一部は現代のわれわれには分かる。それは多分に運が良かったということである。驚くことに、十六世紀と十七世紀のイングランドは、資本主義の発展にとって他のいかなる国も敵わぬほどの好条件に恵まれたゴルディロックス国家であった。

当時のイングランドが地理的に有利な位置にあったようには少しも思えない。寒冷で、半ば氷に覆われたヨーロッパ文明の周辺部に位置するイングランドの港は、地中海航路や喜望峰経由の南大西洋航路といった有利な貿易ルートからはかなり離れていた。沖合いの北海は荒れているため、運輸の容易な地域は北米の不毛の地しかなかった。当時そこは、いかなる巨大な帝国も、脆弱な帝国も、裕福な帝国も、格別の儲けを期待してはおらず、途轍もない鉱脈が開発されるのを待っていたわけでもなく、はたまた貴重な香辛料作物の強い香りが〔現地の〕友好的な港湾まで漂ってきていたわけでもなかった。

しかしその後の歴史から明らかなように、イングランド人はこの地球上で最良の不動産を手に入れた。そもそも彼らが属するヨーロッパ大陸では、各国が強力で危険な敵対国と角突き合わせていた。中国の皇帝は、見晴るかすすべての土地を支配していた。化外《けがい》の民を圧倒するほどの力を持ち、泰然として、先進的であった中国文明は、繰り返し侵入して来る夷狄をその強力で、独善的で、尊大な中華文化に吸収することで現状に満足し、安泰でいられた。オスマン人もまた、自分たちの帝国が近隣諸国にまだ多く学ぶべきことがあるのではないかと不安がる必要がないほど豊かで強かった。ヨーロッパのキリスト教世界にたいするオスマン帝国の攻撃が行き詰まったときでさえ、西洋の諸小国がコンスタンティノープルを脅かす可能性を難なく斥けることができた。印刷機のような秩序を撹乱するものの発明を禁止することができた。国家は学者や軍人にたいして新たな知識を吸収するために西洋を旅行してくるよう勧める必要はなかった。

ドイツ、フランス、イングランド、イタリア、スペインといった国々の小王、皇帝、小君主、大公たちにはそのような余裕はなかった。政治、通商、軍事の競争が多方面で絶え間なく続いた。イングランドの毛織物商人は低地諸国で経済競争に直面した。神聖ローマ帝国とフランスはイタリアを舞台に干戈を交えた。戦争と経済競争は、ヨーロッパ文明の革新と進歩を促した。ヨーロッパは統一しなかったことで、多極的な文明を発展させることができた。その文明においては、多岐にわたる思想、多様な文化的衝動が旺盛となり、範となるべき優れた学者、芸術家、投資家、軍人が次から次へと現れた。彼らは成果を上げたそれぞれの専門的な知識や技術を広めることに力を注いだ。これらのヨーロッパ諸国はお互いにいがみ合い、ある国が石弓《クロースボウ》を改良したり、あるいはより効果的な要塞構築術を編み出したりすると、他の諸国はそれを採用し、さらなる改良を加えねばならなかった。

当時のヨーロッパは、政治や経済を成長させるための促成栽培温室《フォーシング・ハウス》であった。そこでは競争という肥料が歴史の変化を加速させた。「わが愛よ、植物のごとく育てよかし／いかなる帝国をも凌ぐほどに広く、ゆっくりと」[3]とはにかみやの恋人《コイ・ミストレス》に寄せて書いたのは詩人アンドリュー・マーヴェルである。彼のこの詩は、過去の大帝国——中国、エジプト、ローマなど——に思いを馳せつつ書かれたものである。ゆっくりと興隆し、ゆっくりと衰亡する。これらの巨大な帝国は地質学的時間の尺度で存在しているように思われた。だがマーヴェルの時代までには、歴史はすでにその歩調を速めており、以来今日に至るまで変化は一段と加速しながら世界を席捲し続けている。西に向かう道のりを最初に加速しはじめたのは、比較的規模は小さいが、より競争力のあるヨーロッパ社会であった。そしてこの一層動的《ダイナミック》で競争的な環境の力を余すところなく体得するのにちょうどよい位置にいたのがイングランドであった。

ヨーロッパのなかで、イングランドはゴルディロックスの地点にいた。ヨーロッパの急速な進歩から十分な恩恵を受けられるほど近くにいながら、繰り返される侵略と破壊から免れるのに十分な距離を置いていた。イングランドはヨーロッパ世界のはるか西の端にありながら、スカンディナヴィアやアイスランドのように遠く離れすぎて闇の彼方に隠れてしまうほどではなかった。多くの学者が指摘するように、ロシアはモンゴル帝国の侵攻を受け、これから伸びゆかんとする文明が萌芽期に破壊され、ヨーロッパの覇権争いから永遠に遅れを取り、いつまでも不利な状態に置かれた。そのロシアとは異なり、イングランドは多様な民族がひしめき、蛮族の侵略者が陸続と現れるユーラシア平原ではなく、誰もいない海に囲まれてヨーロッパの端に横たわっていた。ブリテン島はヨーロッパの端にありながら、テムズ川の河口からライン川の河口へは船で比較的楽に行ける距離にある。ポルトガルへの海路は開かれており、バルト海まで足を伸ばすことも容易であった。〔ヨーロッパと〕極東を結ぶ伝統的な地中海貿易ルートがオスマン帝国によって閉鎖されたことで、イングランドの地理的位置は俄にその価値が高まり、ヴェニスとジェノヴァがかつて享受していた圧倒的な利点は、将来の覇権争いにおいて甚だ不利な条件に転じた。

長期的観点から見ておそらくこれまたイングランドにとって有利であったと思われるのは、南米の金銀鉱山へはそうたやすくは行けなかった点である。結局のところ、カリブ海の砂糖諸島、南米のたばこ・綿花農場、長く延びる大西洋沿岸の海軍補給基地を確保する方が、スペインとポルトガルがやったように南米を大々的に征服するよりも高い価値のあることが明らかとなる。

イングランドにとってその地理的位置にはまた別の利点もあった。ブリテン島はイングランド海峡——概ねこの時期に外国の攻撃からイギリスを効果的に防ぐお濠《ほり》の役割を果たした——によってヨーロッパの政治的命運を左右する最悪の要因の多くから保護された。外敵の侵略を受けやすかったオランダやドイツ、イタリアは、いずれもこの時期に国土を侵された。大陸諸国は国を守るために大規模な常備軍を保有し、巨大な要塞を築かなければならなかった。それには、強力かつ中央集権的な国家が必要であった。圧倒的な力を持つ官僚制度と専制的な中央政府を確立しないかぎり、要害の地アルプスに暮らすスイス人のように現代まで生き残ることはほとんど至難の技であっただろう。

イングランドは国の規模もゴルディロックス並みであった。たとえばオランダ共和国やイタリア都市国家よりも大きく、それゆえ比較的多くの人口や大きな産業を支えることができた。他方、通信事情は貧弱で政府機構もまだ非近代的であったその当時、イングランドは多様な地域を統合していく過程で長期にわたる内戦や抑圧を帰結せしめるほどに異分子を内包する広大な帝国ではなかった。叛乱を起こす者もいるにはいたが、主に「ケルト外辺人《ケルティック・フリンジ》」くらいのものであり〔第五章の「強大な敵対者」を参照〕、彼らがいくら凶暴で憎悪を剝き出しにしようとも、イングランド中心部で起こる出来事にはほとんど影響を与えなかった。

十六世紀から十八世紀にかけてのヨーロッパの歴史は宗教改革と対抗宗教改革《カウンター・レファメーション》、それに続く宗教戦争で埋め尽くされ、それらがあらゆるヨーロッパ諸国の文化と制度を形成した。イングランドは幸運にもゴルディロックスの〔つまり、ほどよい〕改革を経験し、そしてそれは地理的な幸運と同様、イングランドが資本主義革命を貫徹する競争に勝利することを確実なものとした。国によっては、たとえばドイツのように、宗教改革が過熱し——すなわち宗教改革と対抗宗教改革への熱情が昂じるあまり、暴動が勃発し、破滅的な内戦の泥沼に陥った。ドイツの場合、それは十六世紀の農民戦争〔一五二四～五年〕やミュンスター再洗礼派《アナバプティスト》[4]への包囲攻撃〔一五三四年〕などの激しい衝突にとどまらず、ドイツ国民の三分の一を死に至らしめ、ドイツ経済を荒廃させた三十年戦争（一六一八～四八年）をももたらした。

国によっては、特定のキリスト教の教派が他のすべての教派を排斥することでその地位を磐石なものとし、宗教改革の熱を抑え込んだところもあった。南ヨーロッパでは、対抗宗教改革が世俗の精神と宗教の刷新を抑圧し、資本主義の発展を妨げる鋳型に社会をうまくはめ込むことに成功した。対抗宗教改革が多くの有益な精神的・文化的成果をもたらしたのは確かだが、不幸なことに、それが成功したほぼあらゆる場所で一時期、体制宗教への遵奉が強いられ、新たな発見や革新や改革の精神が粉砕された。ガリレオは異端審問にかけられ沈黙を余儀なくされた。カトリック教国フランスでは、プロテスタントの学者や商人たちが流刑に処せられた。スカンディナヴィア諸国やプロイセンでも宗教改革の熱気が抑え込まれた。それらの国々では、ルター派正統主義が民衆の生活にたいしてつまらなく退屈な支配を及ぼした。プロイセンはスペイン・ハプスブルク家の支配下にあったイタリアと同様、独自に遵奉主義の道を進み、発展が妨げられた。

イングランドの宗教改革は——少なくとも世俗の繁栄という観点からすれば——実にうまくいっ

た。（その宗教的影響をいかに判断するかは神にお任せするとして。）イングランドは十七世紀の内戦と政治的危機を通じて宗教戦争を経験したものの、ドイツのような混沌状態に陥ることはなかった。アングリカン教会は勝者となって現れたが、決して強力でも自信に満ちていたわけでもない。それゆえヨーロッパ大陸において勝利した公定宗教――プロテスタントとカトリック――が通常行ったようなやり方で異端を根絶しようとはしなかった。ロード大主教のようなアングリカンの頑迷固陋な人士は、非国教派の国内プロテスタント教徒はもとより、カトリックの国教忌避者を一層不利な就労条件の下に置こうと本腰を入れ、これに成功したが、その一方でイングランドは宗教的マイノリティの才能を用いる雅量も備えていた。イングランドで反カトリック熱が最高潮に達した頃、桂冠詩人でカトリックに改宗したジョン・ドライデンのあとに登場したのは、カトリックの詩人アレグザンダー・ポウプである。聖書を除き、十八世紀のイングランドで最も売れた書物『天路歴程《ピルグリムズ・プログレス》』を著したジョン・バニヤンは、チャールズ二世治下の〔秘密集会や非遵奉を禁じた〕法律にもとづいて逮捕、投獄されたバプティストの非国教徒であった。ドイツ生まれのヘンデルに次いで十八世紀のイングランドで最も重要な作曲家であり、愛国歌「統べ《ルール》よ、ブリタニア」を作曲したドクター・トーマス・アーンはローマ・カトリック教徒であった。彼はその信仰ゆえに学士号を受けることはできなかったが、オクスフォード大学はその業績を認め、一七五九年に名誉音楽博士号をアーンに授与した。サー・アイザック・ニュートンとジョン・ミルトンは、四世紀以降正統的キリスト教の核心であった三位一体論を否定した。デイヴィッド・ヒュームはせいぜいのところ理神論者《ディーイスト》であった。〔ただしヒュームが無心論者であったか、単なる理神論者にすぎなかったかについては今日でも議論の分かれるところである。〕二人の王〔＝チャールズ二世、ジェイムズ二世〕の顧問を務めたウィリアム・ペンはクエーカー教徒であった。こうした例は枚挙にいとまがない。それは単に才能ある個人の問題というわけでもない。非国教徒が産業全体を席捲していた。毛織物産業はもとより、ロンドンの商業権益の多くはピューリタンによって支配されていた。イングランドで最も高貴な家柄であるハワード家のような名門貴族はカトリックのままであった。イングランド北部の大規模炭鉱開発業者や織物業者はたいてい非国教徒であった。専門職に従事する新興中産階級の多くもやはり非国教徒であった。十八世紀にバーミンガムに建設された二十二堂の教会のうち、イングランド国教会の教会はわずか五堂にすぎなかった。[5]

仮にイングランド国教会がもっと強い力を持ち、もっと結束していたならば、おそらくそこまで寛容ではなかったであろう。十七世紀のオクスフォードやハーヴァードの教授たちはコペルニクスの地動説を疑い、聖職者たちのあいだからは国教遵奉を義務づける法律の厳罰化と執行強化を訴える声が頻りに聞かれた。国教徒と非国教徒のプロテスタントが結束した（それでもなおカトリック教徒が圧倒的多数派であった）アイルランドでは、残酷なカトリック刑罰法が導入され、カトリック教国の異端審問さえ寛容と思えるほどの厳しい執行がなされた。二十一世紀の今日になってもその傷は癒えていない。ウィリアム三世治下でさえ、頑固なカルヴァン派が多いスコットランド低地地方において、一六九七年に一人の若い大学生が異端であるとして絞首刑に処せられ、[6] 十八世紀に入っても宗教裁判で拷問が採用されていた。

それでもある一つの教派が宗教的にほぼ独占状態であったカトリック教国やプロテスタント教国に比べれば、多様な教派からなるイングランドでは、法律もその執行もそれほど厳しくはなかった。数ある利点のなかでも特にこれが意味するのは、ヨーロッパでほとんど唯一イングランド人だけが非国教徒とマイノリティをうまく利用できたということである。気難しいピューリタン、不穏な再洗礼派《アナバプティスト》、忠誠心の疑わしいカトリック教徒、こうるさいクエーカー教徒は、本国で必要とされない場合、植民地に落ち着ける居場所を与えられた。彼らはそこで各々産業や事業に従事し、新たな市場、富、力を本国にもたらした。その後アメリカ合衆国となる十三植民地のうち、五つの植民地（マサチューセッツ、ロードアイランド、コネティカット、ペンシルベニア、メリーランド）は宗教的マイノリティが避難する場所として建設された。イングランド以外のヨーロッパ諸国は、自国内の反体制派を寛大に扱うことができないのみか、自国の植民地に反体制派が存在することさえ我慢できなかった。スペインはムーア人とユダヤ人にたいして新世界への亡命という選択肢を与えることを認めなかった。一五六五年に〔フランスの〕ユグノー教徒が現在のジョージア州に入植するためにカロライン砦を築いたが、不運にも失敗した〔＝スペイン海軍のペドロ・メネンデス・デ・アビリス提督による奇襲攻撃を受け、守備隊は全滅した〕後、[7]フランスは海外の自国領にユグノー教徒を移住させることを放棄した。そのためスペインやフランスの植民地は人口の伸び悩みと慢性的な労働力不足に苦しんだ。これとは対照的に、英領北米植民地は発展した。この点は重要である。というのも、英領植民地の人口増加と貿易拡大は、商船の往来を活発化させるとともに、関税・物品税収入が国家財政にとってきわめて重要な時代にあって、イングランドの軍事力の発展に弾みをつける役割を果たしたからである。

最後に、イングランドはゴルディロックスの政府を持った。その政府は、神聖ローマ帝国が数百もの諸領邦に分裂し、もはや広範囲に活動できなくなった近世ドイツのようにソフトすぎることもなく、また急速に権力を強めた国王や硬直した官僚制が地方の権限や民間の発意を抑えつけたスペインやフランスのようにハードすぎることもなかった。

やはりこれも、イングランド人が傑出した構想力《ヴィジョン》や美徳《ヴァーチュー》を持っていたからというわけではない。十六世紀のイングランド、低地諸国、フランス、スペイン、イタリア都市国家はいずれも制限された政府を持っていた——王（またはその他の最高権力者）の権力は、貴族、聖職者、その他の社会・利益集団の特権や権利によって均衡が保たれ、制限された。十七世紀に政府の権力とその必要性が高まると、統治者は権力の集中を図り、対抗する権力者の中枢を叩き潰そうとした。ヨーロッパの多くの国ではそうした統治者の試みが成功し、イングランドとオランダでは失敗した。

ステュアート朝イングランドの四人の王のうち二人の王チャールズ一世とジェイムズ二世は、イングランドの君主制を「近代化」するために議会の力を弱めようとして失敗した。ジェイムズ一世は首を失い、ジェイムズ二世は王冠を失った。イングランド共和国《コモンウェルス》の下で、オリヴァー・クロムウェルは自ら率いて内戦を勝利に導いたピューリタン軍の武力を背景にして新たな中央集権の樹立を図った。しかしこの試みもクロムウェルの死によって水泡に帰した。イングランド社会は絶対権力を持つ王と同様、ピューリタンをも信用しなかったのである。

この時代の宗教的・政治的闘争は、後の世代が「強い市民社会《ストロング・スィヴル・ソサエティ》」と呼ぶものの初期の発展をイングランドにおいて助長した。地方の名望家は中央政府の妨害をあまり受けることなく自分たちの共同体内で引き続き市民の権力《スィヴル・パワー》を行使したが、宗教教派の発展によって多数誕生した民間の法人や組織もまたそれぞれの共同体内で運営された。公式・非公式を問わず商人たちの同業組合は共通の利益を保護した。読み書き能力の向上と印刷物の普及は、絶えざる政治的・宗教的不安定と相俟って、日々生起する問題にたいする幅広い人びとの関心を促した。マルクス主義者の歴史家クリストファー・ヒルは、十七世紀の宗教論争が今日にいう「市民社会」を発展させるうえでいかに重要であったかを詳細に論じている。またE・P・トンプソンの『イングランド労働者階級の形成』とロバート・センコートの『ニューマン伝』〔ニューマンについては、第十二章を参照〕は、広く人びとを導く宗教的な組織や討論がなければ、その後の時代を通じて真に民主的な交流や機関を維持するイングランド社会の能力が向上することはなかったことを明らかにしている。ジョン・ウェスリーが興したメソディスト派などの運動は、信者の集会から教育プログラム、世俗的・宗教的な出版物の生産や販売を目的とする全国規模の組合に至るさまざまな機関を生んだ。

アメリカの歴史家は、植民地自治政府の経験がその後のアメリカ国民にとって民主主義の実験に向けた準備となった点をしばしば指摘する。同じことはアメリカの兄弟分であるイギリスにも当てはまる。すなわちクラブ、教会、慈善団体、共済団体、その他の組織が、増え続ける多くの庶民にたいして新たな種類の経験と自信をもたらすことで、十七世紀から十八世紀にかけてイングランドの人びとはより民主的で開かれた社会に向けて準備していたということである。

しかし英語圏の政体が巨大なヨーロッパ帝国の絶対君主政体よりも柔軟——よりソフト——であったとしても、ソフトになりすぎるということはなかった。政府《ステート》がソフトになりすぎ、過度に弱体である場合——ドイツやイタリアのように——〔国家の〕独立は失われ、場合によっては社会が分裂し、無秩序《アナーキー》と流血の惨事を招いた。逆に政府がハードになりすぎた場合——フランスやスペインのように——人びとは責任あるやり方で自治を行う習慣を失った。人びとは権力《パワー》というものが共同体の外部に存在し、共同体に責任を負わないものなのだと考えるようになった。権力者は政府の権力と大権という崇高な思想を無能な統治と崩れかかった政府機構に結びつけた。政府と社会は次第に離反していき、さまざまな危機に見舞われた政府はその試練に耐えることができなかった。時のフランス政府が改革する能力を失うや、これに激怒するも世間知らずで、未熟で、冷静さをなくしたブルジョアの指導者たちは革命の道を突き進むほかなく、ルイ十六世は首を失うはめになった。十八世紀から二十世紀にかけて欧州と米州のラテン社会は、硬直しすぎた政府と急進すぎる反対派とのあいだで右往左往し、辛酸を嘗めることとなった。

イングランド政府はアメリカ植民地の議会と同様、〔ラテン社会とは〕違った状況にあった。相対的に弱い政府は〔市民の〕自発的協力、ひいては権力と正統性にたいする世論《パブリック・オピニオン》を支えとしなければならなかった。究極的に政治指導者はその弱さを強さに変える術を学んだ。英語圏の政治指導者は、政府の弱さゆえに、市民社会と市民自らが組織した自発的団体《アソシエーション》からなる複雑なネットワークを通じて表明された国民《ピープル》の意見に注意を払わざるをえなくなった。世論に注意が払われるようになると、世論は責任感を持つようになり——平時と戦時を問わず、指導者を支持する心構えができた。さらに地方の指導者たちや党派を超えた幅広い人びとは、概して自分たちを代表する政府の行動と決定を支持した。

弱さと強さの融合は依然として今日でも英語圏諸国の政府の特徴である。イギリス、カナダ、ニュージーランド、オーストラリアおよびアメリカのそれぞれの政府は弱く、世論に応える責任を負っているが、その政府は国民の支持を基盤として安定している。夥しい変化と緊張にもかかわらず、英語圏諸国はいずれも平和的な憲政の歴史を辿ってきた——英語圏よりも強い政府が頻繁に倒されてきたヨーロッパとは対照的である。一七八九年以降、フランスは五つの共和制、三つの君主制、二つの帝制によって統治されてきた。それと同じ期間にイギリスとアメリカでは基本的な憲政秩序に変化はなかった。イギリスから基本綱領を受け入れたカナダ、オーストラリアおよびニュージーランドもまた、安定した憲政のモデルとなっている。一六八八年の名誉革命以降、これら英語圏五カ国のうち既存の政府を暴力で倒した例が一つだけある。アメリカ独立革命である。それでもこれら五カ国の英語国民《アングロフォン》の政府は、民衆の怒りにたいする軍事的・制度的な防波堤が基本的には低かった。英語圏諸国の政府は概してヨーロッパ大陸諸国の政府よりも手際よく統治を行っており、たいていの場合、平時における政府支出の対GDP比はヨーロッパ大陸諸国の政府のそれよりも小さく、国家《ネーション》の社会的・経済的発展を政府がコントロールすることは少ない。しかしこの相対的な弱さにもかかわらず（あるいはそれゆえに）、英語圏諸国の政府は世界的に見て驚くほど安定しており――平時において政府が余計な手出しをして市民生活を破壊することもなく――さまざまな緊急事態への対応に必要とされる莫大な資源《リソース》を集める能力のあることを示している。[8]

すべて以上のことは、次の問いにたいする答えを理解するのに役立つ。すなわち歴史のゲートから出走したゴルディロックスはいかにして好位置につけることができたのかということ――イングランド人はいかにして自分たちの遅れを取り戻すことができたのかということ、また資本主義を早くから受け入れた彼らがさまざまな「悪の枢軸」（と彼らがみなすもの）との初期の戦いに勝利することができたのはなぜなのかということである。ある敵対勢力は、資本主義が必要とする社会的・知的イノヴェーションの波を食い止めることに成功した既存の宗教体制のせいで身動きがとれなくなった。別の敵対勢力は、強大な隣国に押しつぶされ、あるいは自衛のために資源の多くを使い果たしてしまい競争力を失った。一方で、民間を威圧し、進取《イニシアティブ》の気象を抑圧する政府の下で呻吟する者もいれば、他方で、政府が秩序を維持しえないがゆえに招いた無秩序や打ち続く戦争の犠牲となる者もいた。ゴルディロックスは危険からうまく身をかわし、絶好の機会を見事に捉えた。こうして英語圏は大国間の覇権争いに勝利するための態勢が整ったのである。

ゴルディロックスはまた別の幸運にも恵まれた。その幸運のおかげで、イングランドは先頭に立つことが最も肝要なまさにそのときに行進の先頭にいち早く躍り出るための準備ができていたのである。成熟した資本主義が今まさに世界に出現しようとしていた。この新たな制度をうまく使いこなす術を心得た国は、過去のあらゆる帝国のすべての財宝をはるかに凌ぐ利益を手に入れることができる。

イングランドの資本主義は有利な状況下で出発したことから、比較的うまく機能し、巨万の富を創造し、制度として深く根を下ろした。ロンドンの商人は東インド会社で大儲けをし、イングランド銀行株の株主は裕福になった。政治権力というものは成功者のもとに流れる。すでに指摘したとおり、イングランド商人の利益は、議会が王との対決に勝利するのに貢献した。もしも反動勢力の側が強ければ、すなわち革命勢力の側が弱ければ、イングランドが進歩する速度はもっと緩やかで、近現代の歴史は今とはずいぶん異なる様相を呈していたかもしれない。ルネサンスと宗教改革のエネルギーが爆発した後、多くのヨーロッパ諸国はいつペースダウンしてもおかしくない兆候を示した。スペイン帝国はたらふく食べすぎて動きが鈍くなった。ドイツが十七世紀の宗教戦争の荒廃から立ち直るためには時間が必要であった。もしもルイ十四世がイングランドにひ弱なステュアート朝を復位させ、オランダを孤立させ、ハプスブルクの勢力を削ぐことに成功していたとしたら、勝者となるも疲れ果てたフランスは、勝利に酔い痴れて一息つくか——さもなければトルコ人との戦いに明け暮れていたことだろう。ヨーロッパは現状に踏みとどまり、その後の三世紀間に驚くべき急激な変化は決して起こらなかったかもしれない。中国、オスマントルコ、モンゴル、そして日本は、仮に西洋の圧力を受けず、挑戦してくることも攻撃してくることもあまりない「ペースメーカー」的役割を果たす国が近くにいたとしたら、ひどく立ち遅れるようなことには決してならなかったであろう。たぶんほんの少し遅れる程度で、西洋ともっと対等な条件で近代化に入っていけたであろう。

それは今日われわれが生きている世界よりも幸せな世界になっていたかもしれない――さもなければ今日われわれが幸運にも免れている専制や恐怖に人類が直面することとなっていたかもしれない。いずれにせよ、われわれが現に生きているのは、アングロフォンが先頭に立ち、あらゆる挑戦者を斥け、グローバルな資本主義を基盤として海上覇権を確立した世界である。

しかしながら英語国民《アングロフォン》が先頭に立つことにいち早く成功したという理由だけでは、なぜ彼らが先頭に立ち続けることができたのかという問いにたいする十分な答えになっていない。資本主義はそう簡単な話ではない。資本主義は次から次に革命をもたらした。農業の変化を一つ例に取るとしよう。マルクス＝エンゲルスの時代から、資本主義における変化の力学を明らかにするため、農村や都市の経済的・技術的変化と近世イングランドの運輸システムとのあいだの相互作用について研究がなされてきた。都市市場の発展と現金経済《キャッシュ・エコノミー》の拡大にともなって、地主は自らが生産する穀物を消費することにあまり関心を払わなくなり、都市市場で穀物を販売しようと考えるようになった。すなわち効率と利潤拡大への衝動である。これは、改良された科学的農業技術の発達をもたらし――囲い込み運動《エンクロージャー》をも促した。小作農や小自作農は土地の所有権を失い（土地の代金が支払われる場合と支払われない場合とがあった）、彼らの共有地は大規模で効率的な私有地として囲い込まれた。農業がより効率的になるということは、農作業に人手がかからなくなることを意味する。数世紀のあいだにイングランドでは農民たちが次第に土地から追い払われ、都市の人口は増加し、犯罪や社会不安の大きな波が到来した――一方で、農作物の市場規模は拡大し、ひいては囲い込まれた土地における科学的農業や効率的な資本主義的農業経営へのニーズが高まった。

製造業と鉱業の発展によって、それまで貧しく孤立していた地方に豊かな富がもたらされるようになり、〔自分たちの利益が〕議会においてより適切に代表されることを望み――そしてまた自分たちの利益に沿う形に国家の経済政策が変更されることを求める有力者や企業家などからなる新たな階級が台頭した。蒸気機関、鉄道、製鋼所、自動車、これらはいずれもイングランド人の生活全般にたいして立て続けに急激な変化を迫った。旧来のエリートは力を失い、古くからの慣習も廃れていった。機械化が進む非人間的な産業社会〔の到来〕という新たな現実は、それとは別の〔旧来の〕世界で形成されてきた価値観や習慣と激しく衝突した。

資本主義は衝突《コンフリクト》と変化《チェンジ》を意味し、資本主義が生産性と経済効率を急速に高めれば高めるほど、次から次へと押し寄せる波のごとくますます多くの衝突と変化が起こった。

ウォルマートは年々歳々同じ買物客に同じ価格で同じ商品を販売するだけでは満足できなくなった。毎年新たな店舗を開設し、新たな商品と新たな顧客を発掘し、魅力的な価格で商品を提供しなければならない。また収益力のある組織であり続けるためには、従業員の管理・訓練、在庫の管理・削減、エネルギーの効率的使用、店舗設計の低コスト化、そして特に資本の一層効果的な運用に関する新たな方法を絶えず模索していかなければならない。

資本主義がその他の社会有機体と違うのは、変化と発展が不可避だということである。商人、銀行家、トラック運送業者、トレーダー――資本主義において彼らは皆ダーウィンの言う「生存競争」の只中にある。最も適応した者は繁栄を謳歌し、適応できない者は行き詰る。

新たな産業や利益が生まれると、それらは旧来の政治家や政治機関の手腕を試す。イギリスにおいてかつて緑の草原と羊小屋しかなかったところに突然黒々とした悪魔のような工場群が出現した。それらの工場の所有者は、自分たちの利益に配慮してくれる政府を望み、議会の議席を欲し、自分たちの利益を擁護してくれる政党を求めた。

資本主義の発展によって工業中心地の周辺に大都市が形成されると、そこに暮らす大勢の住民に食料を供給するための新たな輸送網が必要となった。新たな技術が誕生すると、知的財産を保護するための新たな法律が必要となった。労働者の利益を守るために労働組合が立ち上がると、労使間の利益を調整するための一連の新たな法律と制度の制定が必要となった。

英米社会は急速に加速する社会的変化にさらされた。しかしイギリス人もアメリカ人も時として冷淡なその論理を見事に受け入れた。レッセフェール資本主義の思想は大多数の文化〔に属する人びと〕を神経質にさせる。イギリス人であれ、アメリカ人であれ、必ずしもそれを快適に感じているわけではない。だが結局のところ、英米社会は「レッセフェール」という名のスウィミングプールのいちばん深いところをめざし、水圧で体を締めつけられながらも〔それに耐えて〕泳いでいく意志と能力が世界の主要な社会のなかで最も高かった。それゆえ世界の人びとはここ二世紀余り「アングローサクソン」経済モデル（と未だに呼ばれているもの）に魅力と恐怖と嫉妬を感じながらそれを見てきたのである――そしてその経済モデルの強力な影響は、最初はイングランド人に、次いでアメリカ人に経済的優位性を与え、それが後年「悪の帝国」との戦いを継続する両国民の力となったのである。

まずはイギリスが、次いでアメリカが、「西洋」という地理的メタファーの背後にある現実を明らかにした。西洋において、市場は自由であり、資本は蓄積される。人びとは自らが望むことを行う権利がある。政府《ステート》は相対的に弱く、市民社会には活力がある。すべての宗教は自由であり、人びとが信仰するもしないも本人の意志に任される。他方、自由の旗の下で得られるものが安全保障の名の下に奪われる可能性もある。西洋は機会に恵まれた土地であるが、それと同時に危険《リスク》に満ちた故郷でもある。伝統的な社会の仕組み――教会、貴族社会、ギルド――は個々人の行動を規制する力を失っているが、それと同時に彼ら個々人を守る力をも失っている。

　どうやら大西洋をはさむ両岸で急速に発展する英語文化圏《アングロスフィア》は、こうして徐々に増大する変化にたいしてその他の社会よりもうまく順応できると感じたのかもしれない。英語国民《アングロフォン》の国は他のいかなる国よりもあっけらかんと常に変化への扉を開け放っている。確かに十九世紀のイングランドでは一時期不安定なときもありはしたし、アメリカでも「半ば奴隷、半ば自由」の社会において工業化のひずみが一因で南北戦争が起こりもした。だが総じて英語国民の国はメタファーとしての「西洋」に向けて比較的平穏に進み続けることができた。しかし非英語圏諸国の場合、その道のりは平坦ではなかった。社会主義、共産主義、ファシズム、超伝統的《ウルトラトラディショナル》君主制といった東方をめざす《イーストウォード・ルッキング》運動は英語国民世界の内部よりも外部の方がはるかに強かった。そしてその運動は多くの国において西洋をめざす運動を遅らせ、停止させ、場合によっては覆すほどに強力であった。

　ゴルディロックスはちょうどよい時期に、ちょうどよい場所にいたというだけではなかった。ゴルディロックスは他の人たちが経験したつらい出来事に遭ったり、回り道をしたりせず、森のなかを抜け、くねくねした急峻な細道をどうにかうまく進むことができた。ゴルディロックスは貧しいロシアの赤ずきんちゃんとは違う。なぜならこれから自分が進む険しい道よりももっと楽な「近道」（ただし災難が待ち受ける道）へと誘う怖い狼が甘い言葉で近寄って来るのを許さなかったからである。ゴルディロックスはグレーテルとは違う。なぜなら子どもたちを悪魔の釜戸で焼いてしまう森のなかの民族主義的な（*völkisch*）小さな家におびき寄せられることはなかったからである。それはなにもゴルディロックスが森に入ることを避けたからでも、周辺部に留まっていたからでもない。むしろ他の子どもたちよりも森の奥深くへと冒険し、そこに長く留まっていた。では、ゴルディロックスはいかにしてそうしたのか？

〔ゴルディロックスとは、イギリスの民話『さんびきのくま』に出てくる主人公の少女の名前（原題は“Goldilocks and the Three Bears”であるが、日本語に訳された絵本の表題は「ゴルディロックス」を省略している）。この言葉は、皮肉まじりに「金髪の娘」を意味する普通名詞でもある。中川千尋訳の絵本のなかでは「きんいろまきげちゃん」とされている。ゴルディロックスは夢のなかで森に迷い込み、三匹のくまが住む家にたどりつく。くまたちはつくりたてのスープが冷めるまでのあいだ散歩に出かけていた。留守のあいだに家に忍び込んだゴルディロックスは、テーブルの上にスープの入った三枚のお皿を見つける。最初にお父さんくまのスープを飲んで「熱すぎる！」と言い、次にお母さんくまのスープを飲んで「冷たすぎる！」と言い、最後に子どものくまのスープを飲んで「ちょうどいい！」と言って子どものくまのスープをすべて飲み干す。この話から、ゴルディロックスとは、「ほどほどの」「ちょうどよい」「適度な」といった状態を示す慣用句となり、天文学や経済学など幅広い分野で使用されている。たとえば「ゴルディロックス惑星」の条件とは、恒星（太陽）から近すぎず、遠すぎずの位置にあることであり、「ゴルディロックス経済」とは景気が過熱でもなく、不況

でもない適度な経済状態にあることを指す。〕

第三部

アングロ－サクソンの態度

第十章　ワスプと蜜蜂

──「開かれた社会」と「閉ざされた社会」、「動的宗教」と「静的宗教」

かくしてわれわれは、アングロ－サクソン人がこれまでしてきたことのおおよそのイメージをつかむことができた。アングロ－サクソン人は世界の資本主義経済が形成されるきわめて重要な時期に、そのダイナミズムを自家薬籠中のものとし、この新たな力を最大限に利用して外交政策を展開し、国内秩序を構築した。

だが人は再び「なぜ」と問うであろう。なぜアングロ－サクソン人はかくも素早く、かくも徹底的に資本主義を採り入れたのか？　なぜアングロ－サクソン人はかくも熱烈に資本主義を好み、かくも巧みにそれを利用することができるのか？

これらの問いに答えが見つかれば、われわれは世界史の流れをより深く理解することができるであろう。しかしその答えを見つけるためには、地政学や経済学、グローバルな大戦略といった世界を離れ、英語圏にとって資本主義への跳躍《リープ》が比較的容易かつ自然であるように思わせたアングロ－サクソン文化の社会的・心理的要因に目を向ける必要がある。

ここでわれわれが答えを探ろうと思うのは、宗教と哲学の領域である。とりわけ哲学者アンリ・ベルクソンとカール・ポパーの著作に注目する。二人は「開かれた社会」と「閉ざされた社会」（ベルクソンが考え出し、ポパーが採り入れた用語）のあいだの違いに関心を向けている。彼らの著作は、アングロ＝アメリカ世界において文化の力がいかに機能しているのかを理解するうえで役立つ。

ベルクソンは種の進化と個の生存を可能ならしめる条件が個人と集団の精神的価値観や心理にたいしていかなる影響を及ぼしているのかを理解しようとした進化論哲学者である。ベルクソンは一九三二年に出版した『道徳と宗教の二つの源泉』のなかで、自然界には二種類の社会有機体が存在するという前提を置いている。一つは専ら本能《インスティンクト》に導かれている個々人からなる共同体である。代表的なものに蜂巣や蟻塚がある。それらの社会では自発的なものは何もなく、個々人はそれぞれに割り当てられた役割を果たしているにすぎない。動物界にはあまり極端でない形の本能的社会が存在する。マウンテンゴリラや川獺《かわうそ》は共同体で生活し、たいてい自らの本能に従っているが、蟻や蜜蜂よりもかなり高い自律性をもって行動している。われわれの祖先は人間の意識が発達するまでのあいだ、多かれ少なかれそのようにして暮らしていたにちがいないとベルクソンは推測する。彼はその種の本能的社会を「閉ざされた社会《クローズド・ソサエティ》」と呼んだ。

人間の閉ざされた社会は、蟻塚はもとより、ビーバーの巣とも異なる。なぜなら人間は自らの願望が本能の命じる行動とは異なる場合があることを個人として意識し、自覚しているからである。本能は蟻や蜜蜂がそうであるように直接に作用することはない。本能は意識でそれ自身を感じさせる――他のいかなる方法でもなく、ある特定の方法で行動することを人間に「選択」させる――働きをしているにちがいない。宗教は一定の状況下でこの本質的に保守的な社会的機能を果たすとベルクソンは論じている。

閉ざされた社会では、すべての参加者が身のほどを弁えている。慣習《カスタム》、道徳《モラリティ》および法律は相互に補完し合う。部族《トライブ》や氏族《クラン》のしきたりに従うことが自然の道理であり、慣習に背くことは神々への反抗を意味した。

しかし人間は蟻とは違い、ただ本能にのみ支配されているわけではない。道徳上・倫理上のジレンマは閉ざされた社会においても発生する。ギリシャ悲劇の多くはこの種のジレンマをめぐって展開している。オイディプスはそれと知らずに母と結ばれた。クリュタイメストラが夫アガメムノンを謀殺したとき、その子ら〔＝エレクトラとオレステス〕は、〔父の仇である〕母を殺すか、父の仇討ちを放棄するかの二つの罪のあいだで選択を迫られた。

それだけではない。他人の意志が忍び寄ってくることもある。親は自らが決めた相手との結婚をわが子に命じる。しかし息子も娘も親が勝手に決めた相手と結婚することを望まない。愛は掟を破るものである。

伝統と慣習はそれ自身を守る。ベルクソンの分析によると、宗教は人間の知性を連帯と持続への本能的衝動《インスティンクティヴ・ドライヴ》と結びつけるある種の心の習慣《メンタル・ハビット》として発生するという。宗教は意識に鳴り響く本能の声である。タブーを侵すことは人間に恐ろしさ、居心地の悪さを感じさせる。それは本能の力である。それは人間を本能的衝動に従わせようとする意識の反応を引き起こす。ベルクソンはこの種の宗教を「静的《スタティック》宗教」と呼んでいる。それは人間や社会を現状のまま維持しようとする。

意識の外部から発せられる本能の声は、美や恐怖、何らかの意味をともなっている。神話、伝説、直観《インチュイション》、幻影《ヴィジョン》、詩情、畏怖は、すべてわれわれのふつうの知覚を超え出たところからわれわれのもとにやって来て、人間の生活を充実させ、方向づけている。

ベルクソンは、人間の社会と蜜蜂の巣（それがどんな立派な巣であれ）とのあいだにもう一つ重要な違いがあることを指摘している。仮に蜜蜂に歴史というものがあるとしても、それには必ず終わりが来る。社会形態としての蜜蜂の巣が彼らにとってかなりうまく機能しているとしても、蜜蜂たちがどこかをめざして進んでいるようには見えない。

その点が明らかに人間とは違う。種としての人間は未だ幼児期の段階にある。考古学者や古生物学者の断片的な証拠や口承で補っても未だごく短い期間しか経っていない歴史時代から分かることは、蜜蜂にとって安定が自然であるごとく、人間にとっては変化と成長が自然であるということである。人間は比較的短期間にこの地球の表面全体に広がり、多様な生息地を見つけ、試練が訪れるたびに新たな方法でそれを克服してきた。人間の文化はそれ自体が発展し変化する傾向にある。狩猟、農耕、養鶏、冶金の技術は、ある地域で生まれると、交流や貿易を通じて世界中に伝播した。

学ぶこと、変化することを拒まない人間性の側面は、伝統と様式《パターン》の閉ざされた世界から人間社会を引き離す。新たであること、異なること、自律することを求めるこの本能は人間性の必要な部分であり、それなくしては、人間は繁栄することはおろか、おそらく生き延びることさえままならなかったであろう。ベルクソンはこうした人間の持つ変化への衝動が満たされうる社会を「開かれた社会《オープン・ソサエティ》」と呼んだ。開かれた社会は、閉ざされた社会とは対照的である。開かれた社会では、伝統的な調和《ユニティ》が崩れる。慣習は個人の生活を縛る強制力を失う。かつては男にしか許されていなかったことが女にも許されるようになり、その逆もまた可能となる。小作農はもはや貴族の言いなりになる必要はない。開かれた社会は、伝統や時代遅れの掟ではなく、理想や大志を土台とする。慣習は良心《コンシェンス》に取って代わられる。

ベルクソンの図式では、あらゆる社会は開かれた要素と閉ざされた要素からなる。小家族集団の部族民は、より広い世界のことは知らずとも、彼らが抱くニーズや欲求、集団内の圧力あるいは外部の出来事に応じて変化する豊かで複雑な社会環境に暮らしている。他方、近代工業社会は閉ざされた社会の多くの特徴を留めている。たとえば不合理な伝統と嗜好は、個人主義者を自認する人びとの行動に影響を与えている。また部族への忠誠は、政党、国家、職場の序列にたいする人びとの態度を形づくっている。

以上から次のことが明らかであろう。われわれが「西洋」と呼んでいるのは開かれた社会の世界であるということ、また東洋から西洋への道のりは比較的閉ざされた社会から比較的開かれた社会への道のりであるということである。開かれた社会は閉ざされた社会よりも進んでいるが——冷たい。閉ざされた社会における伝統的な役割と家族関係には温もりがあるが、時として社会を息苦しくする。開かれた社会における個人は家族関係に煩わされることは少ない——が、信頼できる家族関係を失うことで，寒々とした感覚や疎外感を覚えることがありうる。

資本主義が開かれた社会の所産でありかつ原動力であるということも明らかであろう。経済機構としての資本主義は、それを受け入れる社会に豊かさと力を与える。この流れに逆らおうとする閉ざされた社会は弱く貧しくなり、最終的に立ち行かなくなる。資本主義の発展にともなって、新たな事態が生じた。歴史が、開放のあとに反動と閉鎖が続くという循環の記録であることをやめ、西へ西へと進み続ける旅とそれを阻む壁の破壊の物語に変わったのである。開かれた社会は動的《ダイナミック》な社会に転換しはじめた。その転換は今日のわれわれの世界に影響を与え続けている。

カール・ポパーは、ベルクソンの社会類型論の枠組みを採り入れ、それを自らの歴史哲学の主要な柱に据えた。共産主義者やファシストの独裁が大勢の人びとから自由を奪った二十世紀の一時期に執筆活動を行ったポパーにとって、閉ざされた社会は人間の心を強く縛るものであると映った。開かれた社会は自由であるかもしれないが、恐ろしい社会でもある。歴史の大半は、閉ざされた社会の唱道者たちが開かれた社会を閉ざそうとして、しばしばその企てに成功した記録からなる。ポパーの画期的な著作『開かれた社会とその敵』はその大半が、開かれた社会の持つ破壊的な知的・政治的力を抑え込み、安定性と永久不滅の絶対性を備えた閉ざされた社会を復活させようとする一連の取り組みとして理解される哲学の歴史について描かれている。それはプラトンの時代からヒトラーとスターリンの時代に至る壁建設の歴史である。

『開かれた社会とその敵』は、開かれた社会の友よりも、その敵にたいしてはるかに多くの頁数が割かれている。なぜならその敵は実に多勢でなかなか手ごわい相手だからである。開かれた社会という概念は人の心を強く惹きつける力を持つ一方、社会を不安定にし、人の心を不安にさせる。しかもその本能の声は、閉ざされた宗教と手を携え、彷徨《さまよ》う者たちに絶えず故郷への帰還を呼びかけている。ポパーは（彼曰く、プラトンの思想に表れているという）アテナイ人の民主主義への反動を（ヘーゲルの思想の極致である）フランス革命への反動と比較し、両者に共通する現象を見いだした。それは、伝統的宗教と伝統的価値観を武器とする反動勢力が、開かれた社会の息の根を止めんと襲いかかる現象である。ポパーは同時代のマルクス主義にも似た現象が現われていると見た。マルクス自身の著作のなかで、開かれた社会の原理（自由と正義）と閉ざされた社会の傾向（人間の自由という思想に激しく敵対する――ヘーゲルから借用した――決定論的歴史主義へと向かう流れ）とが争っているとポパーは主張する。言うまでもなく、ポパーがソ連の共産主義に見たのは、閉ざされた社会の唱道者たちが啓蒙の原理にたいして再び勝利を収める光景であった。

歴史的に見て、開かれた社会を創造する取り組みはたいてい失敗し、せいぜいのところ、長い時間かかってその一部が成功を見るにすぎないとするポパーの観察はきっと正しい。古代ギリシャでは、開かれた民主制社会が専制に陥る顕著な傾向があった。あらゆる共和国にカエサルが誕生し、あらゆる元老院にスッラが登場する。このパターンは古代で終わることはなかった。歴史を顧みれば明らかなように、十七世紀と十八世紀の大半のヨーロッパ社会は、近代黎明期の歪みから、民主化の拡大どころか絶対君主制が誕生し、〔開かれた社会への〕発展は起こらなかった。英語国民《アングロフォン》の世界におけるゴルディロックスの経験はまれな例なのである。むしろ暗い森を抜けて西へと向かった少女たちの多くは、最後は狼どもの餌食になってしまったからである。

オランダ、イギリスおよびアメリカは、世界で初めての開かれた社会というわけではなかった。古典古代には短期間ながらいくつかの開かれた社会が存在した。イタリア都市国家の多くは自分たちの社会が開かれた社会であると尤もらしく言い張るかもしれない。また開かれた社会の重要な要素をハンザ同盟の北部通商都市に見て取ることもできよう。しかしオランダや英語圏に出現した形の開かれた社会は、それ以前の開かれた社会よりも力強く、広大で、長く存続した。それに比べて、かつての開かれた社会はたいてい時間的にも空間的にもきわめて限定的であり特殊な都市国家――人口は通常数万人規模――においてのみ発生し、外国からの軍事的侵攻や国内の抵抗に遭って瞬く間に消滅した。

近代世界の開かれた社会は、それらの都市とはきわめて異なる道のりを辿った。他の社会が瓦解していく世界のなかにあって単に生き延びただけではなく、大いに繁栄し、しかも一層の発展を遂げた。世代が移り変わり時代が流れるにつれ、近代の開かれた社会はさらに開かれていった。奴隷制は消滅し、婦人参政権が実現し、教育の門戸も次第に開放されていった。かつて開かれた社会はまれな存在であり、繁栄しても長続きはせず——たとえちょうどよい条件の下に出現したとしても、すぐに姿を消した。今日、少なくとも一定の場所では、開かれた社会はたくましく生き延びている——譬えて言うならば、あらゆる胴枯病《どうがれびょう》に免疫があるかのごとく毎年花を咲かせる多年生耐寒植物のようである。

それは単に開かれた社会というだけではなく、動的《ダイナミック》な社会でもある。その社会は自らを前進させる発展の法則を内蔵しているように見える。開かれた社会は依然として非常に繊細な植物のようであるとポパーは捉えている。動的な社会を理解するためには、アンリ・ベルクソンに立ち返り、彼の思想にあるもう一つの重要な要素に目を向ける必要がある。動的宗教という概念である。

静的宗教、あるいは本能の叫びは、閉ざされた社会の成員をその社会の戒律や伝統にきつく縛りつける力である。ソクラテスは邪教を導いたとして処刑された。〔ソクラテスが「青年にたいして有害な破壊的影響を与え、国家の認める神々を認めずに、別の新しい鬼神の類いを祭るがゆえ」というのが告訴理由であった。〕近代ヨーロッパ史において、組織的宗教はしばしば資本主義と民主主義にたいするイデオロギー的・政治的抵抗を導いた。資本主義の影響で混乱を増す社会においてコンフォーミティ〔＝伝統的・正統的・体制的な宗教の遵奉〕を強要しようとする静的宗教が未だに世界の多くの地域で見られる。原理主義《ファンダメンタリズム》は、脅かされている現状を回復せんとする静的宗教の怒れる反動であると言える。

ポパーよりも楽観的なベルクソンは進歩主義の哲学者であった。人間社会はたとえ後退し、反動が勝利することがあっても、長期的にはより開かれた方向に進んでいるとベルクソンは信じた。現代においても認められている思想と行動の自由は中世ヨーロッパには存在しなかった。人間の政治制度にいかに欠陥があろうとも、太古の時代よりも意識は格段に発達し、迷信の抑圧からの解放が進んでいることは明らかであるように思われる。世界は西に向かおうとしていた。

ベルクソンは、変化と発展への衝動は保守主義と同じくらい人間性に深く根ざすものであると論じた。閉ざされた社会から開かれた社会への移行は、人間性の侵害ではなくその完成であり、自然はコンフォーミティや保守主義の力の源泉であるのと同様、人間の成長と進歩の源泉でもある。

変化への本能は、保守主義への本能と同じく人間の意識を通じて働くにちがいない。ベルクソンの考える人間は、矛盾する助言を囁く天使と悪魔を両肩に乗せたアニメの登場人物のようなものであり——両者とも正当かつ正常な人間性の表出であるとベルクソンは見る。

静的宗教が伝統的な社会の価値観と制約を受け入れるようわれわれに叫ぶ人間の意識の声であるとすれば、動的宗教はより一層開かれた社会に向かって前進するよう人間に呼びかける天使にベルクソンがつけた名前である。静的宗教と同様、動的宗教も個人が心理的に経験する多様な形——そわそわした不安感、新たな経験の熱望、警告や命令を発する心の声、幻覚、夢、予感——をとりうる。ポーランドとイギリスのユダヤ系の両親〔＝父はユダヤ系ポーランド人、母はイギリス人とユダヤ系アイルランド人の混血〕のあいだに生まれたベルクソンは、組織的宗教と複雑な関係にあった。ベルクソンはその初期の著作がカトリック教会から発禁処分を受けたが、亡くなるまでにカトリック教会と和解を果たした。ただし反ユダヤ主義のヴィシー政権下で苦しむユダヤ人との連帯の意思を示すためだけにカトリックに正式に改宗することは差し控えた。ただベルクソンは自分の葬儀においてカトリック司祭に祈りを捧げてもらいたいとの遺言を残した。〔正式の葬儀は開かれなかったが、彼の死の床でカトリック司祭による祈りが捧げられた。〕（アカデミー・フランセーズの会員であり、その他多くの地位や栄誉を授かったベルクソンではあったが、フランス社会におけるユダヤ人の地位を制限する法律の免除をヴィシー政権から受けるよりも、それらいっさいの栄典を放棄することを選んだ。）

神秘主義《ミスティスィズム》、とりわけカトリックの神秘主義はベルクソンにとっては動的宗教に特有の表出であったが、本書の目的にとっては、社会に急速に広がり、人びとを西へと導く一定の神秘的なヴィジョンや理想について見ていくことの方が役立つ。万人の社会的平等というヴィジョンは、長年の慣習による拘束をものともせず、貴族制を打倒した。民主主義という神秘的な理想は王制を打ち倒し、それでも生き残った王たちは世界に広がる国民主権の現実を受け入れざるをえなかった。人種平等の思想は、アメリカ人を植民地のくびきから解き放ち、公民権運動へと駆り立てた。ジェンダー平等のヴィジョンは過去数十年のあいだに多くの社会における社会的関係を激変させたが、その取り組みは明らかに今も続いている。これらのヴィジョンはその力を高めるために正統的・組織的な宗教団体と結びつく必要はない。実際それらのヴィジョンが世界中に普及するときには特定の宗派から独立しているように見える。ただしそれらのヴィジョンがそれ自身を超える何ものかに結びつくときに、より強い力を発揮するのもまた事実である。アメリカの歴史上、奴隷制廃止、婦人参政権、公民権運動などの明確なヴィジョンを持った運動の指導者たちのなかには世俗的で教会に属さない男女が少なくなかった。だが彼らがそれぞれの運動を前進させることができたのは、またとりわけ彼らのためなら傷つくことも、必要ならば戦って死ぬことをも厭わないという堅固な意志を多くの人びとに抱かせたのは、その指導者たちが目の前の目的を超越した宗教的信念を持って行動していたからである。

数あるヴィジョンのなかでベルクソンが「神秘的《ミスティカル》」と呼ぶ最も強力なヴィジョンは、人間の新たな生き方を示している。アッシジの聖フランシス、シエナの聖カテリーナ、マルティン・ルター、聖イグナチオ・デ・ロヨラ、マーチン・ルーサー・キング・ジュニア——第二、第三の彼らは新たな生き方のヴィジョンに捉えられ、その影響を受けながら、それ以前とは異なる人間の生き方を始めている。一人の女なり男なりがそのヴィジョンを直接的あるいは主観的につかんだとしよう。しかし理想の持つ力はあまりにも強いので、彼（彼女）以外の人びとも又聞きやその又聞き、あるいは本を読むなどしてその力を感じ取り、自分もその人と同じような生き方をしてみたいと思うようになる。彼らは人間の生き方にたいする世界の人びとの認識を永遠に深く豊かなものにしてくれるとともに、われわれ以外の人びとに新たな選択肢と新たな可能性を与えてくれる。

こうしたヴィジョンは必ずしも従来の意味での宗教的なものとは言えない。完全なる人生というルネサンスの理想は、古くからのキリスト教の教義にもとづくものではない。中世の吟遊詩人は、浪漫的恋愛という新たなヴィジョンを抱きつつ、当時の宗教的・社会的秩序に叛逆したが、そのヴィジョンは人間の経験の蓄積を測り知れないほど豊かにした。放浪者《ボヘミアン》の理想は十八世紀のワイマールや十九世紀のパリに現れ、良かれ悪しかれ（おそらくその両方を何ほどか合わせ持ち）今日世界中の多くの若者や芸術を志す者たちの生き方に影響を与えている。

動的宗教には、伝統的宗教の枠組みから人びとを連れ出す力がある——ラルフ・ウォルドー・エマソン、ヘンリー・デイヴィッド・ソロー、エイブラハム・リンカンは皆、教派やセクトの壁を越えて行動したとき、自分は霊的衝動《スピリテュアル・インパルス》に従っているのだと感じていた。動的宗教は、イングランド国教会と絶縁する勇気をメソジスト派に与え、末日聖徒《ラター・デイ・セインツ》（モルモン教徒）をデザレット〔＝一八四九年にモルモン教徒によって州として組織されたユタ、アリゾナ、ネヴァダの全域とニューメキシコ、コロラド、ワイオミング、カリフォルニアの一部を含む地域〕へと導いた。動的宗教はまた、それまで砂埃にまみれた夥しい屍骸のように見えていた体系や教義《ドグマ》に新たな意味や可能性のあることを人びとに気づかせる力もある。

しかし動的宗教と静的宗教とはそれぞれ導く方向を異にしながらも、両者の宗教経験には共通する要素がある。いずれの宗教経験もそれ自身を超えたものを指し示し、より豊かな認識、より広い世界、そして特に超越性と新たな意味をごく普通の人びとの意識にほのめかす。いずれも超自然的《ニューメナス》なものであり、幻影《ヴィジョン》、声のほか、まれにしかない強烈なしるしをともなう場合もある。それらはそのメッセージの受け手に確信を与え、彼らはそれを御託宣として受け取る。サウロ〔のちのパウロ〕はダマスコへ向かう途中、突如光に照らされ、「サウロ、なぜわたしを迫害するのか」〔使徒言行録第九章三〜四節、口語訳〕というキリストの声を耳にした。荒れ野を行く柴の燃える炎のなかに天使が現れる光景を目にし、主の声を聞いた〔使徒言行録第七章三十〜三十二節〕。ブッダは菩提樹の下で悟りを開いた。

開かれた社会を創造し、閉ざされた社会をより開かれた状態に段階的・漸進的に転換させる推進力としてのこの動的宗教の概念が、ベルクソンの哲学的枠組みを借りたポパーの議論から抜け落ちている点は実に興味深い。開かれた社会の側において霊的感覚《スピリテュアル・センス》の力が喚起されうるとすることへのこのおそらく半ば意識的な拒絶は、思うに歴史にたいするポパーの厳しい見方の反映であるとともに、その見方を強めている。ポパーの場合、開かれた社会を支える心理的力は理性と同じくらい弱いものであり、激しい本能的衝動はわれわれを心地よい伝統の閉ざされた世界に引き戻すと考えている。

自我意識の強い多くの「近代的」観察者は、開かれた近代のモノクロームな現実主義と閉ざされた伝統と神話の幻想的な色彩やイメージとのあいだに悲劇的な二者択一を見て取る。しかしベルクソンの動的宗教を考慮に入れるならば、そうした二者択一はなくなる。西の空を明るく照らし、われわれに今いるところを引き払って前に進ませるこの壮大なヴィジョンは——われわれを過去に結びつける「記憶という神秘的な弦《ミスティック・コード》」〔リンカン第一期就任演説〕がそうであるように——人間の魂の奥底に強く訴えかける。宗教と神話は必ずしも保守的なものとはかぎらない。進歩の従者は保守的な主人と同様に神に囚われている。ソクラテスは彼を裁いた者たちと同様に（まがりなりにも）神を崇めていた。

「近代化」のヴィジョンから動的宗教の要素を除いたのはカール・ポパーだけではない。啓蒙には必ず世俗化がともなうという考え方は広く深く浸透しており、人間をその本性の最も奥深くにある要素から必然的に切り離す悲劇的にして必要な選択肢としての文明（化）の概念は、十九世紀のロマン派の手紙や二十世紀の知的会話において最もよく使われた比喩の一つであった。しかし経済的・技術的進歩にもとづくいかなる定義に照らしても、あらゆる点で最も徹底的に近代化された国々——十九世紀のイギリスや現代のアメリカ——が他の大半の国々よりも著しく宗教的な国家であるということはどうも間違いなさそうである。

それゆえ英語国民《アングロフォン》の世界がはるか西の彼方へと進み、グローバル・キャラヴァンの先頭を走り続けることができる能力の鍵は、過去現在を通じて英語国民の社会が他の社会よりも世俗的であるということなのではない。実際イギリスは、二十世紀に入って一段と世俗化が進むにつれ、対抗勢力にたいする技術的優位も大国としての推進力も失い、少なくとも一時的に資本主義的社会変革の旗手の座から退いた。歴史家ニアール・ファーガソンは、「帝国への信頼《フェイス》の喪失はしばしば、神への信仰《フェイス》の喪失と手を携えて進んだ」[1]とまで書いている。（いずれを信じずとも、イギリスのグローバルな役割にとって信仰の喪失が持つ意味について理解することはできる。）国際社会におけるグラッドストン的使命《ミッション》をいま一度イギリス国民に訴えた新帝国主義者《ニーオ・インペリアル》たるトニー・ブレアは、グラッドストンが辞任して以降の歴代イギリス首相のなかで、おそらくスタンリー・ボールドウィンを除いて、キリスト教に最も深く傾倒した首相であった。アメリカは二十世紀後半に技術的・経済的優位を高めるのと同時に宗教復興（リヴァイヴァル）も経験していた。その宗教復興は、過去数世紀においてアメリカ社会に劇的変化をもたらした初期の「大覚醒（Great Awakenings）」にたとえる者もいたほどである。

英語国民が優位に立っている理由は、世俗化ではなく、むしろ動的宗教に求めるべきである。啓蒙的近代が英語国民の世界ですでに定着している慣習的な宗教を圧倒することはなかった。むしろ動的宗教が英語国民の宗教生活における静的宗教に浸透し、それを補完する役割を果たした。ゴルディロックスは暗く恐ろしい森を抜けて西に向かう道のりを実にうまく進むことができた。なぜなら「かつて星を頼りにベツレヘムの厩を訪れた」東方の三博士のように、ゴルディロックスも星に導かれて進んでいたからである。

第十一章　ブレイの牧師
――宗教への固執と懐疑主義との共存

一見したところ、アングローアメリカ世界の宗教は、特別感興を誘うものでもなければ、格別称讃に値するものでもないように思われる。それを最も典型的に体現している人物が、十八世紀イギリスの風刺詩《ブレイの牧師《ヴィカー》》に描かれた有名な主人公（主人公らしからぬ主人公）の牧師であると言ってよかろう。〔ブレイとは、イングランド南東部のバークシャー州にある小さな村の名前である。〕彼が説教壇に立ったのは、クロムウェルが世を去り、チャールズ二世が即位した頃であった。当時、聖職者が教会で昇進し（金銭《かね》と地位を得）ようと思えば、王の政治的意向に従わねばならなかった。以後、主人公の若き牧師は時勢の変化に合わせて自らの立場をころころと変えた。

良きチャールズ王の黄金の日々に、
わが忠誠に二心《ふたごころ》はなかった。
私は熱烈な高教会派《ハイ・チャーチ》であったゆえ、

昇進を遂げることができたのだ。
わが会衆を前にして私は日々説教をした。
王は代々《よよ》神に選ばれし者なりき、
ゆえに忌々しきは、主《しゅ》に油注がれし者に、
恐れ気もなく歯向かい、害をなさんとする輩である。

しかしその後、風向きが変わる。一六八五年、チャールズの弟でローマ・カトリック教徒のジェイムズ二世が王位を継ぐ。ジェイムズは適用免除権の濫用によって刑罰法《ペナル・ロー》（カトリック教徒が教会や政府の官職に就くことを禁じる法律）を骨抜きにし、それを実効ならしめるための宣言（＝信仰自由宣言）を礼拝で読み上げるようすべての聖職者に義務づけた。また一六八八年の名誉革命でイングランドから放逐されるまで、ジェイムズは王権による保護と恩顧を与えてローマ・カトリック信仰を奨励した。若き牧師はこの試練をうまく乗り越えた。

ジェイムズ王が戴冠し、
カトリック教が流行すると、
私は刑罰法を罵倒し、
宣言を読み上げた。
ローマ教会は、
私の体質にとてもしっくりくる。
革命さえなかったなら、

私はずっとイエズス会士であったろう。

イングランドのプロテスタント指導者たちはオラニエ公ウィレムを招請し、〔ウィリアム三世として〕王位に就けた。これは、王への無抵抗とすべての王命への絶対服従義務を宗《むね》とするイングランド国教会の歴史的信条に公然と背く革命的行為であった。新体制への忠誠の宣誓を拒んだ指導的立場にある主教《ビショップ》や牧師《クラージー》たち〔カンタブリ大主教サンクロフトと五人の主教を初めとする約四百人の高教会派の聖職者〕はその地位を追われた。しかし狡賢い牧師は違っていた。

国民の不満を鎮めるため
われらが解放者ウィリアムがやって来ると、
私はふたたび態度を改め、
ウィリアムに忠誠を誓った。
宗旨変えなど平気の平左
疚《やま》しさなど遠くに捨て去る。
絶対服従は冗句《ジョーク》であり、
無抵抗は冗談《ジェスト》である。

話は続く。

アン王女がわれらが女王になられると、
イングランド国教会は栄光に輝いた。

日向と日陰がたちまち入れ替わり、
そして私はトーリーとなった。※
〔※ウィリアム三世はウイッグ支持であったが、アン女王はトーリー贔屓であった〕

さらに時が過ぎた。

太っちょジョージの時代がやって来ると、
穏健な人びとがでっかく見えたのでございます。
私はいまふたたび宗旨を変え、
そして私はウイッグとなったのです。

今や齢を経て、地位も安定した牧師は、新たな制度に忠誠を誓い、自らの信条《クレイド》を復唱してこの詩は終わる。

輝かしきハノーヴァー家よ、
プロテスタントの王位継承者よ、
私は心の底から彼らに誓う、
彼らの支配が続くかぎり。
わが信義と忠誠とをもって、
些かも躊躇《ためら》うことなく宣言《ローフル》しよう。
ジョージこそ、わが正当な王なり、

時代が変わらぬかぎり。
そしてこれは掟《ロー》であり、
終生、私は堅持いたします。
いかなる王の治世となりましょうとも、
私はブレイの牧師でいることでしょう！[1]

この歌を耳にした者は思わずこの無節操な牧師をあざ笑いたくなる――そして己れ自身をも。なぜなら当時のイングランド人はほとんど皆ブレイの牧師と同様に自らの立場をころころと変えたからである――しかしブレイの牧師が聖職者として生き抜いた（およそ一六七〇年から一七一五年までの）騒々しい時代においては、その種の日和見主義こそがイングランドを熾烈な内戦から救ったのである。その当時、イングランド国民の多くは体制側の支配的な宗教・政治哲学の大々的な変化を受け入れた。イングランド、あるいは（一七〇七年の連合法によってイングランドとスコットランドの政治体制が統合された後の）イギリス社会は、暴動が頻発してはいたが、決して一六四〇年代の内戦のように無秩序な戦闘状態の泥沼に陥ることはなかった。

こうした柔軟性とプラグマティズムによって、当時最大の出来事――王を交代させただけでなく、王にたいする議会の優越を（国家の最も強力な要素として）決定づけた名誉革命――は平和裏に実現したのである。もっと一般的に言えば、イギリスが新たな種類の政治社会、すなわち当時存在したいかなる政治社会よりも、勃興する資本主義制度の圧迫と要求にはるかにうまく対処することのできる社会をつくり出せたのは、ブレイの牧師の――如才なく、冷笑的で、辛抱強い――プラグマティズムに負うところ大であった。

しかしこれは、まったくもって世俗化とは言えなかった。イギリスは宗教改革の戦いのあとで疲労困憊していたにもかかわらず、新たに生まれた社会はキリスト教とのつながりを断ち切ることなく、宗教とのかかわり方を変えたのである。ブレイの牧師が昇天し、天国で大執事に昇進してからほぼ二世紀ものあいだ、深い信仰がイギリスの庶民とエリートの態度に影響を与え続け、今日アメリカその他の旧イギリス植民地（ニュージーランドやオーストラリアなど）では、依然として伝統的な信仰と慣行にたいする愛着が大半のヨーロッパ諸国よりも強い。アングロ‐サクソン世界の実に広い地域に見られる宗教への固執は、ある種の懐疑主義《スケプティスィズム》——ベルクソンのいう静的宗教にとっては致命的であるが、英語圏においてますます強まる動的宗教指向の特徴——と共存し、さらには共栄しうる能力と関係があるように思われる。

イングランドの伝統に宗教教義《ドグマ》にたいする一風変わった新たな態度の兆候を見て取ることはそう難しくはない。プロテスタント初のカンタブリ大主教トマス・クランマーは一五三八年にこう書いている。「人間の知恵によって巧妙につくられ、確固たるものとされたものであっても、時の推移とともに腐食しないものはありえない」〔八代崇訳〕と。この一文は一部文言は修正されながらも一五四九年版『祈祷書』序文の劈頭にも掲げられ、現在もアングリカン・コミュニオンの祈祷書に見ることができる。[2]

イングランド国教会の祈祷書は宗教改革文書としては妙に近代的な響きを持って始まるが、不確実性の告白はなにもこの祈祷書だけに見られるものではない。『宗教条項』——数世紀にわたってイングランド国教会の教理《ドクトリン》の最も権威ある文書——は、すべての教会が「その行状や礼拝の仕方においてばかりでなく、信仰の事柄においても誤りをおかした」〔塚田理訳〕としている。[3] ローマ教会は他のすべての古代キリスト教会――アンテオケ、アレグザンドリア、エルサレム――と同様に誤りを犯した。実のところ、イングランド国教会自身も誤りを犯し、ヘンリー八世が旧教と絶縁して以降二百年のあいだにイギリスの「公式のキリスト教」は、君主を変えたのと同じくらいたびたび教理を変更した。ブレイの牧師の祖父も孫息子も、牧師のプラグマティズムを必要としたことであろう。ヘンリー八世の下で少しだけ改革され、エドワード六世の下で急激に改革され、メアリー一世の下でカトリックに逆戻りし、エリザベス一世の下でぎこちなく混在するといった具合に、イングランド国教会の教理と儀式はステュアート朝の時代から現代まで風向きがころころと変わるなかで変化を続けてきたが、思うにこれからも変化し続けていくであろう。今日の異端は明日の正統となり――たぶん明後日には再び異端となるのかもしれない。

ブレイの牧師であれば、そのことに何の不思議も感じないにちがいない（むしろそうした感情が十分に広く行き渡るならば、それを称讃さえするであろう）。しかしキリスト教の伝統からすれば、これは言語道断なことである。キリスト教は、啓示（*revelation*）の宗教、すなわち明確なメッセージを持って歴史に突如現れた神の宗教である。しかしイングランド国教会の首長たちは、神についての真理は不分明であり、おそらく不可知であると率直に述べている。これは神が正体を現そうとして失敗するということなのか？ ローマ、アレグザンドリア、アンテオケ、エルサレム、そして中世イングランドの教会は自分たちが永遠の真理《イターナル・トゥルース》を知っていると考えていた。しかし本当は知らなかったのだとアングロ－サクソンの神学者たちは言う。クランマーは何百年も前に書いている。これらの教会――さらにその他のアブラハムの宗教（正統派のムスリムやユダヤ教徒など）――がそれぞれの信仰に求めているような確実性は、神がわれわれに与えることを意図しているものではない、と。

しかしながらクランマーのこの言明が興味深いのは、イングランド国教会がかなり早い段階でそれを言明したということではなく、その言明を非常に冷静に受け止めたということである。いかなる教会も、またいかなる祈祷書も、神について誤りなき真理を告げることができないというのならば、われわれが教会に通い、聖書を読むのはなぜか？　さらに言えば、善行を積み、悪行を慎むのはなぜか？

そうした確実なるものの存在を疑った者で心穏やかでいられた者は誰一人いなかった。ドストエフスキーの描く人物たちは絶対的な道徳秩序にたいする信頼を失い、女主人を殺害する。フランスの懐疑主義者たちは教義《ドグマ》の嘘を見抜き、戦闘的な反教権主義者となる。「卑劣な奴を叩き潰せ（*Ecrasez l'infame !*）」と叫んだヴォルテールは、「最後の王の首が最後の司祭のはらわたで絞め殺される日」〔＝王と司祭がともに滅びる日〕を待望した。

絶対的な宗教に基礎づけられないような社会秩序は存続しえないと考える人びともいた。そうした憂慮の声は今でも保守派知識人の側から聞かれる。彼らは何らかの絶対的で、精細で、不変の道徳律がなければ、われわれは悪徳と堕落の都市ゴモラへとまっしぐらに突き進むことになると心配している。この恐れは人間性に深く根ざしてはいるが、果たしてその正しさは歴史的に証明されているのか？　イングランドの改革者は自分たちが絶対的真理をつかんでいるという確信こそなかったかもしれないが、秩序を維持することの必要性については疑わなかった。

イングランド〔国教会〕の宗規《ディスィプリン》は必ずしも感じのいいものではない。クランマー大主教――聖餐《せいてん》（sacrament）にたいする彼の神学的確信はおよそ二十年のあいだにカトリック主義からルター主義へ、さらにある種カルヴァン主義の原型へと変遷した――は、自らがかつて信じていた説、あるいはやがて信じるようになる説を現に信じている多くの人びとを火あぶりの刑に処した。ついにはクランマー自身が女王メアリーの治世の下で火刑に処せられることとなったが、そのときクランマーに判決を言い渡した人びとのなかには、宗教改革のためにかつて彼とともに働いた者たちがいた。

後年、イングランド国教会はより寛容にはなったが、それでも一本通ったその頑固さが失われることはなかった。その信仰は『三十九箇条』に規定され、十九世紀になってもしばらくは、『三十九箇条』への署名を拒んだ者は大学で学位を取得することができなかった。〔六人の妃と次々に結婚した〕ヘンリー八世にたいして二度の離婚を認め、二人の王妃の処刑を許したイングランド国教会は、一九三〇年代にヘンリーの末裔であるエドワード八世にたいしてウォリス・シンプソンとの結婚を認めるのと引き換えに退位させた。チャールズ皇太子は再婚相手であるコーンウォール公爵夫人〔＝カミラ夫人〕の前夫に謝罪しなければならなかった。エドワード八世の時代のイングランドの主教たちは彼らが説教する教理についてトマス・クランマーよりもはるかに懐疑的であった。二十一世紀の今日では、有力な縁故を持つイングランドの聖職者に主教職を無理やり放棄させるような意見を述べることは想像することさえ難しいが、教理上確実なるものは何もないということとスキャンダラスな王室の婚姻問題とはまったく別の話である。

イングランド国教会はそのようにして富める者たちを遇した。同様に、貧しき者たちを懲らしめる準備もできていた。イギリスの支配者たちは、不変の宗教というものへの絶対的信仰という安らぎを奪いはしたが、四百年にわたって自分たちの社会に秩序を押しつけることにどうにか成功した。それは、しばしば情け容赦のないやり方でもってなされた。叛徒は鎮圧され、逆賊ははらわたをえぐり取られて四つ裂きにされ、浮浪者は鞭で打たれ、密猟者は絞首刑に処され、盗人は流罪にされた――すべて、あたかも不変の道徳秩序が存在しており、イングランド貴族はそれが何であるかを知悉しているかのごとくであった。

絶対的哲学あるいは閉ざされた哲学の安らぎを奪われた貧しきニーチェは、哲学的な奈落を凝視し、病魔に苦しみ、憎悪の虜となった。彼は身を震わせながらこう書いた。「真なるものはなく、すべてが許されている」〔『道徳の系譜』第三論文二十四節〕と。

アングロ゠サクソン人の反応は違っていた。イングランドの主教たちも同じ現実に直面したが、哲学的であれ何であれ、奈落に跳び込むいささかの理由も感じなかった。むしろ彼らは、毎年変わる復活節《イースター》の日を決めるための規則づくりに取り掛かった。「確かに、理論上は、真なるものは何もなく、すべてが許されている」と欠伸《あくび》をしながら宣《のたま》うイングランドの聖職者たちの足下には、相対主義《レラティヴィズム》の深い裂け目がぱっくりと口を開けていた。「ところで、大斎節《レント》に福音書《ゴスペル》を読んだあとの〝ハレルヤ〟は省略すべきか?」「大斎節《レント》に胡瓜サンドを食べてる女の子が今時どこにいるのか?」〔大斎節の期間中は、胡瓜サンドのように、肉や卵、乳製品などを控えた質素な食事をとることになっている。〕ともかくも、英語圏の多くの地域では、信仰と不信仰とのあいだの選択は他の地域ほど際立って現れなかった。英語圏は歴史や哲学にたいする現実的《プラグマティック》で懐疑的なアプローチを深い信仰と神の摂理という感覚にうまく調和させた。一方、二十世紀までヨーロッパの多くの国々の政治に強い影響を及ぼした――そして今日イスラエルや多くのイスラーム諸国の人びとの生活にも強い影響を及ぼしている――世俗的改革や近代化と宗教とのあいだの大きな溝は、英語圏ではそれほど深刻なものでは決してなかった。英語文化圏《アングロスフィア》では約五百年にわたって二つの考え方が共存し、創造的緊張《クリエイティヴ・テンション》が続いてきた。一方の考え方は、神は存在し、道徳規則や宗教教理にかんする神の意志が人間に啓示されるというものである。もう一方の考え方は、神の啓示にたいする人間の理解は依然として部分的なものにとどまり、変化を免れないというものである。

粉々に砕けた「閉ざされた世界」

ベルクソンの類型学をアングロ＝サクソン世界の宗教経験に適用してみると、英語圏は社会の発展が加速するにつれ、本質的に静的な宗教状況（ただし宗教的に動的な出来事《ダイナミック・エピソード》によって安定的均衡が周期的に揺さぶられる）から動的な宗教システム（ただし均衡状態の持続的要素によってしっかりとつなぎ留められている）へと移行したように見える。

英語圏に新たに生まれた宗教構造が動的社会の発展に特に適していた理由として、主に二つの特徴が挙げられる。第一に、英語圏は多くの異なる教派《ディノミネーション》や神学傾向が並存する多元的・多極的な宗教環境にあると思われる点である。ヴォルテールは『哲学書簡』のなかで、「もしもイギリスに教派が一つしかなかったならば、その専横は怖るべきものがあろう。もしも二つしかなかったならば、お互いに喉笛を切り合っただろう。しかしそこには三十からもの教派があるので、みんな仲よく安穏に暮らしている」（林達夫訳を一部改訳）と書いている。第二に、イギリスの多くの宗教（すべてではないが）はその神学的内容がたいてい動的宗教にたいして開かれているという点である。

英語文化圏に特有の宗教の発展は、最初に大計画《グランド・プラン》があって、その結果として起こったようには思えない。ヘンリー八世がローマ教皇と袂を分かち、自らイングランド国教会の首長であることを宣言したとき、現実に起こった変化を誰も予想していなかった。イングランドの宗教改革にかかわった主だった役者たちは誰もがほぼ間違いなくその結末にひどく失望したことであろう。おそらくクランマーが『祈祷書』の序文を執筆していたときも同じ思いを抱いていたにちがいない。イングランドの宗教改革は、嵐を避けてそれを安全な港に導こうとするあらゆる人びとの試みが挫折したことによって成功した。

資本主義の発展にともなう社会的変化の影響が広がり続けるなか、イギリス人の伝統的な生活の枠組みが解体し変化したことで、中世カトリック系キリスト教の「閉ざされた世界《サークル》」が粉々に砕けたというのが実際に起こったことのようである。中世スコラ哲学の堂々たる知の体系——聖トマス・アクィナスが実に見事に統合《シンセシス》し、ダンテがその詩に謳った——であれ、あるいはキリスト教徒と異教徒の信仰や伝説が混ざり合った庶民信仰や民間伝承などの広く浸透した伝統であれ、いずれも社会全体を満足させることはできなかった。あまりに多くの変化が、あまりに急速に進んだため、テューダー朝からステュアート朝にかけてのイングランドやスコットランドを駆け抜けた社会的・経済的変化のなかで、人びとは指針となりうるより強力で一層効果的な宗教を必要としたらしい。

人びとのなかには、たとえ旧教であっても、うまく再生すれば、イギリス人の生活を導く力がまだあるのではないかという考え方もありはした。イエズス会士や宣教師たちによる統制のとれた指導の下、カトリック教徒の生き残りが非道な脅迫や迫害に抗いながら、イングランドで対抗宗教改革《カウンター・レファメーション》——カトリック教の近代化と組織化——を実現すべく努力した。それが成功していれば、彼らは閉ざされた社会から開かれた社会への人間の長い上り坂という伝統的パターンを再び主張していたことだろう。緩やかに続く変化によって社会的な規範や制度は調整と改革を余儀なくされたであろうし、突然に起こる強烈な超自然的・霊的経験によって新たな、そしてより豊かな共同生活への道が指し示されたかもしれない。社会を調整し、開放した動的宗教のエネルギーはいったん静まり、新たな均衡状態はまた次に新たな変化が必要とされるまで続いていたであろう。

イングランドの対抗宗教改革が成功するかに思われた瞬間は幾度か訪れた。メアリー一世が旧教を復活させた当初、それにたいする抵抗はほとんど見られなかったことから、もしも彼女が国内的にもっと歓迎される結婚をしていれば（思い起こしてほしい。彼女が選んだ結婚相手はイギリス国内では不人気なスペインの王であったことを）、あるいは彼女が子をもうけてカトリックの王位継承がなされていれば、メアリーはイングランドをローマ教会に献上していたかもしれない。一方、スコットランド女王メアリーもローマ・カトリック教徒であった。彼女はヘンリー八世の姉〔マーガレット・テューダー〕の孫であり、息子は女王エリザベスからイングランド王位を継いだスコットランド王ジェイムズ六世〔＝イングランド王としてはジェイムズ一世〕であった。メアリーにもっと政治的才覚があれば、彼女自らエリザベスから王位を継承するか、あるいは少なくとも息子をカトリック教徒に育て上げるまでのあいだスコットランド王位（そして自らの首）を保つことができたかもしれない。百年後、国家全体を再びカトリックに戻すという夢を実現することはもはや手遅れとなっていた。それでも、この不幸なスコットランド女王の曾孫ジェイムズ二世に何ほどか政治的狡猾さがあれば、おそらく彼は自らの周囲を再びカトリック教徒で固めることによって、宗教上の寛容をある程度享受し、やがて宗教的に無関心な十八世紀のジェントリーたちを損得勘定から〔カトリックに〕徐々に改宗させられたかもしれない。

しかしながら、運が悪かったせいか、判断を誤ったためか、それとも神の摂理によるものか、いずれにせよ、イングランドにおいて対抗宗教改革は失敗した。のみならず、結局のところ、イングランドの対抗諸国においてもそれは同様であった。

急進的プロテスタントは教会のより徹底的な改革を望んだ。しかし最後には彼らも、宗教改革が新たな永続的で包括的な現状《ステータス・クオー》に帰着すると考えた。ベルクソンの言葉を借りて言えば、イングランドにとって必要なのは、動的な出来事《ダイナミック・エピソード》によって周期的に活力を取り戻し、調整が行われる本質的に静的で不変で絶対的な宗教であるという点において、急進的プロテスタントとカトリック教徒の考え方は一致した。今日のイスラーム原理主義者〔がアル・クルアーン（＝コーラン）を通じて世界全体を見ているの〕と同様、彼らキリスト教の改革者も聖書を通じて世界全体を眺めていた。聖人崇拝や聖廟への巡礼など一般ムスリムのあいだに広がる偶像崇拝を批判するワッハーブ派の宗教者《ムッラ》と同様、キリスト教の改革者も自分たちが真正かつ純粋な宗教であると信じるものからのカトリックの逸脱を攻撃した。中世の教会は腐敗堕落し、その伝統はしばしば「コンスタンティヌスの寄進状」のように自らに都合の良い偽造された文書を拠り所としていた。この文書は、西ローマ帝国をローマ教皇に与えるコンスタンティヌス大帝の命令であるとされ、何世紀ものあいだローマ教皇の主張を正当化するために使われた。こうした伝統はキリスト教にとっていかなる指針も与えなかった。キリストは弟子たちに「地上の者を『父』と呼んではならない[4]」と語った——にもかかわらず、この地上には、禁じられた聖職《タイトル》を司祭に与えることを拒んだ者を異端として迫害するカトリック教会があった！「子どもたちを来させなさい。わたくしのところに来るのを妨げてはならない[5]」とイエスは言われた——にもかかわらず、中世カトリック教会は、聖書の文章を庶民が理解できる言葉に翻訳しようとした者を火あぶりの刑に処した。

聖書が中世的統合に取って代わりうるとする主張に内在するのは、曖昧な余地を残さぬ明快な章句によって証明しうる組織神学が聖書のどこかにあるという信念であった。その組織神学には行動の指針が含まれていなければならなかった。また聖書は次のような問いにも答えられなければならなかった。すなわち、教区の教会はいかにして組織されるべきか？　教区の信者はより広い地域の集まりにおいていかにしてつながるべきか？　誰が教会の牧師《パスター》を任命すべきか？　教会に入ることを望むすべての人にとって必要なのは教理《ドクトリン》のどの部分か？　いかなる行動基準が妥当であり、それに従って行動することのできない人には（それが聖職者であれ平信徒であれ）いかに対処すべきか？

しかしこれら以外にも、次のような問いへの答えを探るために聖書を解釈することもきっと可能であろう。すなわち、臣民は王にたいしていかなる忠誠を捧げるべきか？　王は臣民にたいしていかなる責務を負っているのか？　イングランド王室はモーセ五書に拘束されるべきか？　支配者が不当であるときにキリスト教徒はいかなる行動をとるべきか？　メアリー一世やジェイムズ二世のような支配者が旧教の遵奉を臣民に強制しようとするときにはいかに対処すべきか？

十七世紀のイングランド人とスコットランド人の精神史は、実のところ政治史さえも、その大部分は、この世のすべての主要問題について聖書に書かれた対処の仕方を見つけようとする神学者や政治家、果ては軍人たちの努力の表れであった。彼らはその心の内で、すべてを包括する中世的統合に取って代わる新たな浄化された世界観が聖書にしっかりともとづいて見つかるかもしれないという期待——否、必ず見つけられるという確信——を抱いていた。真正の宗教を見つける取り組みが最終的に成就されるかどうかに社会の存亡がかかっていたのである。

ピューリタン（清教徒）、プレスビテリアン（長老派）、ディガーズ（真正水平派）、レヴェラーズ（水平派）、アナバプティスト（再洗礼派）、ルター派、カルヴァン派はそれぞれのやり方で、イングランド人やスコットランド人の生活を改めて聖書にもとづかせようとした。彼らは多くの問題で対立したが、今で言うところの開かれた、あるいは自由《リベラル》な生活のあり方を模索しているのではないという点では基本的に一致した。彼らは旧くからカトリックが確実なこととしてきたものを攻撃し、聖書に書かれていることがそれに取って代わりうる、また取って代わると信じた。

この論理に最も忠実に従った者の一人が詩人ジョン・ミルトンであった。クロムウェルの共和国《コモンウェルス》で政府高官に登用された〔＝一六四九年から六〇年まで外事長官（外務大臣に当たる）を務めた〕ピューリタンのミルトンは、当時最も優れた知性と教養の持ち主であり、おそらく国内で最も尊敬されたピューリタン神学者であった。ミルトンは最良の写本〔＝ジュネーブ聖書〕を用いて専ら解析《エクスプリケーション》と解釈《インプリケーション》という単純な方法に拠りつつ思慮深くテキストを読めば、時代の嵐が吹き荒れても決して揺らぐことのない政治上・教理上の確実性を与えてくれる組織神学を聖書から構築することは可能であると確信した。

大いなる善意で作業に臨んだミルトンではあったが、ラテン語で書かれた彼の原稿――『キリスト教教理論』と呼ばれる――は、どこから見ても驚くほど異端《ヘテロドックス》の説であった。[6] ミルトンは疑う余地なく信頼できる聖書の章句から、それが明確に示していると信じられる意味だけを真剣かつ慎重に追いながら、「ホモウシオス（*homoousian*）」というニカイア信条以来正統的キリスト教の柱となってきた父なる神とキリストとの関係にかんする古典的定義〔＝父なる神とキリストとは同質《ホモウシオス》であるとする信条〕を否定した。神学論争がたちまち戦争に発展した時代である。ミルトンの名声がヨーロッパの神学者たちと並び称されていた当時、この異説の原稿は危険視されたにちがいない。その原稿はしっかりと鍵をかけて保管され、ジョージ四世の時代まで公表されなかった。それが公表される頃にはすずでに、英語圏において教理論争が起こることをあまり心配する必要はなくなっていた。

聖書のなかに確実性を求めるミルトンの探求が失敗した要因は、十七世紀のイングランドにおいて広くその探求が失敗した要因と同じであった。それはひとえに、聖書の言わんとするところについて人びとが一致できなかったということである。別に彼らが聖書を徹底的に調べなかったからとか、最良の原資料を使わなかったからというわけではない。皆まじめで、信心深く、教養ある聖書の研究者たちであったのだ。しかしその彼らをしても基本的な事柄をめぐって根本的に考え方が異なったのである。幼児の洗礼《バプティスマ》は必要とされたのか、許可されたのか、それとも禁止されたのか？　キリスト教徒である誰かが主の晩餐のパンとぶどう酒で聖餐式〔＝カトリックでは「聖体拝領」〕を執り行うことはできたのか、あるいはその人物に聖職按手式《オーディネーション》〔＝カトリックでは「叙階式」〕が行われる必要はあったのか？　もしも必要であったとすれば、それは教区の会衆の仕事か、それとも教区内でその職責にある特定の個人または委員会の仕事か？　説教をする資格は誰にあったのか、そしてそれはいかにして決定されたのか？　まじめに聖書を信じるキリスト教徒同士が教理をめぐって意見が分かれたとき、彼らはいかなる手順に従ってそれを解決すべきなのか？

ミルトン〔一六〇八〜七四年〕と同時代の人で彼より年少のジョン・ドライデン〔一六三一〜一七〇〇年〕は、ブレイの牧師のように宗教的日和見主義に走ったが、今ひとつうまくいかなかった。若かりし日にイングランド共和国《コモンウェルス》の下で良きピューリタンであったドライデンは、クロムウェルの死に接して追悼詩を捧げた。（ドライデンは、チャールズ一世を処刑したこの人物について、「偉大なる彼は独り天国より遣はされし／彼の偉大なるは、運命の然らしむるところなり」[7]と称えた。）〔亡命中の〕チャールズ二世が〔一六六〇年に〕復位すると、ドライデンはただちに王党派《ロイヤリスト》の国教徒《アングリカン》となった。彼は弱強五歩格の二行連句《カプレット》で四五六行からなる詩《平信徒の宗教》を著し、ピューリタンやローマ・カトリック教徒による批判からイングランド国教会を擁護した。ドライデンは一六六八年にチャールズから桂冠詩人の称号を授けられた。ジェイムズ二世の治世になるやいなや、ドライデンはその立場を微妙に変えた。名誉革命が起こる頃には、彼はすでにカトリックに改宗しており、一六八七年――ジェイムズが国外に追放されるちょうど一年前――には、やはり弱強五歩格で二千五八五行からなる詩《牝鹿と豹》を物し、国教徒とピューリタンによる批判からカトリック神学を擁護した。

この二作品には宗教的権威の問題が横溢している。宗教論争はいかにすれば解決できるのか？ セクトや学者の意見が二つに分かれるとき、いかにすればいずれの意見を信じるべきかが分かるのか？ 後者、すなわちカトリック詩《牝鹿と豹》（ドライデンはローマ・カトリック教会の象徴として牝鹿を用いた）は、宗教的真理の唯一の指針として聖書の章句を引用することの問題点を指摘している。

　汝曰く、聖書は完全にして平明、
　すべて欠く可からざる真理からなると。
ところが、「汝ら銘銘《めいめい》の教会は同意せず」と述べ、
……ルター、ツヴィングリ、カルヴァン、[8] 宗教指導者ら、
信仰をめぐりて大論争《バトル・ロイヤル》を繰り広げたり。
或は疾走せる野馬《やば》各各脇道に迷ひ込みたる如く、
基督教世界にかかわりたる聖句を歪めし。[9]

《牝鹿と豹》で謳われているこの点は否定できない。今日でも「聖書を信じるキリスト教徒」は教理の多くの点について考え方を異にしている。実際の歴史を見ると、人びとは人間の行いを導く無謬で、確実で、包括的な指針を聖書のなかに探し求める営為をやめなかった。その探求は今も世界中の多くの福音主義派《イヴァンジェリカル》やペンテコステ派のキリスト教徒のあいだで続いている。しかし英語圏の人びとは、聖書を研究すれば、その意味するところについて幅広い社会的合意が成り立つという期待をきっぱりと捨て去った。「聖書のみ（*sola scriptura*）」という宗教改革のスローガンは、一個人や一セクトが聖なる生活を営むための規則は生み出すかもしれないが、共同体全体が存続するための安全で普遍的な制度をもたらしはしないであろう。十七世紀末までにはイングランドの多くのプロテスタント、聖書主義《ビブリスィズム》の諸セクトは、旧くからカトリック教会が占めていた地上を自分たちのうちいずれかのセクトが独占できると期待することは合理的に考えて無理だと認識するようになっていた。それでもなお、それぞれのセクトは、自分たちが完全かつ唯一の福音の真理をつかんでいると信じることができ、またそれぞれの小さな教会堂《チャペル》はその慎ましいひさしの下に、「唯一の真なる神の教会（One True Church of God）」の地上の代表者たちが参集していることを知る喜びを味わえたのである――だがこれは、世俗の世界が決して認めたがらない優越《プライマスィ》というものであった。

その意味するところをいち早く理解していた者の一人がミルトンであった。彼は一六四四年に政府による書物の検閲に抗議した有名な演説『アレオパジティカ（*Areopagitica*）』（古代アテネの裁判機関〔であるアレイオパゴス評議会〕が置かれた丘の名前にちなんで名づけられた。聖パウロもかつてそこで教えを垂れた〔使徒言行録第十七章二十二～三十四節〕）を行った。ミルトンは、カトリックの高位聖職者たちが異端審問の力で正統信仰を強制しようとしている地域で広く検閲が実施されていることを指摘し、イタリアで「異端審問所の囚人となっていた老」ガリレオに会ったことに触れながら、探求の自由や出版の自由を認めるよう議会に強く訴えた。ミルトン曰く、真理は探究の過程で明らかとなり、神についてのわれわれの知識は長いあいだに必然的に変わらなければならないという。ミルトンは聖書を引用し、真理を泉にたとえた。すなわち「泉から湧き出る水が絶えず流れていなければ、因循と因襲の濁った水溜まりができてしまいます[10]」と。意見の不一致と論争は、社会が頽廃しているしるしなのではない。それらは霊的進歩《スピリチュアル・プログレス》の必要条件なのである。「学ぶ意欲が強いところには、必ず多くの議論と多くの書き物と多くの意見があるのです[11]」。真理は教会や国家の助けを借りずとも、自ずと明らかとなるものである。「真理が勝利をつかむには、政策も策略も免許も必要ありません。むしろそれらは誤謬が真理の力に抗うために用いる一時凌ぎの防御手段にすぎないのです[12]。」

さらに、われわれの知識は時とともに増えていく。明日のわれわれは、今日のわれわれよりも多くのことを知るであろう。「強力で健全な神の御業《みわざ》で王国が揺り動かされるとき」、真理はますます明らかとなる。「これは神がご自分の教会を啓蒙されるときにお使いになる手段であり、俗世で穢れたわれわれの眼が神の光に最もよく耐えられるように、光は少しずつ分け与えられているのです[13]。」宗教における変化は必要悪ではなく、必要善であった。

ミルトン自身は、新たな最終的な統合《シンセシス》がやがて実現し、漸進的な発見と啓示のカオスには終わりが来ると考えていたようである。しかしすでに次のことは明らかであるように思えた。すなわち実際問題として、目下のところ、神に忠実であるための唯一の道は、宗教上の変化と新たな考え方にたいして開かれていることであり、また生きるための基本として必要とされるのは、静的宗教ではなく、動的宗教であったということである。聖書を通じた真理の探究は、改革者が当初求めていたような安全な港や入り江ではなく、開かれた海へと通じていた。変化というものが、真の宗教にとって永続的で、必要な、さらには神聖視されるべき要素として捉えられはじめていたのである。

第十二章　教義《ドクスィ》対教義《ドクスィ》

——カトリックとプロテスタントと啓蒙思想のせめぎ合い

「聖書のみ（*sola scriptura*）」のアプローチは、十七世紀後半のイングランドにおいて分裂し、セクト乱立の様相を呈するようになる以前ですら、イングランドのプロテスタント教徒のあいだに広く浸透していたわけではなかった。変革が進む社会で非常に強い影響力を持っていたグループ（その多くは宮廷人が占め、聖職者や保守的な平信徒も含まれていた）は、聖書直解主義《リテラリズム》はあまりにも極端で許容できないと考え、伝統は宗教論争という最悪の泥沼をもたらすこと必定であると感じた。それゆえ彼らは、聖書直解主義とローマ・カトリック主義とのあいだの中間の道を行くことに決めたのである。

伝統への依存はイングランド人の心にはとてもしっくりきていた。彼らは数世紀にわたって経済活力を維持し、旧き制度を新たに立て直すべく取り組んできた。しかし古き先例に依拠する不文律《コモン・ロー》が何世紀にもわたって幅を利かせてきたこの国では明らかに保守主義が根を強く張っている。

聖書を手に熱弁を振るう者たちは、生活のいっさいが純粋で誤りなき聖書の原則に従って営まれるべきであると言う。この主張からセクトが入り乱れる混沌とした状態がもたらされたことに伝統主義者たちは愕然とした。彼らはこの問題について省察した過去の偉大な思想家や聖人たちの一致した意見に耳を傾けることの必要性を力説して次のように問うた。聖アウグスティヌスは聖書をいかに解釈したか？　カルケドン公会議は何を告げたのか？〔カルケドン公会議（四五一年）では、キリストに神性のみを認めようとする単性論派とキリストの人性・神性の完全結合を説く一派とが対立し、最終的に単性論が異端と宣告された。〕

市民社会と日常生活をいかに律していくかという点で、伝統主義の学生たちから嘲笑や非難の的となったのが狂信的なピューリタンであった。たとえば劇作家のベン・ジョンソンは、トリビュレーション・ホーサムやジール・オヴ・ザ・ランド・ビジーといった間抜けな理屈を垂れるおせっかいな人物たち《ビジー・バディーズ》を描いた作品を通してピューリタンを風刺した。〔トリビュレーション・ホーサムは「健全そうに見える災難」、ジール・オヴ・ザ・ランド・ビジーは「この国の熱烈な信者」を意味する。それぞれ『錬金術師』、『浮かれ縁日』に登場する狂信的なピューリタンの名前である。〕

『十二夜』（第二幕第三場）のなかで〔道化とともに大騒ぎしていた〕サー・トービー・ベルチは、「ピューリタンみたいな」執事のマルヴォーリオに向かって、「自分の品行が正しいからといつて、この世に酒も菓子も必要ないとでも思つてゐるのかい？」[1]（福田恆存訳）と尋ねた。〔「酒も菓子も」の原文は cakes and ale。現代英語では「お祭り騒ぎ」を意味する。先ほどのベン・ジョンソンも『浮かれ縁日』（第三幕第六場）のなかで、ピューリタンのビジーに「エールとはサタンの飲み物、サタンの飲み薬であり、サタンはこれにより、虚飾に満ちた終末の世に生きるわれらをば、尊大に、傲慢に仕立てるべくもくろんでおる」（大場建治、井出新訳）と語らせている。〕ピューリタンはクリスマスを禁止した。それが聖書に何の根拠もないローマ・カトリックの祝祭日であるからというのがその理由である。ピューリタンが入植したマサチューセッツ湾植民地は、そうした異教徒の儀式を執り行っている者たちを見つけては罰金を科した。伝統主義者はこの種の愚かしさにたいして健全な軽蔑を抱いただけであった。キリストがいずれかの日に誕生したのは間違いないことではないのか？　そしてその日がいつなのかを聖書が告げていないのであれば、どうしてわれわれが望む日にそれをお祝いしてはいけないのか？　何世紀ものあいだ神聖化され、何であれ人びとの心をキリスト教信仰の中心的な神秘に引き寄せてきた祝祭日を毎年お祝いすることのどこがいけないというのか？

率直に言えば、神から人間への全般的な啓示を誤謬を免れない個人の判断に委ねることは適切でない。神は広く共同体にたいして啓示を与えているのであり、それゆえ神の意志を理解しようとするのであれば、われわれは共同体全体の声に耳を傾けるべきである。われわれは歴史的に受け入れられてきた――時代や場所を問わず万人に信じられてきた――判断《オピニオン》に照らして聖書を解釈すべきである。

これは誠に筋の通った尤もな主張ではある。だが伝統の威光は聖書のそれと同じくらい脆弱であった。「聖書のみ」では果てしなき神学論争と不愉快なジール・オヴ・ザ・ランド・ビジーの共和国《コモンウェルス》を現出せしめるだけであったが、伝統をもって真理への体系的指針にしようとすれば、「これから述べる無謬性と奇蹟という」二つの外観《ガイズ》の下で一つの非常に深刻な問題が生じた。

問題の原因はローマにあった。伝統はローマ・カトリック教会の誇りであり、その護教論者の防堤であり、彼らの主張の砦であった。イングランドの聖職者たちは代々アングリカン固有の伝統を築き上げることに努力した。すなわち彼らは、過去何世紀もローマ・カトリックの至上権を多かれ少なかれ平和裡に受け入れてはきたが、唯《ただ》にイングランドのみならず、遍く西洋の伝統に照らしても最も真正な伝統の声は、ペテロの座〔＝ローマ教皇庁〕の言い分には異論ありということを何とか示せるような伝統を築こうとした。しかしそれはうんざりするほど困難な道のりであった。

イングランド国教会の伝統――その基盤を十二使徒の教えに置き、イングランド国教会をローマ教会から解放した――の形成に最も尽力した人物、それがジョン・ヘンリー・ニューマンであった。ニューマンは十九世紀オクスフォード運動の著名な指導者となったカリスマ的な説教師である。オクスフォード運動の名残は今日でもアングリカン・コミュニオンや監督派教会《エピスコパル・チャーチ》の至るところに見られる。ニューマンとその同志たちは、中世イングランドの慣行の豊かな宝庫のなかに偉大な儀式、儀礼、信仰を見つけ出し、それらをイングランド国教会の儀式や教理に統合しようとした。聖人や聖奠《サクラメント》への畏敬、聖職者への尊敬、礼拝における先例と美への適切な配慮――これらはすべてイングランドの礼拝式を大いに豊かならしめ、中世の秘儀の再発見はイングランド人の信仰心を高めることとなる。

イングランドの伝統主義者たちにとって不運だったのは、オクスフォード運動の唱道者として十二年間活躍したニューマンがローマ・カトリックに改宗したことである。彼はやがて驚くべき自伝『わが生涯の弁明』（一八六四年）を著し、そのなかで自らが改宗に至った霊的・知的な論理を描いた。

伝統を聖書の究極的な判断基準であると捉える人たちは、伝統が命じているからという理由だけで、本来なら莫迦げたことと一笑に付されるような考えを受け入れてしまう。ニューマンの時代のイングランド人にとって、ピウス九世――近代精神にとって最も魅力のない高位聖職者の一人――の教皇無謬説は明らかに莫迦げていた。ピウス九世はあるイングランドの枢機卿にたいし、「ローマ教皇に選ばれる前からわたくしは教皇無謬説を信じていたが、今ではそれを実感している」[2]と語ったと言われている。

　この主張をイングランドの大半のプロテスタント教徒は、聖人の魂や聖遺物のしるしとしてカトリック教会が言い張る奇蹟の説明と同様に迷信的で信じがたいこととみなした。ところがニューマンは無謬性という小事のみならず、奇蹟という大事をも鵜呑みにした。

　その巧みな筆致で〔ヴィクトリア朝期の著名な人物たちの〕偶像を破壊したリットン・ストレイチーは『ヴィクトリア朝偉人伝』〔マニング枢機卿の章〕のなかで、ニューマンの奇蹟信仰について描いている。イタリアのラヴェッロにあるヌオーヴォ教会には、聖パンタレオンの凝血が納められているとされるガラス瓶が祭壇に奉られている。ニューマンはそこを訪れた後、聖人の祝祭日に毎年その凝血が液化するという話を友人に書き送った。この種の奇蹟にかんする信頼できる話はイタリアの教会ではよく聞かれることであるとしてニューマンは一気呵成に書いている。ナポリで有名な聖ヤヌアリウスの血が祝祭日に液化するという話にももちろん触れている。（この奇蹟は今日でも毎年祝福されている。）ニューマンは聖パトリキアの血が液化するところを実際に目撃したこと、イエズス会士ダ・ポンテの血や洗礼者バプテスマのヨハネの血が液化したことについても書いている。だがとりわけ特別なのは聖パンタレオンの血であるという。なぜならその血は祝祭日のみならず、聖十字架の断片が教会に持ち込まれたときにも液化するからであるとニューマンは語る。（コンスタンティヌス大帝の母〔聖ヘレナ〕は、キリストが磔にされた聖十字架を夢に見たと言われている。何世紀にもわたって、この話にもとづく聖十字架の一部である木片がヨーロッパ中で信じられないほど大量に販売された。[3]）

　聖十字架に現れた聖血の液化現象は人びとの心を混乱させたため、ラヴェッロの司祭たちは聖十字架〔の木片〕の教会への持ち込みを禁止せざるをえなかったという。「わたくしの知人が、それが禁止されているとは知らずに「聖十字架の」木片を持って入ったところ、突然司祭が血を示して、『どなたか聖なる十字架《ホーリー・クロス》を身につけておいでですか？』と訊ねました」[4]とニューマンは記している。

ニューマンはイングランドの秀英たちを多数引き連れてローマにやって来たが、大半のイングランド人の心には、聖パンタレオンの血の液化現象にうつつを抜かすのは、世界の終わりやビールの悪魔について怒鳴り散らす救いがたい非国教徒どもと同じくらい莫迦げた烏滸《おこ》の沙汰のように思えた。伝統と迷信が渾然一体となっているように見え、ジール・オヴ・ザ・ランド・ビジーやトリビュレーション・ホーサムと大同小異であった。

政治的には、伝統の道はさらにはっきりと、より劇的な形で行き詰まった。国王至上権《ロイヤル・スプレマスィ》の問題——イングランド国教会の教理の最終的な権威者は国王か、それともローマ教皇か——をきっかけとしたローマ・カトリック教会との訣別である。イングランド国教会がピューリタンから攻撃を受けたとき、王座と聖壇は互いに相手の助けを必要とした。ピューリタンたちから「聖書に根拠のない」主教《ビショップ》制度を教会から一掃するよう要求されたとき、ジェイムズ一世はこれに答えて、「主教なければ国王なし」[5]と言い放った。これにより国王と国教会は生死を共にすることとなる。〔モロワ『英国史』によると、ジェイムズはこう答えたという。「あの可哀そうな婦人が、余の母が、いや未青年時代の余自身までが、どんなひどい目にあったかを知らぬ者はあるまい。……だから、余は結論する、主教が要らなければ、国王も要らぬ。……これ〔＝主教制度の廃止〕が卿等の党派の言い分だというのなら、余は卿等を強制して国教に服従させるか、しからずんば卿等をこの国土から追い出すかするだろう。」〔水野成夫、小林正訳を一部改訳、三九二～三頁〕〕

イングランド国教会にとっては不幸なことに、それが意味したのは、国教会の運命がステュアート朝――おそらく歴代イングランド王のなかで政治的才能に最も恵まれなかった王朝――の命運と結びつくことであった。スコットランド女王メアリーは、三つの王国（フランス、スコットランド、イングランド）の王位継承権を望むも、そのどれ一つとして保持することはできなかった。ジェイムズ一世はうぬぼれが強く、頑固で、きわめて魅力に乏しい人物であった。ハンサムな若い廷臣たちへの偏愛――それが彼の顕著な性向であった。そのためジェイムズが宗教保守派から愛されることはほとんどなかった。ジェイムズ一世の息子チャールズ一世は政治的判断力があまりにも鈍く、彼が王として君臨した王国にかつて反逆した咎で処刑された祖母メアリーと同じく斬首された。

大陸型絶対君主制の確立をめざしたステュアート朝の王たちは、議会に依存することなく強大な国家の財政を賄うための方法を絶えず模索していた。このことが彼らを政争に巻き込むこととなり、チャールズ一世は処刑され、チャールズ二世はフランスから賄賂を受け取るに至った。両王ともステュアート朝の国内的人気を高めることはできず、国民に大きな政治的安心感を与えられなかった。イングランド人が望んでいたのは、改革されながらも依然として重要なキリスト教の伝統の力を土台として新たな統合を実現することにあったからである。

結局、イングランド国教会は最悪の不条理を味わわねばならなかった。チャールズ一世は、カトリック信仰の維持と司祭《チャプラン》の随従を許されたフランスの王女アンリエット・マリー（＝ヘンリエッタ・マライア）を王妃に迎えた。彼女の二人の息子は最終的にカトリックに改宗した。政治的に狡賢いチャールズ二世は死の間際まで改宗しなかったが、弟のヨーク公（ニューヨークの名は彼の名にちなむ）〔のちのジェイムズ二世〕は王位継承前に改宗した。

海峡の向こう側で、フランスの王室が宗教戦争の悲史のなかでも最大級に血なまぐさい出来事――国内プロテスタント教徒の迫害――に手を染めていた頃、イングランドではカトリック教徒が王に就く可能性に大半のプロテスタント教徒が脅えていた。プロテスタント教徒を火刑に処し、イングランドを旧教に引き戻そうとした「血のメアリー」の記憶が未だ消え去っていなかったのである。

アングリカンの伝統主義者はいつのまにか、イングランド国教会の首長である狂信的に血迷ったカトリック教徒の神授王権を支える側に立たされていたのである。彼らはヨーク公の王位継承を阻止しようとしたウイッグと戦ってこれを打ち砕き、チャールズ二世の庶子でプロテスタントのモンマス公らが叛乱を起こすと結束してこれを斥けた。だが残念ながら、ジェイムズ二世がいざ王に即位すると、その暗愚ぶりは誰の目にも明らかであった。ジェイムズの一つの確固たる目的は、イングランドにカトリック信仰を再び導入することであり、そのために彼はカトリックをアングリカン教会――聖職者や大学――の基礎に無理やり据えようとした。

神に油注がれし王に歯向かうことを重き罪とみなす教理に精神的に従うアングリカンの伝統主義者たちは、節を屈して〔体制〕宗教に従うか、節を守って〔体制〕宗教に抗うかの選択に迫られた。自分たちの教会の首長たる王――その権威の下でアングリカン教会はローマ・カトリック教会と訣別した――に抵抗するか、それともジェイムズ二世が王国内のすべての大聖堂、コリッジ、説教壇《パルピット》においてアングリカンをカトリックにそっくり入れ替えるのを拱手《きょうしゅ》傍観するかである。

名誉革命をきっかけに、イングランド人の生きる拠り所として伝統だけがまことしやかな権利を主張することがもはやできなくなった。一六八九年以降、宣誓拒否者《ノンジュラー》(ウィリアム三世への臣従の宣誓を拒むことによって、ステュアート朝への臣従を引き続き宣明したアングリカンの聖職者)で生き残った者は数えるほどしかいなかった。感傷的なトーリーと高教会派の人びとからなるより幅広いグループは、古き王統への懐旧の情をひそかに抱きつつも、それが深刻な政治問題にまで発展することはなかった。十九世紀から二十世紀初めにかけて、ニューマンやグラッドストーンの友人であるマニング枢機卿のあとを追ってローマ・カトリックに改宗する者が相次いだ。しかしこれは一つの運動《ムーヴメント》であって、党派《パーティ》〔として組織化されたもの〕ではなかった。ジェイムズ二世はその行動によって、彼が支配した三つの王国で強い影響力を持っていた旧教と古き統治理論への忠誠を二つの王国〔＝イングランドとスコットランド〕で失う破目となる（カトリック教国アイルランドの歴史はそれら二国とはきわめて異なるコースを辿るが）。

十七世紀がその三分の二を過ぎる頃になると、聖書と伝統がともに力を失った精神世界に生きるイングランド人の数はさらに増えていた。聖書への依存は、果てしなきセクト間の論争、ピューリタニズム、そしてその過剰な熱情をもたらしたが、その熱情がイングランド人の公共心《パブリック・マインド》に激しく、あるいは持続的に訴えることは決してなかった。一方、伝統への依存は、政治においては専制を、宗教においてはカトリック教をもたらした。

聖書と伝統のいずれもが信用を失墜し、ますます多くのイングランド人が第三の道に目を向けはじめた。それは理性《リーズン》である。聖書は確定的な答えを与えてくれない。伝統は確定的な答えを与えてはくれるが、それを容認することはできない。だとするならば、互いに異なる価値観や考え方のなかから最善の判断力をもって選択するよりほかに道はなかった。

おそらく十八世紀のイギリスにおいて最も傑出した理性の信奉者は、傑作『ローマ帝国衰亡史』を著した歴史家エドワード・ギボンであろう。ギボンはプロテスタントの家庭に育った。彼は大学における知識の探求を通じてかつて感じたことのなかった恐ろしい懐疑を抱くようになり、その後ローマ・カトリックは正しいとの確信に至った。一七五三年六月八日、ギボンはカトリック教会に受け入れられた。

ギボンの父親は息子がカトリックに改宗したと知って驚愕した。というのも、二人のステュアート家王位僭称者〔＝老僭王ジェイムズ・エドワード・ステュアートと若僭王チャールズ・エドワード・ステュアート〕がフランス〔やローマ〕を転々とさすらい、イギリス国内の支援グループと通じて策謀をめぐらしていた当時（それぞれ一七一五年と一七四五年にブリテン島に侵攻）、十八世紀の刑罰諸法によってカトリック教徒はさまざまな抑圧を受けていたからである。おそらくより不都合であったのは、世論が旧教とその信者を強く非難していたからであろう。ギボンの祖父が南海泡沫事件に巻き込まれたことでギボン家の財産は大きな損失を被っていたが、父はローザンヌのプロテスタント牧師の家にギボンを寄宿させ、厳しい監視下に置いた。若きギボンはその境遇で頑張り抜いた末、表向きはアングリカン信仰を告白しながら、内心ではカトリックも、プロテスタントも、実のところキリスト教の立場それ自体も、理性的な人間を満足させることはできないと信ずるに至った。

この覚醒で身を鎧ったギボンは、『ローマ帝国衰亡史』――ヨーロッパ啓蒙の偉大な著作の一つであり、英語で書かれた散文の最も偉大な金字塔の一つに数えられる――の執筆に着手した。同書はまた、かつて書かれたもののなかでキリスト教徒（およびユダヤ教徒）の信仰を最も辛辣に攻撃したものの一つでもある。この偉大な歴史家は持って回ったような巧みな筆致で、宗教史の伝統的解釈にたいして理性の光を容赦なく浴びせた。

ギボンは驚いたふりをしてこう疑問を投げかける。「だが、それにしても全能の神によって、人間理性にではなく直接感覚に向けて啓示されたこれらの証験《しょうけん》にたいし、なぜまた異教世界の哲学者たちが終始怠惰な無関心を続けたものか、われらとしてはまったく理解に苦しむ」〔中野好夫訳を一部改訳。以下の『ローマ帝国衰亡史』からの引用も同様〕と。

キリストと十二使徒が紀元一世紀の世界を巡礼の道すがら無数の奇蹟を目の当たりにした場面を福音書は自信たっぷりにこうわれわれに語っている。

跛者《あしなえ》は歩み、盲者は見、病人は癒され、死者は蘇り、また悪霊は追い払われ、自然の理法さえしばしば教会のために一時その動きを停めたはずだった。にもかかわらず、ギリシアやローマの賢者たちは、そうした恐るべき光景からことさらその眼を背けたのだ。そしてひたすらただ実生活と研究生活との日常性に終始するだけで、世界そのものの精神的物理的秩序の変化など、まったく考えてもいないらしかった。[6]

キリストが磔刑に処せられたとき、「全世界が暗闇に包まれた」[7]様子が福音書に書かれている点をギボンは特に強調する。この皆既日蝕は三時間も続いたとされており、たとえそこで言われる「全世界」がエルサレム近辺に限られていたとしても、この荘厳な現象は「当然、万人の驚異と好奇心と信仰心とを掻きたてた」[8]はずである。しかしどういうわけか、「当時すでに学術と歴史の時代だったはずのローマが完全に黙殺して通っているのだ」[9]とギボンは訝る。当時誰一人それに気づかなかったということがありうるだろうか、とギボンは驚いて途方に暮れたふりをする。それらの感動的な出来事が起きたのは、歴史上最も偉大な著述家の二人セネカと大プリニウスがまだ生きていた時代であったことにギボンは注意を喚起する。二人とも「地震、流星、彗星、日月蝕等々、あくなき好奇心の集めえたかぎりの自然現象」[10]の証拠を熱心に集めていた人士なのである。だがどういうわけか、「地球の創造このかた、はじめて人間の眼が目撃したこの最大異象《いしょう》についてだけは、両者ともにただの一言も触れていないのだ」[11]と。

ギボンの懐疑主義が放つ冷徹な光は、その豊かな教養を背景にしつつ、古代教会の統治をめぐってローマ・カトリック教会、イングランド国教会、長老派《プレスビテリアン》教会のあいだで紛糾した論争について吟味する。ギボンは、十八世紀の基準に照らして、教父たちが正直でも賢明でもなかったことを巧みに立証している。彼はまた、教父たちが不合理な迷信に囚われ、狂気の沙汰と言えるほどに頑迷であり、常軌を逸した主張に溺れ、凶暴な敵意と嫉妬に毒されていたことを明らかにしている。

ギボンはキリスト教それ自体が歴史的迂路——悲しむべき迷信——であることについて説得力のある論証を行った。彼が下した判断はフランス啓蒙思想の大立者たちも共有し、以後数世紀にわたってキリスト教にかんする西洋思想を広く支配した。しかしながらイギリスでは何十年ものあいだ、伝統や聖書と同様に理性もまた、全面的に信頼されることはなかった。イギリスの十八世紀は理神論や無神論が支配階級のあいだに静かに広まった時代であったが、個人的な〔宗教への〕無関心が教会やその教理にたいする公然たる反対へと盛り上がることはほとんどなかった。イギリスの懐疑主義者たちは激しい論争になりかねない自らの意見を心の内に留めておくことでたいてい満足した。産業革命が引き起こした激痛に苛まれたイギリスで、強力な社会的力としての宗教が消失してしまえば、上流階級やその他多くの人びとはいったん大きな社会的惨事が起こるや皆吹き飛ばされてしまうであろう。そうなれば、主教もなく、国王もなく——ひいては教会もなく、銀行もなくなる。

社会を結束させるイデオロギーの力として理性を用いることにはその他にも問題がある。論理《ロジック》の法則は確実性と合意《コンセンサス》を約束するが、常々その主張が合理的で思慮深いと考えられている人たちのあいだで意見が異なることはよくある――それはちょうど聖書直解主義者たちが聖句の解釈をめぐって論争になるのと同様である。証拠や知識だけで確実性が保証できるとはかぎらない。人間が自分の抱く関心や熱情を理性と区別することができないのは明らかである。われわれの心はスタートレックに登場するミスター・スポックのように客観的分析を自動的に行う非情な計算機ではない。多くの場合、われわれの心は「理性」という名の絵の具で描きたいと望む絵＝結論を単に美しく描いているにすぎない。詩人アレグザンダー・ポウプは謳っている。「われわれの判断《オピニオン》は懐中時計のようなものだ。／どれ一つ同じ時を指すものはないのに、／それぞれ自分の時計を信用している」[12]と。

実際、イングランド社会は人間社会の拠り所に理性のみを据えるような考え方は取らないと決めたのである。自分一個の心のなかでさえ、偏見《バイアス》、関心《インタレスト》、先入観《プレジュディス》といったものがそれ自身の目的のためにどれほど理性を歪めているかを見分けられるとはかぎらない。ある国の国民やある特定の階級がそれ自身の関心や熱情に反することを理性の力で信じられるようになるとは考えにくい。

こうした理性への懐疑は、一七九〇年代にフランスで起こった出来事によって著しく強まった。フランス人は王制打倒の狼煙を上げ、論理にもとづく新たな社会秩序の建設に乗り出した。イギリスでは啓蒙主義者の団体がこぞって拍手喝采を送ったが、エドマンド・バークを初めとする懐疑主義者たちは、フランスの実験は必ずや悲惨な結末に終わるであろうと予測した。バークらの予測は当初嘲笑されたものの、それが実証されるまでにそう長く時間はかからなかった。フランス革命はたちまちテロの支配、軍事独裁制、戦争の時代へとのめりこんでいったからである。

フランス革命は大陸の啓蒙思想が基本としている合理的《ラショナル》な確実性を拒絶するアングロ－アメリカ社会の意をますます強くさせた。ジェーン・オースティンならばこう言うだろう。「それはずっと合理的《ラショナル》かもしれないけれど、あまり魅力的でなくなってしまう」と。

〔最後の台詞は、ジェーン・オースティンの『高慢と偏見』第十一章に出てくる。ビングリー氏と妹ミス・ビングリーが舞踏会《ボール》をめぐって次のような会話を交わす。〈「舞踏会も、いつもと違うかたちでやったら楽しいと思うけど」とミス・ビングリーが言った。「いつもと同じだと退屈だわ。ダンスのかわりに会話を中心にしたら、すてきな会になると思うわ」／「すてきかもしれないが、それじゃ舞踏会じゃなくなっちゃう」とビングリーが言った。〉（中野康司訳）。原文は Much more rational,…but it would not be near so much like a ball とある。ミード氏はこれを Very much more rational, and very much less like a ball と言い替えている。いずれにせよ最後の like a ball について過去の主な邦訳を見ると、表現に多少の違いはあるものの、基本的には「あまり舞踏会らしくない」（伊吹知勢訳）というふうに訳されている。本書では、less like a ball が音声上 less likable（あまり好ましくない、魅力的でない）と聴こえることに着目し、この箇所を後者の意味によって翻訳した。〕

5　Angela Partington, ed. *The Oxford Dictionary of Quotations* (New York: Oxford University Press, 1992), 362.

6　Edward Gibbon, *The Decline and Fall of the Roman Empire*, vol. I, ed. Hans-Friedrich Mueller (New York: Modern Library, 2003), 444.［ギボン『ローマ帝国衰亡史2 第11-16章』中野好夫訳（ちくま学芸文庫、1996年）］

7　Ibid.

8　Ibid.

9　Ibid.

10　Ibid.

11　Ibid.

12　Alexander Pope, *Essay on Criticism* (New York: Dover Publications, 1994), 9-10.

6　1823年に発見された草稿の執筆者の信憑性についてはやや疑問が残るものの、そこに表現されている神学的見方は『失楽園』に表現されているそれと非常に近いことから、ミルトンが執筆者である可能性は高い。

7　James Kinsley, ed., *The Poems and Fables of John Dryden* (New York: Oxford University Press, 1970), 7.

8　ルター、ツヴィングリ、カルヴァンの三人は指導的なプロテスタントの改革者であった。彼らが出した神学的結論はしばしばローマ・カトリックの教義と異なるのみならず、互いのあいだでも意見を異にした。

9　Kinsley, 372–373.

10　John Milton, *Complete English Poems, of Education, Areopagitica*, ed. Gordon Campbell (New York: Everyman's Library, 1993), 604.［ミルトン『言論・出版の自由 アレオパジティカ』原田純訳（岩波文庫、2008年）。以下の引用箇所は同書訳を一部改訳。］

11　Ibid., 610.

12　Ibid., 614.

13　Ibid., 615.

第12章

1　William Shakespeare, *Twelfth Night*, ed. Arthur Henry Bullen (New York: Oxford University Press, 1938), III.ii.58.［シェイクスピア『十二夜』福田恆存訳『福田恆存翻譯全集 第七巻　シェイクスピア篇Ⅳ』（文藝春秋、1993年）所収］

2　Lytton Strachey, *Eminent Victorians* (New York: Capricorn Books, 1963), 96.［リットン・ストレイチー『ヴィクトリア朝偉人伝』中野康司訳（みすず書房、2008年）］

3　*Catholic Encyclopedia* によると、現存する聖骨箱やその他の収集物に登録された聖十字架のすべての木片にかんする詳細な目録から計算すると、一部のジャーナリストが証言するように戦艦の大きさほどにはならないものの、紀元1世紀のローマの十字架とみなされる木のおよそ三分の一に相当する量にのぼるという。ただし、これらの木片のどれほどが同じ聖十字架のものであるかを証明するような調査結果は存在しない。

4　Strachey, 32.

第9章

1 Angus Maddison, Historical Statistics, GDP and Per Capita GDP, http://www.ggdc.net/maddison/ (accessed August 23, 2006).

2 Henry Kamen, *Empire: How Spain Became a World Power* (New York: Harper Perennial, 2004), 13.

3 Authur Quiller-Couch, ed., *The Oxford Book of English Verse, 1250-1918* (New York: Oxford University Press, 1939), 399.

4 Michael Clodfelter, ed., *Warfare and Armed Conflicts: A Statistical Reference to Casualty and Other Figures, 1500-2000* (Jefferson, N.C.; McFarland, 2001), 38.

5 William Hutton, *History of Birmingham* (Birmingham, UK: Thomas Pearson, 1839).

6 Auther Herman, *How the Scots Invented the Modern World* (New York: Crown Publishers, 2001), 7-8. 1697年1月8日、神学生トマス・エイケンヘッドは、神を冒涜する言葉を吐いたとして裁判にかけられた後、エジンバラ＝リース間の路上に設置された絞首台で処刑された。

7 Kamen, 249.

8 B. R. Mitchell, ed., *International Historical Statistics: Europe, 1750-1993* (New York: Stockton Press, 1998), 674.

第10章

1 Niall Ferguson, *Empire: The Rise and the Demise of the British World Order and the Lessons for Global Power* (New York: Basic Books, 2003), 268.

第11章

1 "The Vicar of Bray," in *A Collection of English Poems, 1660-1800*, ed. Ronald S. Crane (New York: Harper and Brothers, 1932), 693-694.

2 Diarmaid MacCulloch, *Thomas Cranmer* (New Haven, Conn.:Yale University Press, 1996), 225.

3 John H. Leith, ed., *Creeds of the Churches: A Reader in Christian Doctrine from the Bible to the Present* (Louisville, Ky.: John Knox Press, 1982), 273.

4 マタイによる福音書第23章9節、新共同訳

5 マタイによる福音書第19章14節、同上

1989), 145.

87 Standage, 102.

88 J. L. Kieve, *Electric Telegraph* (David & Charles, 1973), 68, 73.

89 〔UNK〕

90 Roderick Floud, The People and the British Economy 1830–1914 (Oxford University Press, 1997), 88.

91 Hugh Thomas, *An Unfinished History of the World* (London: Macmillan, 1995), 395.

92 Susan B. Carter and others, eds., *Historical Statistics of the United States* (Cambridge: Cambridge University Press, 1996), 783.

93 J. Fred Rippy, "Notes on the Early Telephone Companies of Latin America." *Hispanic American Historical Review* 26, no. 1 (1946): 118.

94 John Cannon, ed., *The Oxford Companion to British History* (Oxford: Oxford University Press, 1997), 996.

95 Ibid., 259.

96 Ibid.

97 Ibid.

98 Ibid., 565.

99 Claudio Véliz, *The New World of the Gothic Fox* (Los Angeles: University of California Press, 1994), 136.

100 *Columbia Encyclopedia*, 6th ed., s.v. "Baseball." *Encyclopedia Britannica Online*, s.v. "Basketball," www.search.eb.com/eb/article-9108493 (accessed January 10, 2007)

101 "The Seven Summits," www.pbs.org/wgbh/nova/kilimanjaro/seve-nf.html (accessed May 4, 2006).

102 Cannon, 482.

103 Véliz, 142.

104 Eric Dunning, Dominic Malcolm, and Ivan Waddington, eds., *Sport Histories* (New York: Routledge, 2004), 24-28.

Coffeehouse Space," *Journal of International Women's Studies* 6, no. 2 (June 2005): 121.

65 Oliver, 214.

66 M. G. Mori, ed., *The First Japanese Mission to America* (Wilmington, Del.: Scholarly Resources, 1973), 42.

67 Oscar Handlin, ed., *This Was America* (Cambridge, Mass.: Harvard University Press, 1949), 231.

68 Handlin, 231.

69 Boorstin, 146.

70 Domingo Sarmiento, *Travels in the United States in 1847* (Princeton, N.J.: Princeton University Press, 1970), 123–133.

71 Szostak, 75.

72 Daniel R. Headrick, *When Information Came of Age: Technologies of Knowledge in the Age of Reason and Revolution, 1700–1815* (Oxford: Oxford University Press, 2000), 193–215.

73 Oliver, 219.

74 Day, 174.

75 Oliver, 434.

76 "Telegraphy," www.britishempire.co.uk/science/communications/telegraph.htm (accessed June 13, 2005).

77 Oliver, 78.

78 Tom Standage, *The Victorian Internet: The Remarkable Story of the Telegraph and the Nineteenth Century's Online Pioneers* (New York: Berkley, 1998), 52.

79 Ibid., 127.

80 Ibid., 119–120.

81 Ibid., 120.

82 Ibid., 58, 61.

83 Ibid., 59.

84 Ibid., 102.

85 Ibid.

86 Clark Manning, *A Short History of Australia* (Victoria, Australia: Penguin Books,

American Century (New York: Basic Books, 1999), 14.

43 Norris, 15.

44 Boorstin, 128.

45 James Flink, *America Adopts the Automobile* (Cambridge, Mass.: MIT Press, 1970), 25.

46 Ibid., 42.

47 James Flink, *The Car Culture* (Cambridge, Mass.: MIT Press, 1975), 18.

48 Ibid.

49 Ibid., 70.

50 Goddard, 49.

51 Flink, 141.

52 William Childs, *Trucking and the Public Interest* (Knoxville: University of Tennessee Press, 1985), 21–22.

53 Kenneth Jackson, *Crabgrass Frontier: The Suburbanization of the United States* (New York: Oxford University Press, 1985), 184.

54 Childs, 10.

55 Goddard, 86.

56 CIA World Factbook, s.v. "United States," https://www.cia.gov/cia/publications/factbook/geos/US.html (accessed April 6, 2007).

57 Roger Bilstein, *Flight in America* (Baltimore: Johns Hopkins University Press, 2001), 104.

58 Brian Cowan, "The Rise of the Coffeehouse Reconsidered," *Historical Journal* 47, no. 1 (2004): 35.

59 Cowan, 36.

60 Harold Herd, *The March of Journalism: The Story of the British Press from 1622 to the Present Day* (London: Allen and Unwin, 1952), 39–43.

61 Prest, 193–194.

62 Ibid., 193.

63 British Library, s.v. "Concise History of the British Newspaper Since 1620," http://www.bl.uk/collections/britnews.html (accessed February 17, 2004).

64 Angela Todd, "Your Humble Servant Shows Himself: Don Saltero and Public

20 Boorstin, 100.

21 Ibid., 189.

22 Ibid.

23 Prest, 244.

24 Rick Szostak, *The Role of Transportation in the Industrial Revolution* (Buffalo, N.Y.: McGill-Queen's University Press, 1991), 62.

25 Ibid., 70.

26 Ibid., 61, 72.

27 Ibid., 77.

28 W. T. Jackman, *The Development of Transport in Modern England* (Frank Cass & Co., 1962), 290.

29 Szostak, 68.

30 Landes, 215.

31 Ibid., 224.

32 Prest, 245-246.

33 *Catholic Encyclopedia*, vol. 8, s.v. "Claude-François-Dorothée de Jouffroy, Duc d'Abbans."

34 David Oliver, *The History of American Technology* (New York: Ronald Press, 1956), 193.

35 Lance Day and Ian McNeil, *Biographical Dictionary of the History of Technology* (London: Routledge, 1998), 509.

36 Michael J. Freeman, *Railways and the Victorian Imagination* (New Haven, Conn.: Yale University Press, 1999), 1.

37 Ibid., 2.

38 Oliver, 251.

39 John Stover, *American Railroads* (Chicago: University of Chicago Press, 1997), 31.

40 Robert G. Angevine, *The Railroad and the State: War, Politics, and Technology in Nineteenth-Century America* (Standard, Calif.; Stanford University Press, 2004), 58, 64.

41 Railway Statistics Before 1890, U.S. Interstate Commerce Commission.

42 Stephen Goddard, *Getting There: The Epic Struggle Between Road and Rail in the*

29　Calder, 161.

第8章

1　Wilfrid Prest, *Albion Ascendant: English History*, 1660–1850 (New York: Oxford University Press, 1998), 153.

2　Roy Moxham, *Tea: Addiction, Exploitation and Empire* (New York: Carroll and Graf, 2003), 31.

3　Brian Cowan, *The Social Life of Coffee* (New Haven, Conn.: Yale University Press, 2005), 65.

4　Claire Tomalin, *Samuel Pepys* (London: Viking, 2002), 374.

5　Cowan, 22, 28.

6　Curtis P. Nettls, *The Money Supply of the American Colonies Before 1720* (Madison: University of Wisconsin Press, 1934), 53–54.

7　Ibid.

8　Ibid., 60, 62.

9　Ferguson, 14.

10　Niall Ferguson, Empire: *The Rise and Demise of the British World Order and the Lessons for Global Power* (New York: Basic Books, 2003), 10.

11　Prest, 154.

12　Paul Langford, *A Polite and Commercial People* (New York: Oxford University Press, 1989), 61.

13　Judith Flanders, *Inside the Victorian Home* (New York: W. W. Norton, 2003), 26, 35.

14　Ibid., 111–112.

15　James Norris, *Advertising and the Transformation of American Society, 1862–1920* (New York: Greenwood Press, 1990), 86.

16　Ibid., 86, 88.

17　Victoria de Grazia, *Irresistible Empire* (Cambridge, Mass.: Harvard University Press, 2005), 418.

18　Ibid., 418–419.

19　Prest, 152–153.

ンベール』（中央公論社、1970 年）所収］

11 P. G. M. Dickson, *The Financial Revolution in England* (New York: St. Martin's Press, 1967), 11.

12 "Fortis Bank & ING Group Celebrate Bicentennial of Historic Louisiana Purchase Bond Transaction," Business Wire, June 3, 2004, http://www.businesswire.com/news/home/20040603005818/en/Fortis-Bank-ING-Group-Celebrate-Bicentennial-Historic (accessed April 10, 2007).［アメリカのルイジアナ購入については、フレデリック・スタントン『歴史を変えた外交交渉』佐藤友紀訳（原書房、2013 年）第 2 章に詳しい。］

13 Ron Chernow, *The House of Morgan: An American Banking Dynasty and the Rise of Modern Finance* (New York: Atlantic Monthly Press, 1990), 26.

14 Ibid., 111.

15 Ibid., 197.

16 Philip Ziegler, *The Sixth Great Power* (New York: Knopf, 1988), 216, 293.

17 Nail McKay, "Playing with Plastic, How It Works in the Rest of the World," *PBS Frontline*, http://www.pbs.org/wgbh//pages/frontline/shows/credit/more/world.html (accessed April 10, 2004)

18 Daniel Boorstin, *The Americans: The Democratic Experience* (New York: Vintage, 1974), 186.

19 Lendol G. Calder, *Financing the American Dream: A Cultural History of Consumer Credit* (Princeton, N.J.: Princeton University Press, 1999), 158.

20 Ibid., 164.

21 Ibid.

22 Ibid., 165.

23 Ibid., 18.

24 Ibid.

25 Ibid., 28.

26 Ibid., 118.

27 Ibid., 147.

28 Benjamin Schwarz, "Born Losers," Atlantic Monthly (January-February 2005), 159.

第5章

1　Landes, 234.［引用されたヴォルテールの言葉のなかにある「1650年の航海条例」とは、1651年の航海条例（Navigation Act of 1651）のことをいう。同条例は、イングランドの植民地における外国船の貿易を許可制にしたものであり、これ以降成立するいくつかの航海条例の先駆をなす。ちなみにチャールズ一世は1649年1月30日に処刑された。］

第6章

1　John Gallagher and Ronald Robinson, "The Imperialism of Free Trade," *Economic History Review*, vol. 6, no. 1（1953）: 5.

2　Ibid., 8.

3　Alan Manchester, *British Preeminence in Brazil*（New York: Octagon Books, 1972）, 69.

4　Gallagher and Robinson, 5.

第7章

1　Niall Ferguson, *The Cash Nexus: Money and Power in the Modern World*（New York: Basic Books, 2001）, 128–129.

2　Ibid., 124–125.

3　Brewer, 38.

4　Ibid., 122.

5　Ferguson, 113.

6　Donald Winch and Patrick O'Brien, eds., *The Political Economy of British Historical Experience*（New York: Oxford University Press, 2002）, 69–70

7　Brewer, 90–91.

8　Winch and O'Brien, 251.

9　John Steele Gordon, *Hamilton's Blessing: Extraordinary Life and Times of Our National Debt*（New York: Walker, 1997）, 41.

10　Frances M. A. Voltair, *Letters on the English*（New York: P. F. Coller and Son, 1909–1914）, vol. 34, part 2, letter 10, "On Trade."［ヴォルテール「第十信　商業について」『哲学書簡』中川信訳『世界の名著29　ヴォルテール／ディドロ／ダラ

7, 2006).

49 Ibid.

50 Roger, 159.

51 Michael McMenamin, "Churchill and the Litigious Lord," *Finest Hour*, no. 95 (Summer 1997).

52 Ibid.

53 Dr. E. J. Dillon, *The Inside Story of the Peace Conference* (New York: Harper and Brothers, 1920), 497, http://abbc.com/quotes/q601-650.htm. [This site is closed.]

54 Josh Pollock, "Anti-Americanism in Contemporary Saudi Arabia," *Middle Review of International Affairs* 7, no. 4 (December 2003): 33.

55 Tareq Hilmi, "America That We Hate," *Al-Sha'b*, October 17, 2003.

56 Bruce Lawrence, ed., *Messages to the World* (London: Verso, 2005), 160-171.

57 Ibid.

58 Ibid.

59 "Iran's Revolutionary Guards Official Threatens Suicide Operations: 'Our Missiles Are Ready to Strike at Anglo-Saxon Culture…There Are 29 Sensitive Sites in the U.S. and the West…,'" *MEMRI Special Dispatch Series*, no. 723, May 28, 2004. http://memri.org/bin/articles.cgi?Page=archives&Area=sd&ID=SP72304 (accessed January 10, 2006)

60 Sarah Baxter, "UN Imposes Nuclear Sanctions on Angry Iran," *Sunday Times* (London), December 24, 2006.

第4章

1 A. T. Mahan, *The Influence of Sea Power upon History, 1660-1783* (New York: Dover Publications, 1987), 63. ［アルフレッド・T・マハン『海上権力史論』北村謙一訳（原書房、1982年）］

2 Ibid., 96.

3 Landes, 233.

4 John Brewer, *Sinews of Power: War, Money and the English State, 1688-1783* (New York: Knopf, 1989), 181.

31 Gibson, 138.

32 H. L. Mencken, *A New Dictionary of Quotations* (New York: Knopf, 1991), 344.

33 "Maximilien de Bethune Sully on England," http://encarta.msn.com/quote_561549110/England_The_English_take_their_pleasures_sadly_.html (accessed July 12, 2007). [This site is closed.]

34 J. Herold Christopher, *The Mind of Napoleon: A Selection of His Written and Spoken Words* (New York: Columbia University Press, 1955), 156.

35 Gibson, 137.

36 José Enrique Rodó, *Ariel* (Austin: University of Texas Press, 1998), 80.

37 Stephen P. Gibert, *Soviet Images of America* (New York: Crane, Russak, 1977), 57.

38 Ibid.

39 Aleksander Solzhenitsyn, *East and West* (New York: Harper and Row, 1980), 58. [クリス・アボット『世界を動かした21の演説』所収「第六章　真の危機とは何か――意表を突いた欧米批判／引き裂かれた世界（アレクサンドル・ソルジェニーツィン）」清川幸美訳（英治出版、2011年）]

40 David Von Drehle, "A Lesson in Hate," *Smithsonian* 36, no. 11 (February 2006): 96–101.

41 Strauss, 208.

42 Stearn, 246.

43 Knut Hamsun, *The Cultural Life of Modern America* (Cambridge, Mass.; Harvard University Press, 1969), 144.

44 Uta G. Poiger, "Rock 'n' Roll, Female Sexuality, and the Cold War Battle over German Identities," *Journal of Modern History* 68, no. 3 (September 1996): 577.

45 Joffe, 77.

46 Von Drehle, 96–101.

47 Theodor Adorno, Prisms (Cambridge, Mass.: MIT Press, 1981), 127–128. [テオドール・アドルノ『プリズメン――文化批判と社会』渡辺祐邦、三原弟平訳（ちくま学芸文庫、1996年）]

48 "Syrian MP Dr. Muhammad Habash Denounces the American Culture of 'Violence' and 'Cruelty'" *MEMRI Special Dispatch Series*, no. 832, December 22, 2004, http://memri.org/bin/articles.cgi?Page=archives&Area=sd&ID=SP83204 (accessed January

Random House, 1972), 175.

18 Ibid., 221–222.

19 Ibid., 175.

20 G. Jenner, "A Spanish Account of Drake's Voyages," *English Historical Review* 16, no. 61 (January 1901), 46–66. Pedro Simon's 1623 Spanish biography of Drake, *Noticias Historiales de las Conquistas de Tierra Firme*, includes accounts of now Drake robbed, pillaged, and held ransom Spanish settlements (including churches) in South America.

21 Harry Kelsey, *Sir John Hawkins: Queen Elizabeth's Slave Trader* (New Haven, Conn.: Yale University Press), 26–27.

22 Robert Gibson, *Best Enemies: Anglo–French Relations Since the Norman Conquest* (Exeter: Impress, 2004), 33.

23 Jenner, 57.

24 "Iranian President Mahmoud Ahmadinejad in Bushehr Responds to President Bush: Superpowers Made of Straw Are Behind All Wars and Conspiracies in the World," *MEMRI Special Dispatch Series*, no. 1084, February 1, 2006, http://memri.org/bin/articles.cgi?Page=archives&Area=sd&ID=SP108406 (accessed November 3, 2005).

25 Husnu Mahalli, "'USA — the God–Damned Country'; 'Murdering Is Genetically Ingrained in American Culture,'" *MEMRI Special Dispatch Series*, no. 857, February 2, 2005, http://memri.org/bin/articles.cgi?Page=archives&Area=sd&ID=SP85705 (accessed November 3, 2005).

26 Marivilia Carrasco, "Beslan: Responsibility of Slaughter Points Towards the Anglosaxons," *Non–Aligned Press Network*, http://www.voltairenet.org/article30021.html (accessed January 7, 2006).

27 Gibson, 137.

28 Alexis de Tocqueville, *Democracy in America* (New York: Harper Perennial, 1969), 615. [トクヴィル『アメリカのデモクラシー 第一巻（上）（下）・第二巻（上）（下）』松本礼二訳（岩波文庫、2005年）／アレクシス・トクヴィル『アメリカの民主政治（上）（中）（下）』井伊玄太郎訳（講談社学術文庫、1987年）]

29 Ibid., 621.

30 Stearn, 17.

第3章

1 Josef Joffe, *Uberpower: The Imperial Temptation of America* (New York: W. W. Norton, 2006), 88.

2 "Russian Squirrel Pack 'Kills Dog,'" BBC, December 1, 2005, http://news.bbc.co.uk/2/hi/europe/4489792.stm (accessed March 18, 2005).

3 See the *sus scrofa* and others at the U.S. Department of Agriculture's National Invasive Species Information Center, http://www.invasivespeciesinfo.gov/index.shtml (accessed July 12, 2007).

4 Robert Ley, "Roosevelt Betrays America!" http://www.calvin.edu/academic/cas/gpa/ley1.htm

5 Lance Morrow, "Oh, Shut Up! The Uses of Ranting," *Time*, March 18, 2005.

6 Eberhard Richter and Ruth Fuchs, "Rhine Capitalism, Anglo-Saxon Capitalism and Redistribution," *Indymedia UK*, October 10, 2004, http://www.indymedia.org.uk/en/2004/10/299588.html (accessed October 22, 2005).

7 H. L. Mencken, ed., *A New Dictionary of Quotations on Historical Principles from Ancient & Modern Sources* (New York: Knopf, 1991), 343.

8 Ibid.

9 Norman Hampson, *The Perfidy of Albion: French Perceptions of England During the French Revolution* (New York: St. Martin's Press, 1998), 30.

10 Ibid. 133.

11 H. D. Schmidt, "The Idea and Slogan of 'Perfidious Albion,'" *Journal of the History of Ideas* 14, issue 4 (October 1953): 610-611.

12 J. Christopher Herold, ed., *The Mind of Napoleon: A Selection of His Written and Spoken Words* (New York: Columbia University Press, 1955), 125.

13 Philippe Roger, *The American Enemy* (Chicago: University of Chicago Press, 2005), 356.

14 David Strauss, *Menace in the West: The Rise of French Anti-Americanism in Modern Times* (Westport, Conn.; Greenwood Press, 1978), 51.

15 Ibid., 39.

16 Roger, 159.

17 Gerald Emanuel Stearn, *Broken Image: Foreign Critics of America* (New York:

Historia Ecclesiastica Gentis Anglorum: History of the English Church and People (bk. 2, sec. I; completed 731).

2 Lewis Carroll, "The Walrus and the Carpenter," *Through the Looking-Glass: And What Alice Found There* (New York: Macmillan, 1906), 73.［ルイス・キャロル『鏡の国のアリス』柳瀬尚紀訳（ちくま文庫、1988年)］

3 Ibid., 73-74.

4 Ibid., 75.

5 Ibid., 77.

6 Ibid., 78.

7 イングランド人が新世界に初めて入植を試みた1585年（次いで87年)から、イギリスがアメリカの独立を承認するパリ条約が締結された1783年までの期間の八人の王とは、ジェイムズ一世、チャールズ一世、チャールズ二世、ジェイムズ二世、ウィリアム三世、ジョージ一世、ジョージ二世、ジョージ三世である。三人の女王とは、エリザベス一世、メアリー二世、アン。二人の護国卿とは、オリヴァー・クロムウェルとその息子リチャードである。

8 James Boswell, Life of Johnson, vol. 2 (London: Oxford University Press, 1927), 155. [originally in *Taxation No Tyranny*, 1775]

9 Daniel Defoe, *The Earlier Life and the Chief Earlier Works of Daniel Defoe,* ed. Henry Morley (London: Routledge, 1889), 186.

10 David Landes, *The Wealth and Poverty of Nations* (New York: W. W. Norton, 1999), 223.

11 Reginald Horsman, *Race and Manifest Destiny: The Origins of American Racial Anglo-Saxonism* (Cambridge, Mass.: Harvard University Press, 1981), 18.

12 Ibid., 17

13 Ibid., 19.

14 Ibid., 22.

15 Ibid.

16 Ibid., 174

17 Ibid., 292.

18 Ibid.

19 Ibid., 293.

Bryce, Committee on Alleged German Outrages (N. P.: Kessinger Publishing, 2004), 23.

29 Ibid., 48.

30 Priscilla Roberts, "Benjamin Strong, the Federal Reserve, and the Limits to the Interwar American Nationalism," *Economic Quarterly* 86, no. 2 (Spring 2000): 10.

31 William Appleman Williams, ed., *The Shaping of American Diplomacy* (Chicago: Rand McNally, 1956), 582.

32 President Woodrow Wilson, War Message to Congress, on April 2, 1917, to Joint Houses of Congress, 65th Cong., 1st Sess.

33 George M. Marsden, *Understanding Fundamentalism and Evangelicals* (Grand Rapids, Mich.: W. B. Eerdmans, 1991), 51.

34 Marsden, 52.

35 "Proclamation of Additional Regulations Prescribing the Conduct of Alien Enemies." *American Journal of International Law* 12, no. 1, Supplement: Official Documents (January 1918): 6.

36 "Espionage Act, Title XII, Sections 1 and 2," *American Journal of International Law* 11, no. 4, Supplement: Official Documents (October 1917): 197.

37 Donald Johnson, "Wilson, Burleson, and the Censorship of the First World War," *Journal of Southern History* 28, no. 1 (February 1962): 51–52.

38 President George W. Bush, Address to a Joint Session of Congress and the American People, on September 20, 2001, to Joint Houses of Congress, 105th Cong., 1st Sess., http://www.whitehouse.gov/news/releases/2001/09/print/20010920-8.html (accessed January 5, 2005).

39 Ibid.［ここの原文は、"all the way, to where it ends: in history's unmarked grave of discarded lies." である。2011年5月2日、アル・カーイダの首領ウサマ・ビン・ラディンはアメリカ海軍特殊部隊によって暗殺された。彼の遺体は水葬に付されたとされる。文字どおり「墓標なき墓」に葬られたのである。］

第2章

1 Angela Partington, ed., *Oxford Dictionary of Quatations* (New York: Oxford University Press, 1992), 317. Probably an oral rendition of words that appear in Bede's

12 "Remarks at the Annual Convention of the National Association of Evangelicals in Orlando, Florida."

13 Roots, 85.

14 R. B. Merriam, "Some Notes on the Treatment of the English Catholics in the Reign of Elizabeth," *American Historical Review* 13, no. 3 (April 1908): 481

15 *The Catholic Encyclopedia*, s.v. "Edward Bradshaigh."

16 Godfrey Davies, *The Early Stuarts, 1603–1660* (Oxford: Oxford University Press, 1959), 211.

17 Patrick Francis Moran, *Historical Sketch of the Persecutions Suffered by the Catholics of Ireland Under the Rule of Oliver Cromwell* (Dublin: Callan, 1903), ch. 8, point 2.

18 Thomas Burton, *Diary of Thomas Burton, esq., April 1657–February 1658*, http://www.british-history.ac.uk/report.asp?compid=36843 (accessed February 12, 2007), 153.

19 Roots, 83.

20 *The Works of Joseph Addison*, vol. 2, ed. George Washington Greene (Philadelphia: J. B. Lippincott & Co., 1870), 553.

21 Joseph Addison, *A Letter from Italy to the Right Honorable Charles Lord Halifax in the Year MDCCI*, in *A Collection of English Poems, 1660–1800*, ed. Ronald S. Crane (New York: Harper and Brothers, 1932), 280.

22 Ibid., 280.

23 Davies, 211.

24 William Hague, *William Pitt the Younger* (New York: Knopf, 2005), 145.

25 *The Speeches of the Right Honorable William Pitt in the House of Commons*, vol. 4 (London: Longman, Hurst, Ree and Orme, 1806), 28.

26 Charles F. Home and Walter F. Austin, *Source Records of the Great War*; vol. I (New York: National Alumni, 1923), 398–404.

27 "A War for Honor, Lloyd George Says," *New York Times*, special cable, September 19, 1914.

28 James Bryce, ed., *Report of the Committee on Alleged German Outrages Appointed by His Britannic Majesty's Government and Presided Over by the Right Hon. Viscount*

[注]

序論

1 Arthur Schlesinger, "Bye, Bye, Woodrow," *Wall Street Journal*, October 27, 1993

2 Paul Kennedy, *The Parliament of Man: The Past, the Present, and the Future of the United Nations* (Toronto: HrperCollins, 2006), xi. [ポール・ケネディ『人類の議会——国際連合をめぐる大国の攻防（上・下）』古賀林幸訳（日本経済新聞出版社、2007年)]

3 David Patterson, "Andrew Carnegie's Quest for World Peace," *Proceedings of the American Historical Society* 114, no. 5 (October 20, 1970): 371–383.

4 Douglas Brinkley, *Wheels of the World: Henry Ford, His Company, and a Century of Progress* (New York: Penguin Books, 2003), 197.

5 Harry Kantor and Howard J. Wiarda, eds., *The Continuing Struggle for Democracy in Latin America* (Boulder, Colo.: Westview Press, 1980), 41–43

第1章

1 *Speeches of Oliver Cromwell*, ed. Ivan Roots (London: J. M. Dent & Sons, 1989), 80.

2 Ibid., 80.

3 Ibid., 81.

4 "Remarks at the Annual Convention of the National Association of Evangelicals in Orland, Florida," The Public Papers of Ronald Reagan, Ronald Reagan Presidential Library, http://www.reagan.utexas.edu/search/speeches/speech_srch.html (accessed July 10, 2007).

5 Ibid., 364.

6 Ibid.

7 Roots, 83.

8 "Remarks at the Annual Convention of the National Association of Evangelicals in Orlando, Florida."

9 Roots, 82.

10 Ibid., 82–83.

11 Ibid., 84.

［著者］ウォルター・ラッセル・ミード Walter Russell Mead　バード大学外交・人文科学教授および論壇サイト The American Interest 総合監修者。外交問題評議会ヘンリー・A・キッシンジャー米外交政策上級研究員を歴任。フォーリン・アフェアーズ誌に定期的に書評を執筆。主著『神の加護（*Special Providence*）』、『パワー、テロ、平和および戦争（*Power, Terror, Peace, and War*）』。『神の加護』は、英エコノミスト誌が「世界で最も重要なノンフィクション賞」と評したライオネル・ゲルバー賞を二〇〇二年に受賞。

［訳者］寺下滝郎（てらした・たきろう）翻訳家。１９６５年、広島県呉市に生まれる。１９８８年、学習院大学法学部政治学科卒業。１９９９年、東洋英和女学院大学大学院社会科学研究科修了。修士学位論文「日本における外国経済界のロビイング～在日米国商工会議所（ＡＣＣＪ）を中心に」で長野賞を受賞。

神と黄金（上）
――イギリス、アメリカはなぜ近現代世界を
支配できたのか

2014年4月30日　第1刷発行

著者　ウォルター・ラッセル・ミード
訳者　寺下滝郎
発行者　辻一三
発行所　株式会社青灯社
東京都新宿区新宿 1－4－13
郵便番号 160-0022
電話 03-5368-6923（編集）
03-5368-6550（販売）
URL http://www.seitosha-p.co.jp
振替　00120-8-260856
印刷・製本　株式会社シナノ

ISBN978-4-86228-070-1 C0031

小社ロゴは、田中恭吉「ろうそく」（和歌山県立近代美術館所蔵）をもとに、菊地信義氏が作成